Modern RUSSIAN Grammar WORKBOOK

Routledge Modern Grammars
Series concept and development – Sarah Butler

Other books in the series:

Modern Russian Grammar by John Dunn and Shamil Khairov
ISBN: HB 978-0-415-42289-5; PB: 978-0-415-39750-6

Modern Mandarin Chinese Grammar
Modern Mandarin Chinese Grammar Workbook

Modern German Grammar, Second Edition
Modern German Grammar Workbook, Second Edition

Modern Spanish Grammar, Second Edition
Modern Spanish Grammar Workbook, Second Edition

Modern Italian Grammar, Second Edition
Modern Italian Grammar Workbook, Second Edition

Modern French Grammar, Second Edition
Modern French Grammar Workbook, Second Edition

Modern Russian Grammar Workbook

John Dunn and Shamil Khairov

LONDON AND NEW YORK

First published 2011
by Routledge
2 Park Square, Milton Park, Abingdon, Oxon OX14 4RN

Simultaneously published in the USA and Canada
by Routledge
711 Third Avenue, New York, NY 10017

Routledge is an imprint of the Taylor & Francis Group, an informa business

© 2011 John Dunn and Shamil Khairov

The right of John Dunn and Shamil Khairov to be identified as authors of this work has been asserted by them in accordance with sections 77 and 78 of the Copyright, Designs and Patents Act 1988.

Typeset in Times New Roman and Helvetica by Graphicraft Limited, Hong Kong

All rights reserved. No part of this book may be reprinted or reproduced or utilised in any form or by any electronic, mechanical, or other means, now known or hereafter invented, including photocopying and recording, or in any information storage or retrieval system, without permission in writing from the publishers.

British Library Cataloguing in Publication Data
A catalogue record for this book is available from the British Library

Library of Congress Cataloging-in-Publication Data
A catalog record is net needed for this title as it is expendable educational material

ISBN13: 978-0-415-42554-4 (pbk)
ISBN13: 978-0-203-08801-2 (ebk)

Contents

Introduction

This Workbook is designed to serve as a companion volume to the Routledge *Modern Russian Grammar*. It can, however, also be used independently and is a resource aimed both at people studying Russian in a class-room situation, whether at school, university or elsewhere, and at those who are learning the language independently. The exercises are intended to be suitable for a wide range of users, starting with near-beginners and reaching (approximately) second-year undergraduate level. A small number of exercises may be useful to those who have reached a yet more advanced stage in their studies.

As might be expected, the book follows closely the structure of *Modern Russian Grammar*. Part A is concerned with grammatical structures, while the material in Part B relates to functions. Since the grammatical structures of Russian are extremely complex for English speakers, and since some degree of mastery of these structures is a prerequisite for being able to negotiate the functional aspects of grammar, we have made the first section somewhat larger than the second, while the overall number of exercises is rather greater than in those companion volumes in this series that are devoted to West European languages. We have throughout used the same chapter and section headings as in *Modern Russian Grammar*, and with one or two exceptions the order in which the material is tested corresponds to the order of presentation used in the earlier volume. At the foot of each exercise we have provided a cross-reference to the relevant section or sections of *Modern Russian Grammar*; since in practice it is often impossible (and not always desirable) to test grammatical items discretely, many exercises are accompanied by several such cross-references, sometimes spread across two or more chapters. It is hoped that these multiple cross-references will help users to form connections between related areas of grammar that for practical reasons have to be presented separately.

Our aim has been to offer a wide range of exercises which set a variety of different tasks. There are a few drills, especially in Part A, since these are a useful way of practising basic structures, but for the most part we have tried to 'embed' the grammatical material in sentences with some degree of real content. Part B features the extensive use of dialogues, while other types of exercise, such as completion tasks or answering questions, will be found throughout the book. Unfortunately, the foreign learner's experience of Russia is still such that it is not practical to construct a workbook solely around the situations likely to be encountered by someone undertaking a work or study visit to that country; we have instead sought to compensate by providing material that reflects a reasonably wide section of present-day Russian life. Though we have in one or two instances provided vocabulary hints, in general we have tried as far as possible to avoid using words or phrases that cannot readily be found in a good modern bilingual dictionary. We have adopted a partial system of grading: exercises marked with one star (⋆) are aimed at those users who are still at a fairly elementary stage in their studies, while those marked with two stars (⁑) are intended more for those who have reached an advanced level. Many exercises, however, have been left unmarked: we expect that these may be attempted by a wide variety of users, regardless of the stage that they have reached.

An Answer Key has been provided at the end of the book. Though the answers we have given correspond closely to the explanations given in *Modern Russian Grammar*, they should not be understood as offering a set of uniquely correct answers. In a great number of instances (and this is particularly true of Part B) there are several ways of providing acceptable solutions to the corresponding tasks, and though we have sometimes suggested alternatives, it would have been physically impossible to list every conceivable correct answer to all the questions. We therefore recommend that the Answer Key be seen as offering guidance only, and we would be delighted for students and teachers to use it as a starting point for discussion.

In Chapter 4 we have used the following abbreviations:

нсв несовершенный вид (= imperfective aspect)
св совершенный вид (= perfective aspect)

Particular thanks are due to Larisa Stizhko for kindly agreeing to read through the entire manuscript and for making a number of valuable suggestions for improvement.

John Dunn and Shamil Khairov

Part A

Structures

1 Sounds and spelling

Hard and soft consonants

1 Indicate which consonants in the following words are hard.

берёза брать берёшь де́ло идёт иду́т коне́ц ночь река́ рука́

2 Indicate which consonants in the following words are soft.

берёте ве́щи во́семь идёт мя́со пальто́ ре́ки сёстры сиде́ть у́лица

➪ 1.2.1–1.2.4

Voiced and unvoiced consonants

3 In the following words and phrases indicate those instances where a voiced consonant is pronounced in the manner of its unvoiced equivalent.

(a) **б** pronounced as if it were **п**:

ба́бушка ю́бка ю́бочка обре́зать обстано́вка об А́нне грибы́
гриб брат я́стреб

(b) **в** pronounced as if it were **ф**:

велосипе́д вдвоём втроём в па́рке в стака́не в Москве́
в Стокго́льме Влади́мир Петро́в кровь

(c) **г** pronounced as if it were **к**:

нога́ ге́ний угрожа́ть гла́вный груз социоло́гия социо́лог
гне́вный пиро́г но́гти

(d) **д** pronounced as if it were **т**:

Вади́м отдыха́ть год го́ды ежего́дный сосе́д сосе́ди сосе́дский
подбежа́ть подплы́ть

(e) **ж** pronounced as if it were **ш**:

жа́рко нож ножи́ но́жка не́жный пробе́жка ве́жливый Пари́ж
молодёжь молодёжный

(f) **з** pronounced as if it were **с**:

зима́ значи́тельный здесь во́зраст во́здух у́зкий глаз из Петербу́рга
из Росси́и из Шотла́ндии

➪ 1.2.5

The letters е, ё, ю, я

4 ★★ Divide the following list of words into two groups: group (1), consisting of words where the vowel letters **е, ё, ю, я** indicate a single sound, and group (2), consisting of words where the same letters indicate a vowel preceded by the sound [y] (as in the word *yes*).

ле́то	мёд	ю́ность	я́годы
е́дем	ёжик	люблю́	я́сно
въе́хал	моё	пою́	пря́мо
прие́хал	объём	пьют	струя́
зе́бра	ребёнок	ю́бка	ся́дем
Евро́па	бьёт	тюрьма́	судья́

⇨ 1.3.2

Consonant clusters; spelling rules

5 ★★ In the following words and phrases indicate those consonants and sequences of consonants that are not pronounced in the way indicated by their spelling.

что́-то	лёгкий	показа́ться
коне́чно	счита́ет	чи́стого
гру́стный	мужчи́на	одного́
пра́здник	уезжа́ют	у него́

⇨ 1.2.6, 1.5.5

Spelling rules: use of the letter ё

6 In the following list of words replace **е** with **ё** wherever appropriate.

вел	вез	сестры́	сосе́д
вела́	везли́	че́рти	сосе́ди
шел	вы́нес	бе́лый	испе́к
несла́	вы́несли	те́мный	испекла́

⇨ 1.5.1

Spelling rules: the use of а/я, у/ю, е/о, и/ы after ш, ж, ч, щ, ц; к, г, х

7 ★ Each of the following words contains a spelling mistake. Replace the form given with the correct version.

Example: **слы́шят**
слы́шат

молчя́т	му́жом	кни́гы
и́щют	това́рищом	отци́
учи́лищям	ме́сяцов	ду́шы
кричю́	хоро́шое	черепа́хы

⇨ 1.5.2, 1.5.4

Spelling rules: use of capital letters

8 In the following sentences select a capital or a small letter, as appropriate, at the places indicated.

Example: **Гóрод Владивостóк располóжен на берегý (Т/т)úхого (О/о)кеáна.**
Гóрод Владивостóк располóжен на берегý Тúхого океáна.

1 Во (В/в)тóрник мы идём в (М/м)áлый (Т/т)еáтр.
2 Там идёт пьéса «(В/в)ласть (Т/т)ьмы».
3 Я óчень люблю́ читáть кни́ги на (Р/р)ýсском языкé.
4 Мы шли по (Т/т)верскóй (У́/у́)лице по направлéнию к (К/к)рáсной (П/п)лóщади и (К/к)ремлю́.
5 Сáмые завéтные для нáшей семьи́ прáздники — э́то (Н/н)óвый (Г/г)од, (Р/р)ождествó (Х/х)ристóво и (Д/д)ень (П/п)обéды.
6 У мнóгих (А/а)нгличáн неоднознáчное отношéние к (Е/е)вропéйскому (С/с)ою́зу.
7 Мы переéхали сюдá в (Д/д)екабрé прóшлого гóда.
8 Уважáемый Ивáн Ивáнович, в своём послéднем письмé (Я/я) забы́л поздрáвить (В/в)ас с (Д/д)нём (Р/р)ождéния. Прошý извини́ть меня́.

⇨ 1.5.7

Transliteration and transcription

9 Transliterate the following names into English using the Library of Congress system.

Псков
Астрахань
Элиста
Махачкала
Новороссийск
Красная Поляна

Гончарный переулок
Большая Полянка
Бульвар Профсоюзов
Набережная Адмирала Нахимова

Александр Вячеславович Бурмистров
Валерий Есинкин
Лиза Логинова
Ваня Стижко
Равиль Камалетдинов
Женя Марчук
Лев Резниченко
Владислав Третьяк
Борис Пастернак
Леонид Семёнович Шапиро

«Катюша»
«Подмосковные вечера»
«Славянский Базар»

⇨ 1.6.1–1.6.3

2 Nouns

Number

10 ⁑ Indicate which of the following nouns occur only in the singular.

печь	кома́нда	поли́тика
ложь	приро́да	поли́тик
секу́нда	горо́х	ору́жие
ерунда́	мех	ружьё
чепуха́	уда́р	блю́до
черепа́ха	са́хар	еда́
борьба́	спорт	изуче́ние
судьба́	торт	расте́ние
кварти́ра	костю́м	разли́чие
ве́ра	изю́м	ра́зница

➪ 2.1.2

11 ⁑ Indicate which of the following nouns occur only in the plural.

но́жницы	трусы́	щи
учени́цы	тру́сы	ве́щи
пра́вила	слова́	матро́сы
черни́ла	дрова́	отбро́сы
шо́рты	обо́и	да́нные
то́рты	сло́и	знако́мые
пла́вки	сли́вы	счёты
откры́тки	сли́вки	счета́

➪ 2.1.3

Gender

12 * Indicate the gender of the nouns below by selecting the appropriate ending for the qualifying adjective or numeral.

Example: **плох(о́й/-а́я/-о́е) пого́да**
плоха́я пого́да

высо́к(ий/-ая/-ое) стул	втор(о́й/-а́я/-о́е) день
сего́дняшн(ий/-яя/-ее) газе́та	но́в(ый/-ая/-ое) ме́бель
Бе́л(ый/-ая/-ое) мо́ре	хоро́ш(ий/-ая/-ее) вещь
про́шл(ый/-ая/-ое) неде́ля	ру́сск(ий/-ая/-ое) слова́рь

молод(óй/-áя/-óе) гeрóй	послéдн(ий/-яя/-ее) рубль
пéрв(ый/-ая/-ое) мéсто	крáтк(ий/-ая/-ое) речь
пóлн(ый/-ая/-ое) и́мя	сéр(ый/-ая/-ое) лóшадь
неожи́данн(ый/-ая/-ое) рáдость	чёрн(ый/-ая/-ое) кóфе
чáст(ый/-ая/-ое) гость	зи́мн(ий/-яя/-ее) пальтó
деревя́нн(ый/-ая/-ое) цéрковь	од(и́н/-нá/-нó) éвро

➪ 2.3, 2.13.2; also 6.1, 6.2; 8.1.3

The fleeting vowel: masculine nouns ending in a consonant, -й or -ь

13 Give (a) the genitive singular and (b) the nominative plural of the following nouns.

молодéц	прыжóк	козёл
нéмец	ры́нок	воробéй
америкáнец	звонóк	ручéй
отéц	пирожóк	ремéнь
пáлец	кусóк	зáяц
мудрéц	урóк	

➪ 2.5.1

The fleeting vowel: feminine and neuter nouns ending in -а, -я, -ь, -о, -е, -ё

14 Give the genitive plural of the following nouns.

кýкла	кýхня	бревнó	сéрдце
сестрá	земля́	кольцó	сóлнце
дéвушка	семья́	лекáрство	печéнье
кóйка	цéрковь	яйцó	копьё
судьбá	бýква		

➪ 2.5.2, 2.5.3

Standard endings and declension types

15 * Give the nominative plural of the following nouns.

стол	вратáрь	учи́тельница
студéнт	окнó	бáбушка
дóллар	слóво	старýха
компью́тер	яйцó	ногá
ёж	лицó	душá
ингýш	мóре	крáжа
товáрищ	чудóвище	тёща
мяч	здáние	кýча
порóк	упражнéние	потéря
пирóг	плáтье	áрмия
пастýх	ружьё	дя́дя
гéний	врéмя	ночь
конь	кóмната	скáтерть

оле́нь	звезда́	тень
тюле́нь	вода́	свекро́вь

16 * Give the genitive plural of the following nouns.

стол	подле́ц	стару́ха
фунт	сло́во	нога́
тигр	ме́сто	кра́жа
пиро́г	лицо́	душа́
чек	плечо́	ку́ча
ге́ний	мо́ре	тёща
бой	чудо́вище	поте́ря
ёж	зда́ние	я́блоня
ингу́ш	упражне́ние	а́рмия
това́рищ	вре́мя	стая́
мяч	ко́мната	ночь
конь	звезда́	тетра́дь
оле́нь	вода́	тень
рубль	бу́ква	мышь
абза́ц	учи́тельница	

➪ 2.6, 2.8–2.10

Non-standard endings and declension types

17 Give the nominative plural of the following nouns.

глаз	цвет	волчо́нок
бе́рег	цвето́к	сосе́д
рука́в	стул	чёрт
а́дрес	брат	господи́н
дире́ктор	друг	хозя́ин
но́мер	сын	очко́
том	крыло́	коле́но
дом	де́рево	плечо́
по́езд	граждани́н	у́хо
го́род	ростовча́нин	чу́до
счёт	ягнёнок	челове́к

➪ 2.7.3, 2.8.5, 2.11

18 Give the genitive plural of the following nouns.

раз	свеча́	телёнок
грамм	пе́сня	волчо́нок
ту́рок	дере́вня	сосе́д
солда́т	брат	господи́н
глаз	друг	хозя́ин
очко́	сын	у́хо
пла́тье	крыло́	чу́до
дя́дя	россия́нин	челове́к
ю́ноша		

➪ 2.7.4, 2.8.6, 2.9.4, 2.11

Declension of surnames

19

Complete the following sentences by placing the appropriate ending on the name in brackets.

Example: **Я о́чень люблю́ ра́нние стихотворе́ния Влади́мира (Маяко́вский).**
Я о́чень люблю́ ра́нние стихотворе́ния Влади́мира Маяко́вского.

1 Я давно́ не получа́ла пи́сем от Та́ни (Попо́ва).
2 Вчера́ у меня́ была́ интере́сная встре́ча с профе́ссором (Бра́гин).
3 Вчера́ мы бы́ли у (Но́виковы) — пра́здновали их новосе́лье.
4 Вы уже́ знако́мы с Андре́ем (Рыбако́в)?
5 Я слы́шал, что он жени́лся на Ка́те (Гри́шина).
6 Он ра́ньше был жена́т на Светла́не (Шевчу́к), а до э́того он жил с Тама́рой (Устиме́нко).
7 Неда́вно бы́ли и́зданы дневники́ Со́фьи Андре́евны (Толста́я).
8 В про́шлом году́ мы отдыха́ли в Ита́лии вме́сте с (Кольцо́вы).
9 Сове́тую тебе́ прочита́ть произведе́ния Арка́дия и Бори́са (Струга́цкие).
10 Моя́ жена́ чита́ла все детекти́вы Ага́ты (Кри́сти).

➪ 2.12, 2.13

Indeclinable nouns

20

Indicate which of the following nouns are indeclinable.

де́ло	ме́сто	кафе́	протеже́
депо́	метро́	дро́жжи	лапша́
кило́	го́ре	ре́гби	мисс
кино́	тире́	спаге́тти	«Битлз»

➪ 2.13

3
Case

The nominative

The use of the nominative to indicate the grammatical subject

21 In the following sentences indicate the grammatical subject (in the nominative case).

1 Го́род он зна́ет пло́хо, та́к как прие́хал сюда́ неда́вно.
2 Э́тот го́род сла́вится свое́й архитекту́рой.
3 Отцу́ нра́вится тёмное пи́во.
4 Мать она́ потеря́ла в ра́ннем де́тстве.
5 Его́ кни́ги чита́ют де́ти во всём ми́ре.
6 На столе́ лежа́ли кни́ги.
7 Оте́ц положи́л кни́ги на стол.
8 Сте́ны в на́шем зда́нии нужда́ются в ремо́нте.
9 Э́та карти́на принадлежа́ла бра́ту.
10 Э́ту карти́ну купи́л брат.

➪ 3.1.2

Prepositions used with the nominative

22 Complete the following sentences with the appropriate phrase chosen from the list below.

1 Ка́жется, ты давно́ зна́ешь мою́ но́вую колле́гу. Скажи́, что она́ ______ ?
2 Что э́то ______ ? Там нет ни по́дписи, ни печа́ти.
3 Что э́то ______ ? Он съедо́бный?
4 В сентябре́ к нам прие́дет но́вый профе́ссор. Интере́сно, что он ______ ?
5 У неё была́ то́лько одна́ мечта́: что́бы сын вы́шел ______.
6 За́втра состои́тся встре́ча с кандида́том ______ Госуда́рственной Ду́мы.
7 За́втра ве́чером мы идём ______.
8 На́ша дочь реши́ла пойти́ ______.

в го́сти   в депута́ты   в лю́ди   в стюарде́ссы   за гриб   за докуме́нт   за учёный   за челове́к

➪ 9.2.1

The accusative

The accusative used to indicate the direct object of a verb: singular nouns

23 * Answer the following questions using the pattern given in the example.

Example: **Ты пи́шешь сочине́ние? (письмо́)**
Нет, я пишу́ не сочине́ние, а письмо́.

1 Ты чита́ешь газе́ту? (кни́га)
2 Ты потеря́л телефо́н? (бума́жник)
3 Он изуча́ет эконо́мику? (филосо́фия)
4 Он во́дит мотоци́кл? (грузови́к)
5 Вы смо́трите футбо́л? (хокке́й)
6 Он чи́нит фен? (то́стер)
7 Он слома́л но́гу? (рука́)
8 Они́ хоте́ли огра́бить банк? (магази́н)
9 Она́ полу́чит дипло́м? (спра́вка)
10 Вы ва́рите суп? (ка́ша)

24 * Answer the following questions using the information given in the prompts.

Example: **Что вы еди́те ве́чером? (йо́гурт, я́блоко)**
Ве́чером я ем йо́гурт и́ли я́блоко.

1 Что вы еди́те на за́втрак? (бутербро́д, ка́ша, тост, яи́чница)
2 Что вы пьёте у́тром? (сок, вода́, чай, ко́фе, молоко́)
3 Что вы еди́те на обе́д? (суп, ку́рица, котле́та, карто́фель, рис)
4 Что вы еди́те на десе́рт? (моро́женое, торт, шокола́д, пу́динг)
5 Что вы еди́те на у́жин? (сала́т, пи́цца, ры́ба)
6 Что вы чита́ете в библиоте́ке? (статья́, кни́га, учёбник, спра́вочник, энциклопе́дия)
7 Что вы чита́ете в по́езде? (газе́та, журна́л, детекти́в, расска́з)

➪ 2.6–2.10; 3.2

The accusative used to indicate the direct object of a verb: singular nouns qualified by an adjective

25 * Answer the following questions using the pattern given in the example.

Example: **Вы чита́ете испа́нскую газе́ту? (италья́нская кни́га)**
Нет, я чита́ю италья́нскую кни́гу.

1 Он смо́трит весёлую виктори́ну? (ску́чный фильм)
2 Он чита́ет францу́зскую кни́гу? (ру́сский журна́л)
3 Они́ пи́шут тру́дный дикта́нт? (дома́шнее сочине́ние)
4 Они́ фотографи́руют интере́сный па́мятник? (ста́рая пло́щадь)
5 Вы смотре́ли англи́йскую дра́му? (неме́цкая коме́дия)
6 Вы смо́трите америка́нский футбо́л? (фигу́рное ката́ние)
7 Она купи́ла лёгкую ку́ртку? (тёплое пальто́)
8 Он купи́л кра́сный мотоци́кл? (си́няя маши́на)

➪ 2.6–2.10; 3.2; 6.1, 6.2

The accusative used to indicate the direct object of a verb: masculine singular animate nouns

26 * Answer the following questions using the prompt in brackets.

Example: **Кого́ ты лю́бишь? (брат)**
Я люблю́ бра́та.

1 Кого́ она́ лю́бит? (муж)
2 Кого́ вы предупреди́ли? (оте́ц)
3 Кого́ вы слу́шаете? (профе́ссор)
4 Кого́ она́ одева́ет? (ребёнок)
5 Кого́ вы ждёте? (санте́хник)
6 Кого́ вы встре́тили в лесу́? (медве́дь)
7 Что вы еди́те? (лосо́сь)
8 Кого́ вы переводи́ли? (Че́хов)
9 Кого́ вы слу́шали? (Мо́царт)
10 Кого́ он игра́ет? (Чайко́вский)

⇨ 2.4, 2.6, 2.12; 3.2; 6.4.2

The accusative used to indicate the direct object of a verb: masculine singular animate nouns qualified by adjectives and/or pronouns

27 * Complete the following sentences by placing the appropriate endings on the phrases in brackets.

Example: **Ты зна́ешь (мой ста́рший брат)?**
Ты зна́ешь моего́ ста́ршего бра́та?

1 Дочь привела́ (свой шотла́ндский друг).
2 Моя́ сестра́ родила́ уже́ (тре́тий ребёнок).
3 На ле́стнице я уви́дела (большо́й чёрный кот).
4 Мы купи́ли для дете́й (тако́й ми́лый щено́к).
5 Она́ стоя́ла в углу́ и внима́тельно слу́шала (како́й-то высо́кий мужчи́на).

⇨ 2.4, 2.6; 3.2; 6.1–6.3; 7.2, 7.3.1, 7.6.2

The accusative used to indicate the direct object of a verb: inanimate nouns in the plural (with and without adjectives)

28 * Complete the following sentences by putting the words or phrases in brackets into the accusative plural.

Example: **Мы положи́ли (ключ) на ту́мбочку.**
Мы положи́ли ключи́ на ту́мбочку.

1 На Рождество́ при́нято писа́ть (откры́тка) и дари́ть (пода́рок).
2 (Биле́т) на самолёты и поезда́ сейча́с мо́жно зака́зывать по интерне́ту.
3 Ива́н хорошо́ гото́вит (суп), а Ли́за отли́чно де́лает (сала́т).
4 По телеви́зору они́ обы́чно смо́трят (фильм и виктори́на).
5 Мы сда́ли (экза́мен) в ма́е.
6 По ра́дио я ча́ще всего́ слу́шаю (конце́рт) класси́ческой му́зыки.

7 О́сенью мы е́здим в лес собира́ть (гриб).
8 Я предпочита́ю не покупа́ть (проду́кт) в суперма́ркете.

9 Она́ пи́шет о́чень (интере́сная статья́).
10 Ты получа́ешь от него́ (дли́нное письмо́)?
11 Ты уме́ешь переводи́ть (тру́дный текст)?
12 Они́, ка́жется, пою́т (францу́зская пе́сня).
13 Они́ пьют то́лько (сла́дкое вино́).
14 Он подари́л ей (кра́сная ро́за).
15 Вы уже́ вы́бросили (ста́рый стул)?
16 Вы слы́шали (после́дняя но́вость)?

29 ⋆ Answer the following questions using the prompts given in brackets.

Example: **Каки́е проду́кты он покупа́ет в э́том магази́не? (моло́чный и мясно́й)**
В э́том магази́не он покупа́ет моло́чные и мясны́е проду́кты.

1 Каки́е переда́чи они́ лю́бят? (спорти́вный, развлека́тельный и истори́ческий)
2 Каки́е кни́ги он коллекциони́рует? (ре́дкий, стари́нный и рукопи́сный)
3 Каки́е зда́ния они́ стро́ят? (жило́й и администрати́вный)
4 Каки́е оце́нки он получи́л? (отли́чный, хоро́ший и удовлетвори́тельный)

➪ 2.6, 2.11; 3.2; 6.1, 6.2

The accusative used to indicate the direct object of a verb: animate nouns in the plural (with and without qualifiers)

30 ⋆ Complete the following sentences by putting the words or phrases in brackets into the accusative plural.

Example: **Дочь лю́бит (роди́тель).**
Дочь лю́бит роди́телей.

1 Сего́дня ве́чером мы ждём (гость).
2 Ба́бушка о́чень лю́бит (внук).
3 На́до уважа́ть (учи́тель).
4 Они́ воспи́тывают (дочь).
5 Мно́гие ду́мают, что ко́шки ненави́дят (соба́ка).
6 Рекла́мное аге́нтство приглаша́ет (де́вушка).
7 Мы пригласи́ли на сва́дьбу (друг и ро́дственник).
8 Ты лю́бишь (живо́тное)?

9 Журнали́сты критику́ют (лени́вый бюрокра́т).
10 В поли́ции допра́шивают (опа́сный престу́пник).
11 Моя́ жена́ трени́рует (молода́я баскетболи́стка).
12 Мы позва́ли (наш сосе́д) на ча́шку ко́фе.
13 Мини́стр созва́л (иностра́нный журнали́ст).
14 Мы встреча́ли на вокза́ле (росси́йский студе́нт).
15 Она́ фотографи́рует (ре́дкая морска́я пти́ца).
16 Я ви́жу на э́той фотогра́фии (како́й-то симпати́чный ю́ноша).
17 Я консульти́ровал (ва́ша но́вая студе́нтка).
18 Она пригласи́ла (своя́ шко́льная подру́га).

➪ 2.4, 2.6–2.11; 3.2; 6.1, 6.4; 7.2, 7.4.2, 7.6.2

The accusative used to indicate the direct object of a verb: miscellaneous words and phrases

31 * Complete the following sentences by putting the words or phrases in brackets into the accusative.

Example: **Пе́ред обе́дом рекоменду́ется пить (минера́льная вода́).**
Пе́ред обе́дом рекоменду́ется пить минера́льную во́ду.

1 В городско́й библиоте́ке мо́жно чита́ть (худо́жественная и нау́чная литерату́ра).
2 На ю́ге Росси́и гото́вят о́чень (вку́сный борщ).
3 Он пове́сил (карти́на) на сте́ну.
4 Мы должны́ убра́ть (кварти́ра) пе́ред визи́том госте́й.
5 Она́ уе́хала в А́фрику изуча́ть (насеко́мые).
6 Мэ́рия пригласи́ла на мероприя́тие (все пенсионе́ры) го́рода.
7 В рестора́не мы всегда́ оставля́ем (чаевы́е).
8 Она́ пригласи́ла на день рожде́ния (родны́е) и (бли́зкие).
9 Он вёл богéмную жизнь — люби́л (ло́шади, рестора́ны, же́нщины).
10 Она́ уе́хала из Росси́и мно́го лет наза́д, но до сих пор хорошо́ по́мнит (свои́ учителя́ и сосе́ди).

➪ 2.4, 2.6–2.11; 3.2; 6.1, 6.4; 7.2, 7.7.1

Prepositions used with the accusative

32 In the following sentences select the appropriate preposition from the alternatives given in brackets.

1 Де́душка, расскажи́ нам (за/про) своё де́тство!
2 Ско́лько ты заплати́л (за/про) свою́ но́вую маши́ну?
3 Мы зна́ем, что он о́чень тала́нтлив: (на/про) него́ мно́го писа́ли.
4 Ва́ша ви́за действи́тельна с пе́рвого (за/по) двадца́тое а́вгуста.
5 Позвони́те нам (на/че́рез) ме́сяц.
6 Он положи́л пистоле́т (под/че́рез) поду́шку и мгнове́нно засну́л.
7 Мы до́лго пробира́лись (о/че́рез) лес и, наконе́ц, вы́шли к бе́регу реки́.
8 (Про/сквозь) тума́н мы ничего́ не ви́дели.
9 Авто́бус ре́зко затормози́л, и я бо́льно уда́рился (о/под) стекло́.
10 Его́ оштрафова́ли (за/о) безбиле́тный прое́зд в электри́чке.

➪ 9.2.2, 9.2.9

Further exercises on prepositions used with the accusative can be found in the sections about Time (pp. 138–9) and Place (pp. 139–41).

The accusative case: miscellaneous forms and uses

33 In the following passages put the words and phrases in brackets into the accusative.

Ро́дственники

Посмотри́те на (э́та фотогра́фия). На э́той фотогра́фии вы ви́дите (моя́ сестра́, наш де́душка, мой брат и его́ жена́). Я сфотографи́ровал (они́) в про́шлом году́.

Сле́ва моя́ сестра́ Же́ня. Она́ в футбо́лке и чёрных джи́нсах. Она́ всегда́ но́сит (чёрные джи́нсы). Она́ лю́бит игра́ть в (футбо́л), но не о́чень лю́бит ходи́ть в (шко́ла).

Она́ зна́ет (все знамени́тые футболи́сты). Же́ня мечта́ет пое́хать в (Ю́жная А́фрика) на (чемпиона́т ми́ра).

В це́нтре де́душка. Он сел на (стул), потому́ что у него́ боля́т но́ги. Де́душка де́ржит в руке́ (неме́цкая газе́та). Наш де́душка зна́ет (неме́цкий язы́к). Он чита́л (Зи́гмунд Фрейд) в оригина́ле.

Спра́ва стоя́т брат и его́ жена́. Мой брат преподава́тель. Он преподаёт (междунаро́дные отноше́ния и политоло́гия). (Его́ жена́) зову́т Кристи́на. Она́ худо́жница. Она́ прекра́сно рису́ет (цветы́, живо́тные и пти́цы). Она прие́хала в (Росси́я) из Литвы́. Брат смо́трит не на (я), а на (своя́ жена́): он обожа́ет (она́).

Веб-диза́йнер

Алёна и Ди́ма воспи́тывают (пятиле́тний сын и трёхле́тняя дочь). Они́ собира́ются постро́ить (свой дом). Они́ мечта́ют пригласи́ть на новосе́лье (все свои́ друзья́), а пока́ снима́ют (скро́мная двухкомна́тная кварти́ра). Практи́чески (все свои́ де́ньги) они́ тра́тят на (жильё и пита́ние). За (вся своя́ жизнь) они́ бы́ли на мо́ре то́лько оди́н раз.

Иногда́ они́ е́здят в (сосе́дний го́род) к роди́телям Алёны и́ли в (ма́ленькая дере́вня) к роди́телям Ди́мы. Ди́ма уважа́ет (свой тесть и своя́ тёща), а Алёна лю́бит (свой свёкор и своя́ свекро́вь). А их роди́тели обожа́ют (свои́ вну́ки). Ди́ма — веб-диза́йнер и уже́ име́ет (свои́ постоя́нные клие́нты). (Вся ночь) он сиди́т за компью́тером, а (весь день) спит. Алёна де́лает (вся дома́шняя рабо́та). Они́ давно́ хоте́ли име́ть (своя́ маши́на), и в про́шлом году́ Ди́ма купи́л (ста́рый джип) за (ты́сяча до́лларов). Тепе́рь Ди́ма (всё вре́мя) чи́нит (он), так что де́ти почти́ не ви́дят (свой па́па).

➪ 2.4; 2.6–2.10; 3.2; 6.1; 7.1, 7.2, 7.3.1, 7.7.1; 8.1.9; 9.2.2, 9.2.9; 21.1, 21.2.14

The genitive

The genitive in constructions involving two nouns

34 ⋆ For each of the pairs of words given below create a two-noun phrase that indicates either possession or a relationship.

Example: **сосе́д, соба́ка**
соба́ка сосе́да

1 дя́дя, гара́ж
2 слова́рь, студе́нтка
3 фе́рмер, тра́ктор
4 музе́й, колле́кция
5 семья́, исто́рия
6 со́бственность, госуда́рство
7 сестра́, ту́фли
8 а́дрес, Ива́н
9 челове́к, права́
10 сбереже́ния, гра́ждане
11 поме́щики, зе́мли
12 студе́нты, кни́ги
13 знако́мые, да́ча
14 кварти́ра, роди́тели
15 налогоплате́льщики, де́ньги

35 ⋆ Complete the following sentences by attaching the appropriate ending to the noun in brackets.

Example: **Он пришёл в рестора́н в костю́ме (брат).**
Он пришёл в рестора́н в костю́ме бра́та.

1 Я по́льзуюсь маши́ной (оте́ц) — моя́ сейча́с в ремо́нте.
2 Орке́стр игра́л превосхо́дно — к сожале́нию, я забы́ла фами́лию (дирижёр).
3 Бра́ту (сосе́д) сде́лали опера́цию на се́рдце.

4 Здесь на́до примени́ть теоре́му (Пифаго́р).
5 В тео́рии (относи́тельность) де́йствуют други́е зако́ны.
6 Мы провели́ чуде́сную неде́лю на да́че (друзья́).
7 Э́то стро́ки из стихотворе́ния (Пу́шкин).
8 Лу́чше всего́ вы́слать кни́гу по а́дресу (сестра́).

➪ 2.6–2.11; 3.3.1

The genitive in constructions involving two nouns: nouns with qualifiers

36 *

Complete the following sentences by putting the phrase in brackets into the genitive.

Example: **Подру́га (мой брат) неда́вно око́нчила университе́т.**
Подру́га моего́ бра́та неда́вно око́нчила университе́т.

1 Де́душка (на́ша сосе́дка) в своё вре́мя рабо́тал в ци́рке.
2 Дочь (мой друг) поёт в хо́ре.
3 Секрета́рша (но́вый ре́ктор) подгото́вила ну́жные докуме́нты.
4 Оте́ц (молода́я балери́на) приходи́л на ка́ждый спекта́кль.
5 Э́та спортсме́нка — чемпио́нка (Че́шская Респу́блика) по бе́гу.
6 Ты не мо́жешь подсказа́ть мне а́дрес (хоро́шая апте́ка)?
7 Лицо́ (э́тот челове́к) я никогда́ не забу́ду.
8 Я о́чень горжу́сь достиже́ниями (мои́ де́ти).
9 Э́та информа́ция была́ опублико́вана на са́йтах (все брита́нские газе́ты).
10 Мы вели́ перегово́ры с представи́телями (ра́зные кру́пные организа́ции).

➪ 2.6–2.11; 3.3.1; 6.1; 7.2.1, 7.3.1, 7.7.1

The genitive indicating a relationship

37 *

Match the following capital cities to the appropriate country and form sentences according to the example.

Example: **Москва́ Росси́я**
Москва́ — э́то столи́ца Росси́и.

Бангко́к	Арме́ния
Братисла́ва	Ве́нгрия
Будапе́шт	Вьетна́м
Варша́ва	Кана́да
Ерева́н	Пакиста́н
Исламаба́д	По́льша
Ки́ев	Слова́кия
Мани́ла	Таила́нд
Отта́ва	Украи́на
Хано́й	Филиппи́ны

➪ 2.6–2.10; 3.3.1; 14.1.1

The genitive used to indicate part of a whole

38 ★ Complete the following sentences by selecting the appropriate noun from the list below and putting it into the genitive.

1 В нача́ле ______ в за́ле неожи́данно пога́с свет.
2 К середи́не ______ го́род опусте́л.
3 В конце́ ______ герои́ня выхо́дит за́муж.
4 Для ча́сти ______ экза́мен бу́дет тру́дным.
5 В нача́ле ______ сильне́е вы́глядела на́ша кома́нда.

гру́ппа игра́ ле́кция ле́то фильм

2.6–2.9; 3.3.1

Chains of nouns in the genitive

39 In the following sentences create chains of nouns in the genitive by attaching the appropriate endings to the nouns given in brackets.

Example: **Нам никогда́ не расска́зывали об опа́сности (сход, лави́ны).**
Нам никогда́ не расска́зывали об опа́сности схо́да лави́н.

1 На собра́нии акционе́ров вы́ступил председа́тель (сове́т, директора́).
2 Из-за непого́ды бы́ло отло́жено нача́ло (сбор, урожа́й).
3 Давно́ пора́ по-серьёзному заня́ться пробле́мой (утилиза́ция, отхо́ды).
4 Нас всех пригласи́ли на откры́тие (вы́ставка, импрессиони́сты).
5 Мы получи́ли грант на публика́цию (материа́лы, конфере́нция).
6 Меня́ о́чень интересу́ют воспомина́ния (ветера́ны, война́).
7 Наш профе́ссор уже́ мно́го лет изуча́ет леге́нды (наро́ды, Се́вер).
8 Приня́то реше́ние публикова́ть дохо́ды (чле́ны, парла́мент).
9 Начина́ем на́шу переда́чу с обзо́ра (собы́тия, неде́ля).

2.6–2.10; 3.3.1

The genitive used to indicate the performer of an action

40 Reconstruct the following phrases, replacing the verb with a noun selected from the list below and putting the noun indicating the performer of the action into the genitive.

Example: **Студе́нт отвеча́ет.**
отве́т студе́нта

1 Пиани́ст игра́ет.
2 Ребёнок пла́чет.
3 Земля́ враща́ется.
4 Насо́с рабо́тает.
5 Мо́ре шуми́т.
6 Де́вочка рису́ет.
7 Учи́тель спра́шивает.
8 Соба́ка ла́ет.
9 Дверь скрипи́т.
10 Профе́ссор консульти́рует.
11 Колокола́ звоня́т.
12 Пти́цы пою́т.

вопро́с враще́ние звон игра́ консульта́ция лай пе́ние плач рабо́та рису́нок скрип шум

2.6–2.10; 3.3.1

The genitive used to indicate the object of an action

41

Reconstruct the following sentences, replacing the verb with a noun selected from the list below and putting the phrases indicating the object into the genitive.

Example: **Мы гото́вим суббо́тний у́жин.**
приготовле́ние суббо́тнего у́жина

1 Мы чита́ем ме́стные газе́ты.
2 Певи́ца исполня́ет о́перную а́рию.
3 Актёр примеря́ет я́ркий костю́м.
4 Де́вочка нарисова́ла трёхэта́жный дом.
5 Астро́номы сфотографи́ровали далёкую звезду́.
6 Они́ стро́ят олимпи́йский стадио́н.
7 Перево́дчик перевёл ва́жную речь.
8 Престу́пники огра́били кру́пный банк.
9 Поли́ция арестова́ла опа́сных престу́пников.
10 Вое́нные испы́тывают ла́зерное ору́жие.

аре́ст исполне́ние испыта́ние ограбле́ние перево́д приме́рка рису́нок строи́тельство фотогра́фия чте́ние

2.6–2.10; 3.3.1; 6.1

The use of the genitive in quantity expressions

42

Put the words in the right-hand column into the genitive and match them to those on the left to form quantity expressions.

(a)

ча́шка	укро́п
мешо́к	ко́фе
пучо́к	карто́шка

(b)

буты́лка	сигаре́ты
па́чка	вино́
коро́бка	конфе́ты

(c)

деся́ток	чесно́к
лист	я́йца
голо́вка	бума́га

(d)

па́ра	носки́
набо́р	оре́хи
горсть	инструме́нты

43 Complete the following sentences by attaching the appropriate ending(s) to the words in brackets.

Example: **С ва́шего позволе́ния я возьму́ стака́н (апельси́новый сок).**
С ва́шего позволе́ния я возьму́ стака́н апельси́нового со́ка.

1 В столо́вой бы́ло мно́го (студе́нты), и я реши́л перекуси́ть в ба́ре.
2 Сего́дня я отве́тил на не́сколько (пи́сьма).
3 Э́та маши́на когда́-то сто́ила ку́чу (де́ньги).
4 О́коло стадио́на собрала́сь толпа́ (боле́льщики).
5 У нас течёт труба́ на ку́хне: за́ ночь набира́ется це́лое ведро́ (вода́).

6 На столе́ лежа́ла сто́пка (нау́чные журна́лы).
7 Мо́жно я возьму́ ещё кусо́к (я́блочный пиро́г)?
8 Сади́тесь, пожа́луйста. Хоти́те ча́шку (горя́чий чай)?
9 Разреши́те предложи́ть вам бока́л (сухо́е вино́).
10 Купи́, пожа́луйста, буха́нку (ржано́й хлеб), ба́нку (тёмный мёд), па́чку (сла́дкое пече́нье) и паке́тик (солёные оре́шки).

➪ 2.6–2.10; 3.3.2; 6.1

Verbs that take an object in the genitive

44 Complete the following sentences by attaching the appropriate ending(s) to the words in brackets.

Example: **Молоды́м не на́до боя́ться (ста́рость).**
Молоды́м не на́до боя́ться ста́рости.

1 Я совсе́м не бою́сь (темнота́).
2 Ра́зве ты не бои́шься (ядови́тые зме́и)?
3 Поздравля́ем с рожде́нием до́чери! Жела́ем малы́шке (кре́пкое здоро́вье, регуля́рный сон, хоро́ший аппети́т).
4 Поздравля́ем с оконча́нием университе́та! Жела́ем снача́ла (хоро́ший о́тдых), а пото́м (интере́сная рабо́та, высо́кая зарпла́та, фантасти́ческая карье́ра).
5 Мы писа́ли им не́сколько раз и, наконе́ц, доби́лись (официа́льный отве́т).
6 К ве́черу мы дости́гли (верши́на) горы́.
7 Вес ка́рпа в э́том пруду́ достига́ет (пять) килогра́ммов.
8 В результа́те автомоби́льной ава́рии она́ лиши́лась (ле́вая нога́).
9 Я не оплати́л сего́дня парко́вку, но ка́к-то избежа́л (штраф).
10 Сквозь сон он почу́вствовал, как кто́-то косну́лся его́ (пра́вая рука́).

45 ⁑ Complete the following sentences by selecting the appropriate verb from the list below.

1 За э́ти го́ды кома́нда ______ высо́ких результа́тов.
2 Поздравля́ем вас с бракосочета́нием. ______ вам благополу́чия, любви́, кре́пкой и дру́жной семьи́.
3 Я не знал, что ты так ______ пауко́в.
4 Благодаря́ отли́чной игре́ вратаря́ мы ______ пораже́ния.
5 Она́ ______ роди́телей в ра́ннем во́зрасте.
6 Температу́ра во́здуха здесь ______ сорока́ гра́дусов в тени́.
7 На́ши поли́тики говоря́т, что мы не должны́ ______ экономи́ческого кри́зиса.
8 Извини́, но тебя́ э́то не ______.
9 Совреме́нные раке́ты ______ це́ли в любо́й то́чке плане́ты.
10 В разгово́ре с ней я прошу́ вас не ______ э́той те́мы.

боишься бояться добилась достигает достигают желаем избежали касается касаться лишилась

➪ 2.6–2.10; 3.3.4; 6.1; 8.1.6, 8.1.7

Prepositions followed by the genitive

46 Answer the following questions using the prompts provided.

Example: **Без чего́ он пьёт чай? (са́хар, молоко́)**
Он пьёт чай без са́хара и молока́.

1 У кого́ есть соба́ка? (на́ши друзья́)
2 Без чего́ нельзя́ свари́ть щи? (вода́, соль, мя́со, о́вощи)
3 Без чего́ он вы́шел из до́ма? (зонт, ша́пка, перча́тки)
4 Для кого́ она́ купи́ла пода́рки? (муж, мать, дочь)
5 Для чего́ э́ти де́ньги? (опла́та счето́в)
6 Из чего́ де́лают сок? (о́вощи, фру́кты)
7 Из-под чего́ э́та ба́нка? (варе́нье и́ли компо́т)
8 Из-за чего́ отмени́ли рейс? (густо́й тума́н)
9 Из-за кого́ мы опозда́ли? (Фёдор и Евге́ний)
10 Ра́ди кого́ она́ оста́вила рабо́ту? (де́ти)
11 Про́тив кого́ они́ голосу́ют? (э́тот кандида́т)
12 Про́тив чего́ э́та демонстра́ция? (ра́совая дискримина́ция)
13 До чего́ он не добежа́л? (фи́ниш)
14 От кого́ они́ получи́ли кру́пный зака́з? (изве́стная фи́рма)
15 От чего́ он отказа́лся? (на́ше предложе́ние)
16 После чего́ на́до хорошо́ отдохну́ть? (тяжёлая рабо́та)
17 Он ест почти́ всё. Кро́ме чего́? (свини́на и креве́тки)
18 Сего́дня нам чита́л ле́кцию незнако́мый преподава́тель. Вме́сто кого́? (больно́й профе́ссор)

➪ 2.6–2.11; 6.1; 7.2.1, 7.3.1; 9.2.3

47 In the following sentences select the appropriate preposition from the alternatives given in brackets.

1 (Без/до/по́сле) нача́ла спекта́кля ещё полчаса́ — мы успе́ем вы́пить по ча́шке ко́фе.
2 Ле́на сли́шком до́лго де́лала макия́ж, и (вме́сто/из-за/ра́ди) неё мы опозда́ли к нача́лу спекта́кля.
3 Я сде́лал э́ту фотогра́фию, когда́ мы проезжа́ли (ми́мо/по́сле/про́тив) о́зера.
4 Она́ замени́ла в ку́хне полоте́нце (для/из-под/про́тив) рук.
5 На юбиле́й де́душки прие́хали все ро́дственники, (вне/кро́ме/относи́тельно) больно́й тёти.
6 Како́е-то вре́мя авто́бус е́хал (вдоль/вне/среди́) желе́зной доро́ги.
7 (Вне/внутри́/напро́тив) пусто́го до́ма бы́ло темно́ и сы́ро.
8 У нас заня́тия по ру́сскому языку́ четы́ре дня в неде́лю: ка́ждый день, (кро́ме/от/по́сле) среды́.
9 Мы получи́ли вчера́ письмо́ (из/из-за/напро́тив) Австра́лии (без/из/от) ста́рых па́пиных друзе́й.

10 (Во́зле/о́коло/от) Москвы́ (без/для/до) Санкт-Петербу́рга приме́рно 650 киломе́тров.
11 (Во́зле/про́тив/среди́) однокла́ссников он выделя́лся высо́ким ро́стом.
12 В лаборато́рии он всегда́ серьёзен и молчали́в, но (без/вне/о́коло) университе́та он постоя́нно смеётся и шу́тит.

➪ 9.2.3; 21.1, 21.2

Further exercises on prepositions used with the genitive can be found in the sections about Possession (pp. 106–7), Time (pp. 138–9) and Place (pp. 139–41).

The genitive case: miscellaneous forms and uses

48 In the following passage put the words and phrases in brackets into the genitive.

Золота́я ры́бка

На берегу́ (о́зеро) жил мужи́к. Изба́ у (он) была́ плоха́я, (де́ньги) не́ было, (жена́) то́же. Пришла́ зима́. О́зеро замёрзло. У (мужи́к) не оста́лось (никака́я еда́). Он сде́лал про́рубь во льду и стал лови́ть ры́бу. Че́рез пять (мину́та) на крючо́к попа́ла золота́я ры́бка. Мужи́к о́чень удиви́лся. Он ещё бо́льше удиви́лся, когда́ услы́шал от (золота́я ры́бка) таки́е слова́:

— Отпусти́ меня́, мужичо́к. За э́то я испо́лню три (жела́ние). Како́е твоё пе́рвое жела́ние?

Мужи́к поду́мал и сказа́л:

— Мо́жно попроси́ть но́вый дом вме́сто (ста́рый)?

И тут же у (са́мый бе́рег) недалеко́ от (изба́) вы́росли сте́ны (большо́й краси́вый дом).

— Како́е бу́дет твоё второ́е жела́ние? — обрати́лась к нему́ золота́я ры́бка ла́сковым го́лосом.

Мужи́к обалде́л от (тако́е чу́до) и произнёс скро́мно:

— А сто грамм (во́дка) мо́жно?

В ту же мину́ту перед ним появи́лся стол, а на столе́ рю́мка (его́ люби́мый напи́ток).

— Нет ли у (ты) ещё (како́е-нибудь жела́ние)? — спроси́ла ры́бка. — То́лько ду́май бы́стро! У (ты) оста́лось де́сять (секу́нда)!

Мужи́к почеса́л заты́лок и объяви́л:

— Хочу́ заку́ску из (золота́я ры́бка)!

И в то же мгнове́ние всё исче́зло. Не оста́лось ничего́, кро́ме (бе́лый снег), (тёмный лес) и (его́ бе́дная избу́шка).

Лу́чшая заку́ска — марино́ванные грибы́!

Useful vocabulary:

обалде́ть	to be stunned (in astonishment), to be dumbstruck
про́рубь	ice-hole

➪ 2.6–2.10; 3.3; 6.1; 7.1, 7.4.2, 7.8.2; 8.2; 14.3.1; 15.1.2

The dative

The dative used to indicate the direct object or the recipient of an action: nouns

49 ⋆ Answer the following questions using the pattern given in the example.

Example: **Ты пи́шешь письмо́ бра́ту? (друг)**
Нет, я пишу́ письмо́ дру́гу.

1 Ты купи́л э́тот журна́л сестре́? (жена́)
2 Он сейча́с звони́т И́горю? (Серге́й)
3 Она́ дала́ кни́гу колле́ге? (студе́нтка)
4 Вы посла́ли откры́тку па́пе и ма́ме? (де́душка и ба́бушка)
5 Он подари́л цветы́ до́чери? (мать)
6 Она́ оста́вила еду́ му́жу? (ко́шка и соба́ка)
7 Она́ улыбну́лась Влади́миру? (Анато́лий)
8 Они́ жа́ловались депута́ту? (прокуро́р)
9 Он переда́л приве́т Со́не? (Ли́дия Бори́совна)
10 Ты отпра́вила приглаше́ние Са́ше Ле́бедеву? (Та́ня У́ткина)

50 ⋆ Answer the following questions using the prompt given in brackets.

Example: **Кому́ ты сейча́с звони́ла? (подру́га)**
Я сейча́с звони́ла подру́ге.

1 Кому́ ты рассказа́л о конфли́кте? (адвока́т)
2 Кому́ вы сообщи́ли о кра́же? (милиционе́р)
3 Кому́ ты показа́л текст? (профе́ссор)
4 Кому́ врач не рекоменду́ет кури́ть? (пацие́нт)
5 Кому́ библиоте́карь вы́дал кни́гу? (чита́тель)
6 Кому́ писа́тель завеща́л свой архи́в? (музе́й)
7 Кому́ она́ объясня́ет но́вые пра́вила? (студе́нты)
8 Кому́ брат подари́л соба́ку? (де́ти)
9 Кому́ студе́нты отвеча́ют на экза́мене? (преподава́тели)
10 Кому́ она́ посыла́ет посы́лки ка́ждый ме́сяц? (роди́тели)
11 Кому́ спортсме́ны даю́т авто́графы? (боле́льщики)
12 Кому́ а́втор посвяща́ет свою́ кни́гу? (ветера́ны)

⇨ 2.6–2.12; 3.4.1

The dative used to indicate the direct object or the recipient of an action: nouns with qualifiers

51 ⋆ Complete the following sentences by putting the words and phrases in brackets into the appropriate form.

Example: **Он посла́л приглаше́ние (но́вая подру́га).**
Он посла́л приглаше́ние но́вой подру́ге.

1 Он верну́л кни́гу (росси́йский колле́га).
2 Она́ дала́ интервью́ (начина́ющий журнали́ст).
3 Золоту́ю меда́ль вручи́ли (кита́йская спортсме́нка).
4 Худо́жник подари́л свои́ карти́ны (городска́я галере́я).

5 Мы пока́зывали Ло́ндон (наш ру́сский гость)
6 Вот (э́тот пацие́нт) предстои́т сло́жная опера́ция.
7 Ба́бушка подари́ла свой пе́рстень (ста́ршая вну́чка).
8 Мы о́тда́ли ключ от но́мера (го́рничная).
9 В понеде́льник они́ отпра́вили това́р (япо́нские партнёры).
10 Э́ту ка́меру производи́тель рекоменду́ет (профессиона́льные фото́графы).
11 Она́ посыла́ет откры́тки (все да́льние ро́дственники).
12 Не показыва́йте ва́шу креди́тную ка́рточку (посторо́нние лю́ди).
13 Я сказа́л (твои́ но́вые знако́мые), что сле́дующий конце́рт бу́дет че́рез неде́лю.
14 К сожале́нию, мы не мо́жем разреши́ть (иностра́нные колле́ги) беспла́тно по́льзоваться э́той ба́зой да́нных.
15 Я покажу́ э́тот текст (одна́ моя́ знако́мая): наде́юсь, она́ смо́жет его́ перевести́.

➪ 2.6–2.11; 3.4.1; 6.1, 6.2; 7.2.1, 7.3.1, 7.7.1; 8.1.3

The dative used to indicate the direct object or the recipient of an action: surnames

52 Complete the following text by attaching the appropriate endings to the surnames in brackets.

Сплéтни

Ивано́в сообщи́л но́вость (Си́доров), Си́доров сказа́л (Па́нина), Па́нина шепну́ла (Што́кман), Што́кман переда́л (Соколо́вская), Соколо́вская позвони́ла (Петре́нко), Петре́нко рассказа́л по секре́ту (Ивано́в). Ивано́в не пове́рил!

➪ 2.12, 2.13; 3.4.1; 12.1.3

The use of the dative to denote the logical subject in impersonal constructions

53 Complete the following sentences with one of the words chosen from the list below.

1 Мне ______, мы заблуди́лись.
2 Сейча́с два часа́ но́чи, но мне почему́-то не ______.
3 Вчера́ ей ______ купи́ть одну́ кни́гу, кото́рую она́ иска́ла полго́да.
4 Ей о́чень ______ попро́бовать себя́ в но́вой ро́ли.
5 Мы совсе́м не спеши́м домо́й — у мо́ря нам о́чень ______.
6 Ему́ ______, бу́дто он лета́ет как пти́ца.
7 Извини́, что тебе́ ______ ждать: я до́лго иска́ла ну́жную кни́гу.
8 На́шему преподава́телю не ______ в семе́йной жи́зни: он жени́лся и разводи́лся пять раз.
9 Е́сли вам там не о́чень ______, мо́жно пересе́сть в друго́е кре́сло.
10 Почему́ ты пи́шешь на ста́рых конве́ртах? Тебе́ ______ бума́ги?

везёт жа́лко ка́жется присни́лось пришло́сь спи́тся удало́сь удо́бно хорошо́ хо́чется

➪ 3.4.3

54 ⋆ Complete the following sentences, putting the words in brackets into the dative case.

1 (Гали́на) на́до учи́ться в университе́те ещё год.
2 (Я) ну́жно сро́чно позвони́ть домо́й.
3 (Ты) не сле́дует беспоко́иться: ничего́ стра́шного не случи́тся.
4 (Моя́ жена́) прихо́дится полтора́ часа́ добира́ться до ме́ста рабо́ты.
5 (Студе́нты) запреща́ется по́льзоваться словарём во вре́мя экза́мена.
6 (На́ши сотру́дники) запрещено́ выноси́ть докуме́нты из зда́ния.
7 (Мы) посчастли́вилось попа́сть в Большо́й теа́тр на «Лебеди́ное о́зеро».
8 (Они́ все) надое́ло слу́шать э́ти ста́рые анекдо́ты.
9 (Лю́ди) обы́чно не нра́вится, когда́ их критику́ют.
10 Ра́зве (вы) всё равно́, кто победи́т на предстоя́щих вы́борах?

⇨ 2.6–2.10; 3.4.3; 7.1.2, 7.1.3, 7.7.1

Verbs that take an object in the dative

55 ⋆ Answer the following questions, using the prompts in brackets.

Example: **Чему́ он ве́рит? (телеви́дение)**
Он ве́рит телеви́дению.

1 Кому́ она́ ве́рит? (мать и оте́ц)
2 Чему́ он научи́лся в автошко́ле? (вожде́ние)
3 Чему́ они́ ра́дуются? (побе́да)
4 Чему́ равня́ется су́мма э́тих чи́сел? (нуль)
5 Кому́ И́нна не доверя́ет? (молчали́вые мужчи́ны)
6 Кому́ Ива́н помо́г в по́езде? (молода́я же́нщина)
7 Чему́ спосо́бствует све́жая зе́лень? (пищеваре́ние)
8 Чему́ они́ удивля́ются? (на́ши достиже́ния)
9 Кому́ меша́ет их маши́на? (пешехо́ды)
10 Кому́ принадлежи́т э́тот заво́д? (одна́ о́чень изве́стная иностра́нная фи́рма)

⇨ 2.6–2.11; 3.4.4; 6.1; 7.2.1; 8.1.3; 8.1.9

56 Complete the following sentences by inserting the appropriate word chosen from the list below.

1 На после́днем ку́рсе у студе́нтов есть возмо́жность ______ синхро́нному перево́ду.
2 Кури́льщики ______ не то́лько себе́, но и окружа́ющим.
3 Де́вушка, вы не могли́ бы ______ мне перейти́ у́лицу? Я пло́хо ви́жу.
4 Он обеща́л бро́сить пить, но я ему́ не ______.
5 Что э́то за рекла́мные проспе́кты? Им нельзя́ ______.
6 Мы успе́ли привы́кнуть ко всему́ — бо́льше ничему́ не ______.
7 При мно́гих боле́знях све́жий во́здух ______ выздоровле́нию.
8 Наде́емся, что стро́гий каранти́н бу́дет ______ распростране́нию боле́зни.
9 В не́которых места́х э́тот перево́д не ______ оригина́лу.
10 Мно́гие экспе́рты счита́ют, что но́вый зако́н ______ конститу́ции.

ве́рю вредя́т доверя́ть помо́чь препя́тствовать противоре́чит
соотве́тствует спосо́бствует удивля́емся учи́ться

⇨ 3.4.4

Prepositions followed by the dative

57 * Complete the following sentences by attaching the appropriate ending to the words or phrases in brackets.

Example: **Подойди́, пожа́луйста, к (телефо́н).**
Подойди́, пожа́луйста, к телефо́ну.

1 В зоопа́рке не подходи́те бли́зко к (живо́тные).
2 Моя́ сестра́ хо́дит то́лько к (э́тот парикма́хер).
3 Они́ на́няли для до́чери репети́тора. Снача́ла она́ ходи́ла к (он) по пя́тницам, но тепе́рь он прихо́дит к (она́) ка́ждую суббо́ту.
4 Брита́нская ви́лка не подхо́дит к (континента́льная розе́тка), поэ́тому на́до покупа́ть переходни́к.
5 Э́ти това́ры отлича́ются по (цена́), но не по (ка́чество).
6 Мы вы́играли э́тот матч, потому́ что ча́ще би́ли по (воро́та).
7 Хоти́те купи́ть подро́бный спра́вочник по (ру́сский язы́к)? «Совреме́нная ру́сская грамма́тика» Да́нна и Ха́йрова уже́ в прода́же.
8 Благодаря́ (ва́ша по́мощь) мы смогли́ доби́ться высо́ких результа́тов.
9 Вопреки́ (сове́т) подру́ги она́ всё же вы́шла за него́ за́муж.
10 Согла́сно (стати́стика) то́лько че́тверть взро́слого населе́ния э́той о́бласти выезжа́ла когда́-либо за грани́цу.

Useful vocabulary:

ви́лка	(here) plug
переходни́к	adaptor
розе́тка	socket

2.6–2.10; 7.1.3

58 In the following sentences select the appropriate preposition from the alternatives given in brackets.

1 Э́тот га́лстук прекра́сно подхо́дит (к/по) мое́й но́вой си́ней руба́шке.
2 Иди́те (навстре́чу/по) коридо́ру, пото́м спусти́тесь (к/по) ле́стнице на второ́й эта́ж.
3 Как вы отно́ситесь (к/согла́сно) совреме́нному иску́сству?
4 (Благодаря́/вопреки́) запре́там враче́й он продолжа́л кури́ть.
5 (Благодаря́/вопреки́) твоему́ дру́гу мы смогли́ попа́сть на презента́цию прое́кта.
6 (Навстре́чу/согла́сно) опро́су обще́ственного мне́ния лю́ди бо́льше интересу́ются ме́стными собы́тиями, чем пробле́мами мирово́го масшта́ба.
7 (Навстре́чу/согла́сно) на́шему кораблю́ дви́галось како́е-то судно́.
8 Пожа́луйста, купи́ по доро́ге домо́й что́-нибудь (к/навстре́чу) ча́ю.
9 Он слу́жит в отде́ле (вопреки́/по) борьбе́ с экономи́ческими преступле́ниями.
10 Говоря́т, что (благодаря́/по) происхожде́нию он из дина́стии Рома́новых.

9.2.4

The preposition по used with the dative

59 ★★ Complete the following sentences with one of the phrases chosen from the list below.

1 __________ э́тот поли́тик бли́зок к либера́лам.
2 В суббо́ту звони́те мне __________.
3 У тебя́ есть до́ма интерне́т? Тогда́ бу́дем держа́ть связь __________.
4 __________ нельзя́ ходи́ть, мо́жно то́лько е́здить.
5 За́втра у меня́ экза́мен __________.
6 __________ я фило́лог-слави́ст, хотя́ тепе́рь я рабо́таю совсе́м в друго́й сфе́ре.
7 Сего́дня начина́ется чемпиона́т ми́ра __________.
8 У вас нет случа́йно путеводи́теля __________?
9 __________, в э́той статье́ не хвата́ет фа́ктов.
10 Не стучи́, пожа́луйста, па́льцами __________ — э́то меня́ раздража́ет.

по англи́йской литерату́ре   по моему́ мне́нию   по образова́нию   по Петербу́ргу
по свои́м взгля́дам   по столу́   по фигу́рному ката́нию   по электро́нной по́чте
по э́тому мо́сту   по э́тому но́меру

☞ 9.2.10; 21.2.16

Miscellaneous uses of the dative

60 In the following passage put the words and phrases in brackets into the dative. Answer the questions that follow the passage in Russian, using full sentences and referring to the characters by name.

Кто есть кто?

Мы изуча́ем ру́сский язы́к на вече́рних ку́рсах. В на́шей гру́ппе пять челове́к: Кристи́на, Мари́я, Ште́фи, А́ртур и Джек. Оди́н из нас пенсионе́р, а у остальны́х ра́зные профе́ссии: врач, домохозя́йка, стюарде́сса, полице́йский.

(Пенсионе́р) предстои́т опера́ция: его́ ле́вый глаз почти́ не ви́дит. (Домохозя́йка) ну́жно уходи́ть с уро́ков на де́сять мину́т ра́ньше, что́бы успе́ть домо́й к (де́вять) часа́м. (Стюарде́сса) и (полице́йский) прихо́дится ча́сто пропуска́ть заня́тия из-за рабо́ты. (Полице́йский) три́дцать во́семь лет, он моло́же врача́ на два го́да. (Полице́йский) нра́вится Ште́фи. А́ртур по (профе́ссия) не полице́йский. Мари́я и Ште́фи ча́сто хо́дят в го́сти к (врач). Домохозя́йка ча́сто помога́ет (Ште́фи) де́лать дома́шнее зада́ние.

1 Кто есть кто по профе́ссии?
2 Кому́ тру́дно чита́ть?
3 Кому́ нра́вится Ште́фи?
4 К кому́ хо́дят в го́сти Мари́я и Ште́фи?
5 Кому́ на́до быть до́ма в де́вять часо́в?
6 Кому́ не удаётся посеща́ть заня́тия регуля́рно?
7 Кому́ со́рок лет?
8 Прихо́дится ли Кристи́не пропуска́ть заня́тия из-за рабо́ты?

☞ 2.6, 2.9, 2.13; 3.4; 6.4; 8.1.6; 12.3.1

The instrumental

The use of the instrumental to indicate the instrument or means by which something is carried out

61 ⋆ Answer the following questions, using the prompts provided in brackets.

Example: **Чем мы еди́м сала́т? (ви́лка)**
Мы еди́м сала́т ви́лкой.

1 Чем мы ре́жем хлеб? (нож)
2 Чем мы еди́м суп? (ло́жка)
3 Чем мы забива́ем гвоздь? (молото́к)
4 Чем мы чи́стим оде́жду и о́бувь? (щётка)
5 Чем рыбаки́ ло́вят ры́бу? (сеть)
6 Чем мы мо́ем во́лосы? (шампу́нь)
7 Чем мы вытира́ем лицо́? (полоте́нце)
8 Чем мы открыва́ем буты́лку? (што́пор)
9 Чем мы открыва́ем дверь? (ключ)
10 Чем мы полива́ем цветы́? (вода́)

62 ⋆ Complete the following sentences by putting the word or phrase in brackets into the instrumental.

Example: **Я сде́лал ей знак (рука́).**
Я сде́лал ей знак руко́й.

1 Э́ти ковры́ не рекоменду́ется чи́стить (пылесо́с).
2 Она́ погрози́ла ма́льчику (па́лец).
3 В Росси́и избира́тельные бюллете́ни не заполня́ются (каранда́ш).
4 Соедини́те, пожа́луйста, э́ти страни́цы (скре́пка).
5 Сове́тую закле́ить э́ту цара́пину (пла́стырь).
6 Поли́ция разгоня́ла демонстра́нтов (дуби́нки).
7 Он откуси́л ни́тку (зубы́).
8 Ме́стные жи́тели едя́т плов (па́льцы).

9 Мы протира́ем очки́ (мя́гкая ткань).
10 Мы чи́стим зубы́ (зубна́я щётка).
11 Э́ти сни́мки я сде́лал (цифрова́я ка́мера).
12 Ра́ну на́до обрабо́тать (медици́нский спирт).
13 Э́ту я́зву мо́жно вы́лечить (специа́льная мазь).
14 Я пишу́ (си́няя ру́чка), а Ива́н пи́шет (просто́й каранда́ш).
15 Она́ угоща́ла нас (горя́чие пирожки́).
16 Мы отра́вились (ядови́тые грибы́).

➪ 2.6–2.10; 3.5.1; 6.1, 6.2

The use of the instrumental to indicate the agent in a passive construction

63 Answer the questions following the pattern of the example, inserting the appropriate names taken from the list below.

Example: **Кем была́ напи́сана траге́дия «Оте́лло»? (Уи́льям Шекспи́р)**
Траге́дия «Оте́лло» была́ напи́сана Уи́льямом Шекспи́ром.

1 Кем бы́ло впервы́е переведено́ на славя́нский язы́к Ева́нгелие?
2 Кем был снят фильм «Броне́носец Потёмкин»?
3 Кем был со́здан бале́т «Лебеди́ное о́зеро»?
4 Кем был напи́сан рома́н «Архипела́г ГУЛА́Г»?
5 Кем была́ осно́вана Росси́йская акаде́мия наук?
6 Кем была́ начата́ перестро́йка в СССР?
7 Кем была́ напи́сана се́рия детекти́вов об Анастаси́и Каме́нской?
8 Кем был сде́лан пе́рвый шаг на Луне́?
9 Кем была́ изобретена́ электри́ческая ла́мпочка?
10 Кем была́ соста́влена периоди́ческая табли́ца хими́ческих элеме́нтов?
11 Кем был совершён пе́рвый полёт в ко́смос?
12 Кем был откры́т радиоакти́вный элеме́нт ра́дий?

Нил А́рмстронг
Ю́рий Гага́рин
Михаи́л Горбачёв
Екатери́на Пе́рвая
Кири́лл и Мефо́дий
Алекса́ндра Мари́нина
Дми́трий Менделе́ев
Мари́я Склодо́вская-Кюри́
Алекса́ндр Солжени́цын
Джо́зеф Уи́лсон Суо́н
Пётр Ильи́ч Чайко́вский
Серге́й Эйзенште́йн

2.6, 2.7, 2.12, 2.13; 3.5.2; 12.1.3

The use of the instrumental to indicate the complement

64 Complete the following sentences by putting the word or phrase in brackets into the instrumental.

Example: **Э́тот докуме́нт явля́ется (по́длинник).**
Э́тот докуме́нт явля́ется по́длинником.

1 Её ли́чная жизнь остаётся для нас (та́йна).
2 Она́ отказа́лась выходи́ть за него́ за́муж: он оказа́лся (негодя́й).
3 Ты не уме́ешь счита́ть де́ньги, поэ́тому ты никогда́ не ста́нешь (миллионе́р).
4 Ва́цлав Га́вел явля́ется (почётный до́ктор) на́шего университе́та.
5 Твой друг показа́лся нам (интере́сный собесе́дник).
6 Э́тот слова́рь бу́дет (лу́чшая награ́да) тому́, кто переведёт э́то стихотворе́ние.
7 Ра́ньше э́та часть го́рода была́ (опа́сная и гря́зная), но за после́дние три го́да она ста́ла (прия́тная и чи́стая).
8 Тогда́ она́ показа́лась мне (весёлая и привлека́тельная), но тепе́рь она́ вы́глядит (мра́чная и некраси́вая).

2.6–2.10; 3.5.3; 6.1; 14.1.2, 14.1.4, 14.1.5

The use of the instrumental to indicate a predicate with a transitive verb, to indicate a state or capacity and in adverbial functions

65 Complete the following sentences by putting the word or phrase in brackets into the instrumental.

Example: **У неё юриди́ческое образова́ние, и поэ́тому она́ мо́жет рабо́тать (адвока́т).**
У неё юриди́ческое образова́ние, и поэ́тому она́ мо́жет рабо́тать адвока́том.

1 У неё филологи́ческое образова́ние, и она́ тепе́рь рабо́тает (перево́дчица).
2 Меня́ вы́брали (председа́тель) на́шего фотоклу́ба.
3 Что Вы чу́вствовали, когда́ Вас избра́ли (депута́т) парла́мента?
4 Его́ назна́чили (посо́л) в одну́ из африка́нских стран.
5 Моего́ дя́дю назна́чили (гла́вный судья́) на фина́льный матч.
6 Э́ту певи́цу называ́ют (короле́ва) джа́за.
7 Она́ называ́ла му́жа (за́йчик), а он называ́л жену́ (мы́шка).
8 В а́рмию он ушёл совсе́м (мальчи́шка), а верну́лся уже́ (взро́слый мужчи́на).
9 Ста́рший брат служи́л для меня́ (приме́р) во всём.
10 (Настоя́щий а́втор) кни́ги «Маркси́зм и филосо́фия языка́» счита́ют Михаи́ла Бахтина́.

2.6–2.10; 3.5.4–3.5.6; 6.1

Verbs that take an object in the instrumental

66 Answer the following questions, using the prompts given in brackets.

Example: **Каки́м ви́дом спо́рта ты занима́лась в мо́лодости? (те́ннис)**
В мо́лодости я занима́лась те́ннисом.

1 Чем ты занима́ешься в свобо́дное вре́мя? (составле́ние кроссво́рдов)
2 Чем ты по́льзуешься при опла́те поку́пок в суперма́ркете? (креди́тная ка́рточка)
3 Чем ты по́льзуешься, когда́ де́лаешь перево́ды? (са́мые совреме́нные словари́)
4 Чем владе́ет э́тот бизнесме́н? (кру́пная сеть оте́лей)
5 А чем он располага́ет? (огро́мные су́ммы де́нег)
6 Чем ты увлека́ешься? (рок-му́зыка)
7 Чем интересу́ется твоя́ дочь? (дре́вняя исто́рия)
8 Каки́ми ру́сскими писа́телями ты бо́льше всего́ восхища́ешься? (Пу́шкин и Достое́вский)
9 Чем торгу́ет ва́ша фи́рма? (превосхо́дные францу́зские ви́на)
10 Чем здесь па́хнет? (бензи́н)

2.6–2.10, 2.12; 3.5.7; 6.1, 6.2; 12.1.3

67 Complete the following sentences with a verb selected from the list below.

1 Ру́сский писа́тель Набо́ков ______ уника́льной колле́кцией ба́бочек.
2 Я не доверя́ю компью́терам и никогда́ не ______ электро́нной по́чтой.
3 Чино́вников ча́сто критику́ют за то, что они́ ______ служе́бным положе́нием.
4 Я поступи́ла на филологи́ческий факульте́т, потому́ что о́чень ______ совреме́нной литерату́рой.
5 Мы о́чень ______ все́ми на́шими достиже́ниями.

6 Он ничего́ не сказа́л, но ______ голово́й в знак согла́сия.
7 На́шей организа́цией ______ челове́к с больши́м о́пытом рабо́ты в Росси́и.
8 Хорошо́ бы́ло бы организова́ть встре́чу, на кото́рой мы могли́ бы ______ о́пытом.
9 Никто́ не име́ет пра́ва ______ пра́вилами безопа́сности на рабо́те.
10 Во вре́мя собесе́дования с бу́дущим нача́льником не сле́дует ______ плеча́ми, а рекоменду́ется ве́жливо отвеча́ть на все вопро́сы.

владе́л горди́мся злоупотребля́ют интересу́юсь кивну́л обменя́ться пожима́ть по́льзуюсь пренебрега́ть руково́дит

3.5.7

Prepositions followed by the instrumental

68

Complete the following sentences by attaching the appropriate endings to the words or phrases in brackets.

Example: **Я то́лько что говори́л по телефо́ну с (шеф).**
Я то́лько что говори́л по телефо́ну с ше́фом.

1 Она́ е́здила в Ло́ндон с (дочь).
2 Прошу́ не разгова́ривать со (я) таки́м то́ном.
3 За́втра у меня́ бу́дет встре́ча с (профе́ссор Попо́в).
4 Ме́жду (ста́нция) и (музе́й) есть небольшо́й парк.
5 Э́ту карти́ну я хочу́ пове́сить над (пи́сьменный стол).
6 В э́том до́ме произошёл взрыв га́за. К сча́стью, никто́ не поги́б под (обло́мки).
7 За (э́тот забо́р) нахо́дится психиатри́ческая кли́ника.
8 Дава́йте зайдём пе́ред (спекта́кль) в бар.
9 Над (ты) нет нача́льников, потому́ что ты уже́ на пе́нсии!
10 Мари́ны сейча́с нет. За (она́) зае́хал друг на мотоци́кле, и они́ куда́-то уе́хали.

2.6–2.12; 7.1.2, 7.1.3, 7.3.1; 9.2.5

69

Complete the following sentences by selecting the appropriate preposition from the list given below.

1 Ка́ждую пя́тницу она́ хо́дит в кафе́ ______ ста́рыми подру́гами.
2 Дава́йте встре́тимся ро́вно в семь ______ теа́тром.
3 Мы опя́ть не могли́ спать: ______ стено́й всю ночь кто́-то игра́л на гита́ре.
4 Я не сове́тую оставля́ть ключ ______ ко́вриком.
5 ______ гла́вными доро́гами патрули́ровали вертолёты.
6 ______ боле́льщиками э́тих кома́нд ча́сто быва́ют дра́ки.
7 Э́тот музе́й нахо́дится ______ Москво́й.
8 Она́ всегда́ о́чень волну́ется ______ экза́менами.
9 ______ пе́рвым фо́кусом после́довал второ́й, тре́тий, а пото́м фо́кусник вдруг исче́з сам!
10 Они́ зайду́т ______ на́ми в де́сять часо́в, и мы вме́сте пойдём на вы́ставку.

за ме́жду над пе́ред под с(о)

9.2.5; 21.1.6, 21.2.12

The use of с(о) with the instrumental

70 In the following sentences insert the preposition **с/со** before the word or phrase in *italics* wherever appropriate.

Examples: **Она́ пьёт чай *молоко́м.***
Она́ пьёт чай с молоко́м.

Он ре́жет колбасу́ *ножо́м.*
Он ре́жет колбасу́ ножо́м.

1 Мы еди́м ка́шу *ло́жкой.*
2 Я люблю́ чёрный хлеб *со́лью.*
3 Мно́гие хотя́т поговори́ть *президе́нтом.*
4 Мы пое́дем в Москву́ *по́ездом.*
5 Мне тру́дно дыша́ть *но́сом.*
6 Сего́дня шёл снег *дождём.*
7 Он вы́пил во́дку *одни́м глотко́м.*
8 Он пригото́вил макаро́ны *сы́ром.*
9 Э́то откры́тие сде́лано *профе́ссором Петро́вым.*
10 Почему́ вы не посове́товались *мной*?

9.2.11

Miscellaneous uses of the instrumental

71 Complete the following sentences by selecting the appropriate word or phrase from the list below.

1 Тре́нер ______ меня́ капита́ном кома́нды.
2 Его́ де́ти ста́вили спекта́кли, когда́ ______ шко́льниками.
3 Ка́ннский фестива́ль ______ крупне́йшим собы́тием в жи́зни мирово́го кинемато́графа.
4 Мой брат ра́ньше служи́л в а́рмии, а тепе́рь ______ води́телем тролле́йбуса.
5 Вы хорошо́ ______ испа́нским языко́м?
6 По доро́ге на стадио́н мы ______ Ива́ном: он уже́ был гото́в.
7 Пе́рвой же́нщиной, соверши́вшей полёт в ко́смос, ______ Валенти́на Терешко́ва.
8 Таки́е докуме́нты ______ то́лько заве́дующей.
9 У нас есть маши́на, но в го́роде мы обы́чно ______ обще́ственным тра́нспортом.
10 Я хочу́ сказа́ть вам что́-то о́чень ва́жное, но э́то должно́ оста́ться ______.

была́ бы́ли владе́ете зашли́ за ме́жду на́ми назна́чил
подпи́сываются по́льзуемся рабо́тает явля́ется

3.5; 9.2.5

4 Verbs

Verbs in the past tense

72 ⋆ Complete the table by inserting the past tense forms of the following verbs. Where a form has more than one syllable, indicate the stress.

	он	она́	оно́	мы, вы, они́
бить				
брать				
быть				
дава́ть				
ду́мать				
есть				
жить				
знать				
интересова́ть				
называ́ть				
находи́ть				
смотре́ть				
сто́ить				
шить				

73 ⋆ Rewrite the following sentences in the past tense.

Example: **Наш оте́ц в Москве́.**
Наш оте́ц был в Москве́.

1 Часы́ на ба́шне бьют в по́лдень.
2 А́нна обы́чно берёт зонт.
3 Де́ти едя́т моро́женое.
4 Мои́ роди́тели живу́т в дере́вне.
5 Бори́с хорошо́ зна́ет матема́тику.

6 Мы смо́трим но́вости.
7 Э́ти брю́ки сто́ят два́дцать до́лларов.
8 Ма́ма шьёт ю́бку.

☞ 4.5.1

74 ★

Answer the following questions, replacing the infinitives in brackets with the appropriate past tense form.

Example: **Что вы де́лали у́тром в па́рке?**
Мы (игра́ть) в бадминто́н, (гуля́ть), (чита́ть) газе́ты.
Мы игра́ли в бадминто́н, гуля́ли, чита́ли газе́ты.

1 Что вы де́лали вчера́ ве́чером?
Мы (у́жинать), (смотре́ть) телевизор, (игра́ть) в ша́хматы, (пить) чай, (звони́ть) друзья́м.
2 Что де́лала Сама́нта в Петербу́рге?
Она́ (посеща́ть) ку́рсы ру́сского языка́, (ходи́ть) на вы́ставки, (уча́ствовать) в ко́нкурсе, (осма́тривать) музе́и, (гуля́ть) по го́роду.
3 Что де́лал Фёдор ле́том на да́че?
Он (загора́ть), (лови́ть) ры́бу, (собира́ть) грибы́, (кра́сить) дом, (стро́ить) ба́ню.

☞ 4.5

75

Rewrite the following sentences, removing the past tense of **хоте́ть** and replacing the infinitives with the appropriate past tense form.

Example: **Он хоте́л принести́ гита́ру.**
Он принёс гита́ру.

1 Она́ хоте́ла помо́чь де́душке.
2 Он хоте́л умере́ть на ро́дине.
3 Они́ хоте́ли принести́ торт.
4 Она́ хоте́ла привезти́ дочь.
5 Он хоте́л зале́зть на де́рево.
6 Она́ хоте́ла исче́знуть из го́рода.
7 Мы хоте́ли идти́ пешко́м.
8 Она́ хоте́ла прийти́ с му́жем.
9 Он хоте́л войти́ в ко́мнату.
10 Она́ хоте́ла испе́чь пиро́г.
11 Вы хоте́ли провести́ фестива́ль.
12 Он не хоте́л замёрзнуть.
13 Она́ хоте́ла заже́чь свечу́.
14 Он хоте́л заже́чь фона́рь.

☞ 4.5, 4.7.9, 4.7.10, 4.7.12, 4.7.13, 4.7.14

76

In the following passage replace the infinitives in brackets with the appropriate past tense form.

Мой шко́льный друг

В де́тстве у меня́ (быть) хоро́ший друг. Его́ (звать) И́горь Кузнецо́в. Мы (жить) в одно́м до́ме и (ходи́ть) в одну́ шко́лу. На́ши отцы́ (рабо́тать) на одно́м заво́де. Мы о́ба мно́го (чита́ть). И́горь непло́хо (знать) матема́тику, а я хорошо́ (писа́ть) сочине́ния. Мы ча́сто (помога́ть) друг дру́гу. По́сле шко́лы мы (игра́ть) в футбо́л или (бе́гать) в па́рке, а ве́чером (смотре́ть) телеви́зор. Так (проходи́ть) на́ше де́тство. Когда́ мы (стать) ста́рше, мы вме́сте (слу́шать) рок-му́зыку и (гуля́ть) с девчо́нками из сосе́днего кла́сса. По́сле шко́лы я (поступи́ть) в университе́т, а И́горь (служи́ть) в а́рмии. Пото́м я уже́ не (ви́деть) И́горя. Одна́ знако́мая (сказа́ть) мне, что он (уеха́ть) в Казахста́н. Я (посла́ть) ему́ письмо́, но оно́ (прийти́) обра́тно.

➪ 4.5

The conjugation of verbs in the non-past (present and future perfective)

77 ⋆ Complete the table below, marking the stress of each of the verb forms.

Рабо́тать (нсв), знать (нсв), изуча́ть (нсв), гуля́ть (нсв), стреля́ть (нсв), ка́шлять (нсв), боле́ть (нсв), уме́ть (нсв), поте́ть (нсв).

я	ты	он/она́/оно́	мы	вы	они́
рабо́таю				рабо́таете	
	зна́ешь				
					изуча́ют
гуля́ю		гуля́ет			
			стреля́ем		
	ка́шляешь				
боле́ю		боле́ет			
	уме́ешь				
				поте́ете	

➪ 4.6.1

78 ⋆ Complete the table below, marking the stress of each of the verb forms.

Рисова́ть (нсв), копи́ровать (нсв), ворова́ть (нсв), ночева́ть (нсв), танцева́ть (нсв), воева́ть (нсв), плева́ть (нсв), клева́ть (нсв), жева́ть (нсв), ка́пнуть (св), блесну́ть (св), рискну́ть (св), поверну́ть (св).

я	ты	он/она́/оно́	мы	вы	они́
			рису́ем		
копи́рую	копи́руешь				
					ворую́т
			ночу́ем	ночу́ете	

		танцу́ет			
вою́ю				вою́ете	
	плюёшь				плюю́т
		клюёт			
жую́					
	ка́пнешь				
блесну́			блеснём		
		рискнёт			
	повернёшь			повернёте	

4.6.2–4.6.3

79 * Complete the table below, marking the stress of each of the verb forms.

Кури́ть (нсв), звони́ть (нсв), носи́ть (нсв), вози́ть (нсв), плати́ть (нсв), порти́ть (нсв), прости́ть (св), буди́ть (нсв), купи́ть (св), гра́бить (нсв), дави́ть (нсв), корми́ть (нсв).

я	ты	он/она́/оно́	мы	вы	они́
	ку́ришь				
звоню́			звони́м		
		но́сит			
				во́зите	
плачу́			пла́тим		
					по́ртят
прощу́			прости́м		
	бу́дишь				
				ку́пите	
гра́блю					гра́бят
		да́вит			
	ко́рмишь				

4.6.4

80 Complete the table below, marking the stress of each of the verb forms.

Писа́ть (нсв), сказа́ть (св), пла́кать (нсв), ма́зать (нсв), иска́ть (нсв), насы́пать (св), присла́ть (св).

я	ты	он/она́/оно́	мы	вы	они́
					пи́шут
скажу́				ска́жете	
			пла́чем		
	ма́жешь				
		и́щет			
насы́плю					насы́плют
				пришлёте	

➪ 4.7.1

81 Complete the table below, marking the stress of each of the verb forms.

Нача́ть (св), взять (св), поня́ть (св), заня́ть (св), снять (св), приня́ть (св).

я	ты	он/она́/оно́	мы	вы	они́
	начнёшь				
возьму́		возьмёт			
			поймём		
				займёте	займу́т
		сни́мет		сни́мете	
	при́мешь				

➪ 4.7.2

82 Complete the table below, marking the stress of each of the verb forms.

Врать (нсв), ждать (нсв), собра́ть (св), вы́брать (св), назва́ть (св), порва́ть (св).

я	ты	он/она́/оно́	мы	вы	они́
	врёшь				
		ждёт			

соберу́		соберёт			
			вы́берем		
	назовёшь		назовём		
порву́					порву́т

➪ 4.7.3

83 Complete the table below, marking the stress of each of the verb forms.

Продава́ть (нсв), вставáть (нсв), узнава́ть (нсв), се́ять (нсв), пить (нсв), мыть (нсв).

я	ты	он/она́/оно́	мы	вы	они́
	продаёшь				
		устаёт			
узнаю́				узнаёте	
се́ю			се́ем		
	пьёшь				
					мо́ют

➪ 4.7.4–4.7.6

84 Complete the table below, marking the stress of each of the verb forms.

Обу́ть (св), разу́ть (св), наду́ть (св), поло́ть (нсв), протере́ть (св), исче́знуть (св), умере́ть (св).

я	ты	он/она́/оно́	мы	вы	они́
	обу́ешь			обу́ете	
			разу́ем		
наду́ю		наду́ет			
	по́лешь				
				протрёте	
исче́зну					исче́знут
			умрём		

➪ 4.7.7–4.7.10

85 Complete the table below, marking the stress of each of the verb forms.

Прожи́ть (св), грызть (нсв), нести́ (нсв), везти́ (нсв), вести́ (нсв), класть (нсв).

я	ты	он/она́/оно́	мы	вы	они́
проживу́			проживём		
					грызу́т
несу́		несёт			
	везёшь				
			ведём		
		кладёт		кладёте	

➪ 4.7.11–4.7.12

86 Complete the table below, marking the stress of each of the verb forms.

Смочь (св), зажéчь (св), испéчь (св), истéчь (св), зайти́ (св), приéхать (св), ушиби́ть (св).

я	ты	он/она́/оно́	мы	вы	они́
смогу́	смо́жешь				
		зажжёт			зажгу́т
			испечём		
					истеку́т
зайду́					
приéду				приéдете	
	ушибёшь	ушибёт			

➪ 4.7.13–4.7.14

87 Complete the table below, marking the stress of each of the verb forms.

Ненави́деть (нсв), зави́сеть (нсв), посмотрéть (св), поспа́ть (св), вы́держать (св), состоя́ть (нсв).

я	ты	он/она́/оно́	мы	вы	они́
					ненави́дят
				зави́сите	

посмотрю́			посмо́трим		
				поспи́те	
	вы́держишь				
состою́		состои́т			

4.7.15–4.7.16

88 Complete the table below, marking the stress of each of the verb forms.

Захоте́ть (св), убежа́ть (св), прода́ть (св), созда́ть (св), съесть (св).

я	ты	он/она́/оно́	мы	вы	они́
захочу́		захо́чет			
			убежи́м		
				продади́те	
					создаду́т
		съест	съеди́м		

4.8

89 * In the following sentences replace the lines with the appropriate present tense endings. The relevant infinitive forms are given at the end of the exercise.

1 Я чита́______ кни́гу. Ты чита́______ газе́ту. Студе́нт чита́______ текст.
2 Мы слу́ша______ му́зыку. Вы слу́ша______ но́вости. Студе́нты слу́ша______ преподава́теля.
3 Ты хорошо́ зна́______ го́род? Вы пло́хо зна́______ но́вые слова́. Они́ хорошо́ зна́______ грамма́тику.
4 Преподава́тель спра́шива______, а студе́нты отвеча́______.
5 Мы повторя́______ грамма́тику ка́ждый день. Студе́нт повторя́______ но́вые слова́.
6 Ты проверя́______ оконча́ния по табли́це? Они́ проверя́______ упражне́ние в кла́ссе.
7 Мы пи́ш______ дикта́нт. Вы пи́ш______ в тетра́ди. Они́ пи́ш______ но́вые слова́.
8 Я уме́______ то́лько чита́ть, а ты уже́ уме́______ писа́ть по-ру́сски. Мы пло́хо уме́______ по́льзоваться словарём.
9 Вы по______ до́ма ру́сские пе́сни? Я по______ пло́хо, а моя́ ма́ма по______ о́чень хорошо́.
10 Я рису́______ план го́рода. Ты о́чень хорошо́ рису́______ карикату́ры! Почему́ вы не рису́______ граммати́ческую табли́цу?
11 Он отвеча́______ на вопро́с. Они́ отвеча́______ пра́вильно, а вы отвеча́______ непра́вильно.
12 Я сиж______ на сту́ле. Ты сид______ за столо́м. Мы сид______ в кла́ссе. Вы сид______ в библиоте́ке. Они́ сид______ у окна́.

13 Я немно́го говор______ по-ру́сски. Ты говор______ по-англи́йски? Она́ мно́го говор______ по телефо́ну.
14 Я перевож______ с англи́йского на ру́сский. Он перево́д______ со словарём. Мы ча́сто перево́д______ слова́ на уро́ке. Студе́нты перево́д______ текст.

говори́ть знать отвеча́ть переводи́ть петь писа́ть повторя́ть
проверя́ть рисова́ть сиде́ть слу́шать спра́шивать уме́ть чита́ть

➪ 4.6, 4.7

90 Complete the following sentences by inserting the appropriate present tense forms of the verbs **е́хать** 'to be going (by transport)' or **есть** 'to eat'.

1 Я ______ на по́езде и ______ бутербро́д.
2 Ты ______ на такси́ и ______ пече́нье.
3 Она́ ______ на электри́чке и ______ я́блоко.
4 Мы ______ на авто́бусе и ______ шокола́д.
5 Вы ______ на тролле́йбусе и ______ конфе́ты.
6 Они́ ______ на маши́не и ______ моро́женое.
7 Куда́ вы ___?
8 Что вы ______ на за́втрак?
9 Куда́ ты ______ сле́дующим ле́том?
10 Что ты обы́чно ______ по́сле трениро́вки?

➪ 4.7.14, 4.8; also 22.1

The present tense of imperfective verbs (productive classes)

91 * In the following sentences replace the infinitive in brackets with the appropriate present tense form.

1 Что ты (де́лать)?
2 Я (реша́ть) кроссво́рд в вече́рней газе́те.
3 Она́ никому́ не (позволя́ть) разгова́ривать с ней таки́м то́ном.
4 Все студе́нты в э́той гру́ппе прекра́сно (говори́ть) по-ру́сски.
5 Мы (организова́ть) конфере́нцию на э́ту те́му.
6 Почему́ вы всегда́ (носи́ть) джи́нсы?
7 Я по́лностью (разделя́ть) ва́ше мне́ние по э́тому вопро́су.
8 Мой брат (боле́ть) за «Спарта́к». А вы (боле́ть) за «Спарта́к» или за «Зени́т»?
9 У вас така́я сло́жная жизнь: похо́же, что вы ре́дко (ночева́ть) до́ма. Он (рабо́тать) на ра́дио и, ка́жется, совсе́м не (ночева́ть) до́ма.
10 Все на́ши де́ти уже́ (уме́ть) пла́вать.

➪ 4.6

Conjugation of the -овать/-евать verbs

92 In the following sentences replace the infinitives in brackets with the appropriate form of the present tense.

1 Сейча́с мы (анализи́ровать) результа́ты экспериме́нта.
2 В э́той стране́ идёт гражда́нская война́: прави́тельственные войска́ (воева́ть) про́тив повста́нцев.
3 Мы с жено́й ча́сто (дискути́ровать) на полити́ческие те́мы.
4 Почему́ ты (игнори́ровать) мои́ замеча́ния?
5 Э́тот кру́пный бизнесме́н почему́-то не (инвести́ровать) капита́л в оте́чественные прое́кты.
6 Ка́ждое ле́то я оди́н или два ра́за (ночева́ть) в пала́тке на берегу́ о́зера.
7 Мно́гие се́мьи в Росси́и (приватизи́ровать) свои́ кварти́ры.
8 Сино́птики (прогнози́ровать) си́льные снегопа́ды.
9 Мой брат (программи́ровать) автома́ты по прода́же напи́тков и чи́псов.
10 К сожале́нию, его́ боле́знь (прогресси́ровать): тепе́рь ему́ нужна́ опера́ция.
11 У нас небольшо́е рекла́мное аге́нтство: мы (реклами́ровать) косме́тику.
12 Почему́ ва́ши ученики́ (рисова́ть) портре́ты, а вы (рисова́ть) пейза́жи?
13 Вы прекра́сно (танцева́ть), а я, к сожале́нию, (танцева́ть) пло́хо.
14 Вертолёты (эвакуи́ровать) люде́й из зо́ны бе́дствия.

➪ 4.6.2

The present tense of imperfective verbs (unproductive classes and irregular verbs)

93 In the following sentences replace the infinitive in brackets with the appropriate present tense form.

1 Когда́ я (раздава́ть) конфе́ты, моя́ дочь всегда́ (брать) три. Я (брать) у студе́нтов сочине́ния в пя́тницу, а моя́ ассисте́нтка (раздава́ть) их в понеде́льник.
2 Куда́ ты (идти́)?
3 Когда́ мы не успева́ем на после́днюю электри́чку, (е́хать) домо́й на такси́. Из теа́тра я обы́чно (е́хать) домо́й на такси́.
4 Мои́ роди́тели написа́ли жа́лобу в мэ́рию два ме́сяца наза́д, но всё ещё (ждать) отве́та.
5 Соба́ка у на́ших сосе́дей всё вре́мя (ла́ять).
6 Моя́ подру́га (жить) в общежи́тии МГУ на пятна́дцатом этаже́.
7 Неуже́ли вы совсе́м не (пить) во́дки? В А́нглии студе́нты (пить) во́дку с апельси́новым со́ком.
8 Что э́то за пе́сня, кото́рую они́ сейча́с (петь)? А мы (петь) до́ма ру́сские пе́сни.
9 Куда́ (вести́) э́та доро́га?
10 Дру́жба ме́жду на́шими города́ми постоя́нно (кре́пнуть).
11 Я о́чень ре́дко (смотре́ть) телеви́зор.
12 Почему́ все (молча́ть)? Ра́зве никто́ не зна́ет отве́та?
13 Мно́гие на́ши знако́мые не (есть) мя́са.
14 Мы (хоте́ть) услы́шать от вас что́-то но́вое.
15 Я (бежа́ть) домо́й: че́рез де́сять мину́т по телеви́зору футбо́л.

➪ 4.7, 4.8

The present tense of imperfective verbs (verbs with a consonant alternation)

94 In the following sentences replace the infinitive in brackets with the appropriate present tense form.

1 Я обы́чно (ходи́ть) на рабо́ту пешко́м.
2 Я (люби́ть) по суббо́там гуля́ть в па́рке.
3 Что случи́лось? Почему́ ты (пла́кать)?
4 Они́ (иска́ть) кварти́ру где́-нибудь в це́нтре го́рода.
5 Вы (мочь) оста́вить свои́ ве́щи у меня́ до́ма.
6 Ка́ждый год ма́ма (печь) к моему́ дню рожде́ния торт.
7 Э́ти ре́ки (течь) с се́вера на юг.
8 Вы должны́ извини́ться — я здесь не (ви́деть) друго́го вы́хода.
9 По́сле часово́й прогу́лки я всегда́ хорошо́ (спать).

➪ 4.6.4, 4.7.1, 4.7.13, 4.7.15, 4.7.16

The future tense of perfective verbs

95 In the following sentences replace the infinitive in brackets with the appropriate future tense form.

1 Когда́ вы, наконе́ц, (нача́ть) рабо́ту над но́вым прое́ктом?
2 Вы не (взять) с собо́й мою́ вну́чку? Она́ ещё не была́ в зоопа́рке.
3 Я сейча́с (рассказа́ть) тебе́ све́жий анекдо́т — ты (умере́ть) со́ смеху!
4 Я не зна́ю, где туале́т — сейча́с (спроси́ть) у кого́-нибудь.
5 Когда́ я (вы́йти) на пе́нсию, я (купи́ть) себе́ до́мик в дере́вне.
6 Не́которые ви́ды живо́тных, к сожале́нию, ско́ро (исче́знуть).
7 Сего́дня о́чень хо́лодно: е́сли ты не (наде́ть) пальто́, ты (замёрзнуть).
8 Предлага́ем обме́н: за э́ту маши́ну мы (дать) вам два мотоци́кла.

➪ 4.6, 4.7, 4.8

96 In the following passages replace the infinitives in brackets with the appropriate form of the future perfective.

Мои́ пла́ны

В сле́дующем году́ я обяза́тельно (нача́ть) изуча́ть италья́нский, (рискну́ть) сыгра́ть в казино́, (посмотре́ть) все фи́льмы Тарко́вского, (заня́ть) пе́рвое ме́сто в ша́хматном турни́ре, (прода́ть) ста́рую маши́ну, (протере́ть) свои́ кни́жные по́лки, (испе́чь) большо́й я́блочный пиро́г и (собра́ть) друзе́й на свой юбиле́й.

Ива́н и Ли́за мечта́ют

Мы (перее́хать) в небольшо́й го́род на берегу́ мо́ря, (снять) кварти́ру, а пото́м (вы́брать) ме́сто для но́вого до́ма. Мы (взять) креди́т в ба́нке, (созда́ть) центр во́дного спо́рта и (посла́ть) рекла́мные проспе́кты всем бу́дущим клие́нтам. А когда́ мы (верну́ть) креди́т, мы (прода́ть) фи́рму, (купи́ть) я́хту и (назва́ть) её «Мечта́». Мо́жет быть, мы (захоте́ть) отпра́виться на ней вокру́г све́та.

➪ 4.4.2, 4.6–4.8; 5.4.1

The imperative

Second person singular

97 ★ In the following sentences replace the infinitive in brackets with the appropriate second person singular imperative form.

Example: **(Говори́ть) поти́ше, а то все ста́ли смотре́ть на тебя́.**
Говори́ потише, а то все ста́ли смотре́ть на тебя́.

1 Ты не за́нят? (Принести́), пожа́луйста, чи́стый стака́н из ку́хни.
2 Ты меша́ешь мне чита́ть. Пожа́луйста, не (стоя́ть) у окна́, (взять) стул и (сесть).
3 Почему́ ты пла́чешь? Не (пла́кать). (Сесть) и (рассказа́ть) обо всём по поря́дку.
4 Ты идёшь в магази́н? (Быть) добра́, (вы́нести) заодно́ му́сор.
5 Не (дава́ть) сейча́с ребёнку ничего́ ки́слого, а через неде́лю уже́ мо́жешь дава́ть лимо́н или грейпфру́т.
6 Ма́льчик, не (лезть) на э́то де́рево — ты его́ слома́ешь!

➪ 4.9.1

Second person plural

98 ★ In the following sentences replace the infinitive in brackets with the appropriate second person plural imperative form.

Example: **(Чита́ть) все докуме́нты о́чень внима́тельно.**
Чита́йте все докуме́нты о́чень внима́тельно.

1 Друзья́, ка́ждый день (де́лать) граммати́ческие упражне́ния из э́той кни́ги.
2 (Сде́лать) мне маникю́р.
3 (Переда́ть), пожа́луйста, соль.
4 (Оста́вить), пожа́луйста, ключи́ у администра́тора.
5 (Быть) добры́, (упакова́ть) вот э́ту бандеро́ль.
6 (Пить) натура́льные со́ки и (есть) све́жие фру́кты!
7 (Принима́ть) э́то лека́рство по одно́й столо́вой ло́жке три ра́за в день.
8 (Сказа́ть), пожа́луйста, как пройти́ к Эрмита́жу.
9 Лари́са Ива́новна, (помо́чь), пожа́луйста, Та́не.
10 Не (открыва́ть) дверь посторо́нним!

➪ 4.9.2

Past passive participles

99 ★★ Restructure the following phrases so that they consist of (a) past passive participle in the long form + noun and (b) noun + past passive participle in the short form.

Example: **прочита́ть рома́н**
(a) прочи́танный рома́н **(b) рома́н прочи́тан**

1 записа́ть а́дрес
2 организова́ть пике́т
3 сорва́ть плака́т
4 вы́нести сту́лья
5 провести́ опро́сы
6 пройти́ те́му
7 испо́ртить анке́ту
8 победи́ть сопе́рника

9	взять кни́ги	12	привяза́ть соба́ку
10	стере́ть следы́	13	наде́ть пла́тье
11	откры́ть окно́	14	уби́ть кры́су

100 Restructure the following sentences, so that the verb and pronoun in *italics* are replaced by a past passive participle in the long form.

Example: **Я *вы́нес* стул и положи́л *его́* в бага́жник.**
Вы́несенный стул я положи́л в бага́жник.

1 Мы *организова́ли* ко́нкурс и сня́ли *его́* на видеока́меру.
2 Она́ *сорвала́* раси́стскую листо́вку и бро́сила *её* в му́сорницу.
3 Они́ *провели́* экспериме́нты и описа́ли *их* в статье́.
4 Он *взял* кни́ги и положи́л *их* в су́мку.
5 Мы *прочита́ли* журна́лы и оста́вили *их* на столе́.
6 Я *погаси́л* оку́рок и бро́сил *его́* в пе́пельницу.
7 Мы *вы́растили клубни́ку и* свари́ли из *неё* варе́нье.
8 Она́ *купи́ла* велосипе́д и ста́ла е́здить на *нём* на рабо́ту.

101 Answer the following questions, using a past passive participle in the short form.

Example: **Они́ привя́зали собак?**
Да, соба́ки привя́заны.

1 Вы вы́несли всю ме́бель?
2 Вы протёрли все стака́ны?
3 Вы вы́мыли всю посу́ду?
4 Вы изучи́ли э́ти те́мы?
5 Они́ провели́ ну́жные рефо́рмы?
6 Вы покра́сили все о́кна?
7 Вы оплати́ли э́тот счёт?
8 Э́то ме́сто кто́-то за́нял?
9 Они́ съе́ли всю пи́ццу?
10 Ты накорми́ла дете́й?

4.12.4

Reflexive verbs

Reflexive verbs in the present tense

102 In the following sentences replace the infinitives in brackets with the appropriate present tense form.

Example: **А вы не (боя́ться) оста́ться без рабо́ты?**
А вы не бои́тесь оста́ться без рабо́ты?

1 Мне (каза́ться), здесь до́лжен быть вы́ход.
2 Скажи́те, пожа́луйста, где (находи́ться) ботани́ческий сад?
3 Мы (ложи́ться) спать в оди́ннадцать часо́в.
4 Моя́ жена́ ре́дко со мной (соглаша́ться), но я (соглаша́ться) с ней всегда́.
5 В ци́рке де́ти мно́го (смея́ться).
6 Наш оте́ц (серди́ться), когда́ мы с ним спо́рим.
7 У вхо́да в музе́й (продава́ться) сувени́ры.

8 В э́том году́ на на́шем факульте́те (начина́ться) преподава́ние слова́цкого языка́.
9 На да́че у нас есть своя́ ба́ня, где мы (мы́ться) по́сле рабо́ты и́ли рыба́лки.
10 В э́тот парк весно́й прихо́дят влюблённые — они́ здесь (обнима́ться) и (целова́ться).

Reflexive verbs in the past tense

103 ⋆ In the following sentences replace the infinitive in brackets with the appropriate past tense form:

Example: **Мы (встре́титься) у гла́вного вхо́да в университе́т.**
Мы встре́тились у гла́вного вхо́да в университе́т.

1 Населе́ние не (интересова́ться) поли́тикой.
2 Их кора́бль (называ́ться) «Бигль».
3 Э́то кафе́ (находи́ться) недалеко́ от вокза́ла.
4 Что он тебе́ сказа́л? Почему́ ты (рассерди́ться)?
5 Сосе́дская соба́ка и на́ша при встре́че всегда́ (дра́ться).
6 За стено́й всю ночь кто́-то гро́мко (смея́ться).
7 Э́той но́чью мы опя́ть не (вы́спаться).
8 Я пошла́ по э́той тропи́нке и (оказа́ться) на берегу́ ма́ленького пруда́.
9 Мне о́чень (понра́вится) ва́ши пирожки́ с капу́стой.
10 Моя́ подру́га Мари́на (учи́ться) на филологи́ческом факульте́те.

Reflexive verbs in context

104 In the following passage replace the infinitives in brackets with the appropriate form of the verb.

Письмо́ ба́бушке

Ми́лая ба́бушка,
Прости́, я давно́ не писа́ла тебе́, и ты, наве́рное, (обижа́ться).
Ма́ма мне сказа́ла, что де́душка был бо́лен, но от опера́ции (отказа́ться). (Наде́яться), что он (поправля́ться). А как ты себя́ чу́вствуешь? Чем вы с де́душкой (занима́ться) сейча́с, когда́ рабо́ты в саду́ уже́ нет? Я зна́ю, что вы (беспоко́иться) обо мне.
У меня́ всё хорошо́. Я уже́ тре́тий ме́сяц (учи́ться) в университе́те. Наш факульте́т (находи́ться) на окра́ине го́рода. Мы встаём в семь часо́в, (одева́ться), за́втракаем и (отправля́ться) на учёбу. Заня́тия (начина́ться) в де́вять и (конча́ться) в два. Мно́гие студе́нты (остава́ться) по́сле ле́кций в библиоте́ке, но не́которые (гото́виться) к заня́тиям до́ма. Я (стара́ться) повторя́ть материа́л сра́зу по́сле ле́кций. А ещё, ми́лая ба́бушка, я (подели́ться) с тобо́й свои́м секре́том. Я (встреча́ться) с одни́м молоды́м челове́ком. Он спортсме́н, (занима́ться) бо́ксом, мно́го (тренирова́ться). Но он та́кже (интересова́ться) иску́сством, и ему́ (нра́виться) класси́ческая му́зыка. Мы (познако́миться) с ним ме́сяц наза́д на конце́рте. Он си́льный и у́мный. Ба́бушка, мне (каза́ться), я уже́ (влюби́ться). Ты, наве́рное, сейча́с, (улыба́ться). Вы ско́ро (познако́миться) с ним. Ведь мы (собира́ться) прие́хать к вам вме́сте зимо́й во вре́мя кани́кул.
Обнима́ю вас обо́их,
твоя́ вну́чка Да́ша.

Reflexive and transitive verbs

105 Choose the correct verb from the alternatives given in brackets.

Example: **По́сле спекта́кля зри́тели (продолжа́ли/продолжа́лись) аплоди́ровать.**
По́сле спекта́кля зри́тели продолжа́ли аплоди́ровать.

1 Когда́ (на́чало/начало́сь) изуче́ние ру́сского языка́ в ва́шей стране́?
2 Когда́ вы (на́чали/начали́сь) изуча́ть ру́сский язы́к?
3 Мы (на́чали/начали́сь) рабо́ту над но́вой моде́лью по́сле Ново́го го́да.
4 По́сле переры́ва спекта́кль (продолжа́л/продолжа́лся).
5 Он не обраща́л внима́ния на шум и (продолжа́л/продолжа́лся) говори́ть по телефо́ну.
6 Телефо́нный разгово́р (продолжа́л/продолжа́лся) полчаса́.
7 Студе́нт (ко́нчил/ко́нчился) чита́ть и посмотре́л на преподава́теля.
8 Когда́ уро́к (ко́нчил/ко́нчился), мы пошли́ в кафе́.
9 Строи́тели (ко́нчили/ко́нчились) рабо́ту и пошли́ в душ.
10 Вчера́ я (слома́л/слома́лся) свой но́вый зонт.
11 Вчера́ был си́льный ве́тер, и мой зонт (слома́л/слома́лся).
12 Почему́ ты его́ не пригласи́ла? Ка́жется, он (оби́дел/оби́делся).
13 Мне ка́жется, его́ (оби́дели/оби́делись) твои́ слова́.
14 Ли́за (познако́мила/познако́милась) с Ива́ном в про́шлом году́.
15 В про́шлую суббо́ту Ли́за (познако́мила/познако́милась) меня́ с Ива́ном.

106 Restructure the following sentences, replacing the transitive verb with the corresponding reflexive verb and making any other changes that may be required.

Example: **Специали́сты пи́шут инстру́кции к прибо́рам.**
Инстру́кции к прибо́рам пи́шутся специали́стами.

1 Преподава́тель проверя́ет на́ши сочине́ния.
2 Пригово́ры по уголо́вным дела́м выно́сит суд.
3 Коми́ссия принима́ет оконча́тельное реше́ние.
4 Гла́вный бухга́лтер подпи́сывает все фина́нсовые докуме́нты.
5 О́коло па́рка стро́ят стадио́н.
6 Че́рез ме́сяц в го́роде откро́ют но́вый кинотеа́тр.
7 Здесь организу́ют экску́рсии в ста́рый за́мок.
8 Стати́стику изуча́ют на второ́м ку́рсе.

⇨ 4.13

5
Aspects of the verb

Pairs of imperfective and perfective verbs

107 ⋆ Give the perfective partner of the following imperfective verbs.

Example: **де́лать**
сде́лать

брать	запи́сывать	продава́ть
броса́ть	конча́ть	продолжа́ть
дава́ть	начина́ть	спра́шивать
есть	пить	чита́ть

108 ⋆ Give the imperfective partner of the following perfective verbs.

Example: **написа́ть**
писа́ть

вы́бросить	исче́знуть
дове́рить	купи́ть
жени́ться	постро́ить
захоте́ть	пусти́ть
испе́чь	сказа́ть

⇨ 4.2

Situations where there is no choice of aspect

109 In the following sentences choose the appropriate verb from the alternatives given in brackets.

Example: **Сего́дня мы начина́ем (изуча́ть/изучи́ть) по́льский язы́к.**
Сего́дня мы начина́ем изуча́ть по́льский язы́к.

1 Мы ко́нчили (чита́ть/прочита́ть) текст.
2 Студе́нты ста́ли (переводи́ть/перевести́) незнако́мые слова́.
3 Все э́ти го́ды она́ не перестава́ла (де́лать/сде́лать) гимна́стику.
4 Наш заво́д давно́ уже́ прекрати́л (выпуска́ть/вы́пустить) э́ту моде́ль.
5 Пожа́луйста, продолжа́йте (писа́ть/написа́ть).
6 Пого́да начала́ (по́ртиться/испо́ртиться).
7 Он бро́сил (пить/вы́пить) и стал (занима́ться/заня́ться) спо́ртом.
8 Нам не́зачем (е́хать/пое́хать) на э́ту конфере́нцию: у нас друго́й про́филь.
9 Нам здесь не на́до (заде́рживаться/задержа́ться): у нас мно́го дел.
10 Я ду́маю, не сто́ит (отка́зываться/отказа́ться) от э́того предложе́ния.
11 (Повторя́ть/повтори́ть) одни́ и те же слова́ про́сто нет смы́сла.

12 Нача́льник запрети́л нам (по́льзоваться/воспо́льзоваться) интерне́том на рабо́чем ме́сте.
13 А́нна уме́ет отли́чно (гото́вить/пригото́вить) борщ и пельме́ни.
14 В ста́рших кла́ссах ученики́ у́чатся (собира́ть/собра́ть) компью́теры.
15 Ната́ша, наве́рное, вы́шла (звони́ть/позвони́ть). А мо́жет быть, она зашла́ (болта́ть/поболта́ть) к сосе́дке.
16 Ну как, вам удало́сь (получа́ть/получи́ть) грант для э́того прое́кта?
17 К сожале́нию, нет: мы не успе́ли во́время (подава́ть/пода́ть) заявку.
18 А ты суме́ешь (находи́ть/найти́) доро́гу?

➪ 5.1

Some general principles: incomplete actions; focusing on the process; repetition; focusing on completion

110 In the following sentences select the appropriate verb from the alternatives given in brackets.

Example: **Как до́лго вы (переводи́ли/перевели́) э́тот текст?**
Как до́лго вы переводи́ли э́тот текст?

1 Я (чи́стил/почи́стил) карто́шку, когда́ в дверь позвони́ли.
2 Мы (опа́здывали/опозда́ли) на конце́рт, но к сча́стью, бы́ло свобо́дное такси́, и мы всё же успе́ли к нача́лу!
3 Курс а́кций э́той компа́нии (па́дал/упа́л) в тече́ние после́дних двух неде́ль и, наконе́ц, (па́дал/упа́л) до минима́льной отме́тки.
4 — Я звони́л тебе́ в семь часо́в ве́чера, но телефо́н не отвеча́л.
— Извини́, в э́то вре́мя я (принима́ла/приняла́) ва́нну.
5 — Вы не могли́ бы дать небольшо́е интервью на́шей програ́мме в четве́рг у́тром?
— Нет, в четве́рг я (бу́ду выбира́ть/вы́беру) но́вый костю́м.
6 — А что е́сли в суббо́ту в три?
— Нет, в э́то вре́мя я (бу́ду выступа́ть/вы́ступлю) на сце́не.
7 Вчера́ мы весь ве́чер (игра́ли/поигра́ли) с сы́ном в ша́хматы.
8 Э́тот суп я (бу́ду вари́ть/сварю́) приме́рно пятна́дцать мину́т.
9 Сего́дня э́тот файл (открыва́лся/откры́лся) три мину́ты, но в про́шлый раз он (открыва́лся/откры́лся) за полторы́ секу́нды.
10 Я постара́юсь (объясня́ть/объясни́ть) вам, в чём пробле́ма.
11 В про́шлом сезо́не Са́ймон о́чень ре́дко (пропуска́л/пропусти́л) ма́тчи свое́й кома́нды, но я по́мню, что он (пропуска́л/пропусти́л) одну́ ва́жную игру́, потому́ что (гото́вился/подгото́вился) к экза́мену.
12 Ра́ньше мы ча́сто (находи́ли/нашли́) здесь мно́го грибо́в, но в э́тот раз не (находи́ли, нашли́) ни одного́.
13 До́ктор, до вас меня́ лечи́ли мно́гие врачи́, но (лечи́ть/вы́лечить) и́менно Вы.
14 Мы (реша́ли/реши́ли) таки́е зада́чи и ра́ньше, вот почему́ мы (реша́ли/реши́ли) э́ту зада́чу так бы́стро.
15 Я по́мню, что мои́ роди́тели до́лго (угова́ривали/уговори́ли) сестру́ верну́ться домо́й по́сле оконча́ния университе́та, но не (угова́ривать/уговори́ть).

➪ 5.2, 5.3

Single events in the past

111 ⁑ In the following sentences select the appropriate verb from the alternatives given in brackets.

Example: **Вы (чита́ли/прочита́ли) «Архипела́г ГУЛА́Г»?**
Вы чита́ли «Архипела́г ГУЛА́Г»?

1 Ты ра́ньше (ви́дела/уви́дела) их дочь?
2 Нет, я (ви́дела/уви́дела) её то́лько сейча́с, на у́лице пе́ред их до́мом.
3 В по́езде он мину́т два́дцать (чита́л/почита́л) кни́гу, немно́го (спал/поспа́л) и (болта́л/поболта́л) мину́т де́сять по телефо́ну с до́черью.
4 За́втра я не свобо́ден: моя́ сестра́ (приезжа́ла/прие́хала) из дере́вни на па́ру дней, и я обеща́л показа́ть ей достопримеча́тельности го́рода.
5 На про́шлой неде́ле я вообще́ не (ходи́л/сходи́л) в университе́т: моя́ сестра́ (приезжа́ла/прие́хала) из дере́вни на па́ру дней, и я до́лжен был показа́ть ей достопримеча́тельности го́рода.
6 До́брый ве́чер, я (заходи́л/зашёл) поздра́вить тебя́ с днём рожде́ния.
7 Извини́, что я так (опа́здывал/опозда́л): по доро́ге сюда́ я (заходи́л/зашёл) к бра́ту поздра́вить его́ с днём рожде́ния.
8 В про́шлом году́ це́ны на биле́ты (возраста́ли/возросли́) на де́сять проце́нтов.
9 Вчера́ я был весь день в о́фисе: я никуда́ не (уходи́л/ушёл).
10 В одно́й из свои́х поэ́м Евтуше́нко (писа́л/написа́л): «Поэ́т в Росси́и — бо́льше, чем поэ́т.»

⇨ 5.4–5.6

6
Adjectives

Declension of adjectives

112 * Decline in full the following adjectives.

Masculine singular

Nom.	бе́лый	ди́кий	све́жий	большо́й	после́дний	во́лчий
Gen.						
Dat.						
Acc.						
Instr.						
Prep.						

Feminine singular

Nom.	бе́лая	ди́кая	све́жая	больша́я	после́дняя	во́лчья
Gen.						
Dat.						
Acc.						
Instr.						
Prep.						

Neuter singular

Nom.	бе́лое	ди́кое	све́жее	большо́е	после́днее	во́лчье
Gen.						
Dat.						
Acc.						
Instr.						
Prep.						

Plural

Nom.	бéлые	ди́кие	свéжие	больши́е	послéдние	вóлчьи
Gen.						
Dat.						
Acc.						
Instr.						
Prep.						

113 ⋆ Complete the following sentences by giving the adjectives in brackets the appropriate ending.

Example: **Поздравля́ю вас с (Нóвый) гóдом!**
Поздравля́ю вас с Нóвым гóдом!

1 Трýдно повéрить, что тóлько четы́ре часá назáд мы летéли над (Ти́хий) океáном.
2 Мы договори́лись встрéтиться зáвтра на (Крáсная) плóщади.
3 К концý (лéтний) кани́кул я ужé стáла скучáть по университéту и по лéкциям о (рýсский) литератýре.
4 Я хотéл бы начáть свой доклáд с (крáткий) рассказа об однóй óчень (хорóший) кни́ге, котóрую я читáл на (прóшлый) недéле.
5 В (послéдний) врéмя у нас бы́ли (серьёзный) проблéмы с дóступом к интернéту.
6 Мнóгие из егó рóдственников живýт в (Срéдний) Áзии.
7 Скажи́те, кто э́тот высóкий мужчи́на с (ры́жий) волосáми?
8 А ты не хóчешь приня́ть учáстие в нáшем (óбщий) дéле?
9 Спаси́бо, но мне не нужнá твоя́ пóмощь: в прóшлый раз ты оказáл мне (настоя́щий медвéжий) услýгу.
10 Когдá я нахожýсь в (чужóй) дóме, я старáюсь вести́ себя́ поаккурáтнее.

➪ 6.1–6.3

Nouns that decline like adjectives

114 Complete the following sentences by selecting the appropriate noun from the list and putting it in the correct form.

1 Рабóту по специáльности онá не нашлá и óколо гóда рабóтала ______ в гости́нице.
2 Лев Ви́кторович сейчáс в ______: у негó обéденный переры́в.
3 В концé предложéния стáвим тóчку, а мéжду частя́ми слóжного предложéния стáвим ______.
4 Мы составля́ем электрóнные бáзы ______ для библиотéк.
5 Пóсле войны́ труд ______ испóльзовался для восстановлéния разрýшенных городóв.
6 К чемпионáту Еврóпы росси́йскую ______ по футбóлу готóвил гóлландец Гус Хи́ддинк.
7 Не бýдем стрóить плáнов на воскресéнье — съеди́м по пóрции ______ и погуля́ем по ______.

8 Во́дку я, к сожале́нию, не пью. А ______ у вас нет?
9 Наш ______ стал ветерина́ром, потому́ что с де́тства люби́л ______.
10 Че́рез день по́сле опера́ции ______ уже могла́ ходи́ть.

больна́я военнопле́нный го́рничная да́нные живо́тное запята́я знако́мый моро́женое на́бережная сбо́рная столо́вая шампа́нское

☞ 6.4

The short forms of adjectives

115 * Turn the following sequences of adjective + noun into full sentences, in which the adjective is in the short form and the verb (**быть**) is in the present tense (i.e. zero).

Example: **краси́вая де́вушка**
Де́вушка краси́ва.

1 голо́дный муж
2 краси́вая му́зыка
3 хоро́ший план
4 неприя́тный разгово́р
5 бога́тая приро́да
6 глубо́кие ре́ки
7 ре́зкие движе́ния
8 кре́пкий моро́з
9 больша́я страна́
10 ма́ленький ребёнок

116 * Turn the following sequences of adjective + noun into full sentences, in which the adjective is in the short form and the verb (**быть**) is in the past tense.

Example: **сла́бый го́лос**
Го́лос был слаб.

1 пья́ный сосе́д
2 больна́я ба́бушка
3 больно́й де́душка
4 дорого́й пода́рок
5 убеди́тельные аргуме́нты
6 сла́дкий чай
7 чи́стые таре́лки
8 пусты́е у́лицы
9 большо́е пальто́
10 ма́ленькие креди́ты

117 * Turn the following sequences of adjective + noun into full sentences, in which the adjective is in the short form and the verb (**быть**) is in the future tense.

Example: **высо́кие це́ны**
Це́ны бу́дут высоки́.

1 вку́сные пироги́
2 тяжёлые усло́вия
3 ре́дкие па́узы
4 тре́звый води́тель
5 бли́зкие звёзды
6 ве́жливый официа́нт
7 бога́тый вы́бор
8 споко́йное мо́ре
9 здоро́вые де́ти
10 больши́е наде́жды

☞ 6.5

Possessive adjectives

118 In the following sentences replace the noun in *italics* with a possessive adjective.

Example: **Са́ша, ты не ви́дел су́мку *ма́мы*?**
Са́ша, ты не ви́дел ма́мину су́мку?

1 Там на столе́ лежа́т очки́ *па́пы*, а он, ка́жется, уже ушёл на рабо́ту.
2 Та́ня, ты не знако́ма с до́черью *Га́ли*?
3 Прочти́ письмо́ *Ва́ни*: там мно́го интере́сного о его́ приключе́ниях в А́нглии.
4 В де́тстве мы с сестро́й люби́ли слу́шать ска́зки *ба́бушки*.
5 Я покажу́ тебе́ меда́ль *де́душки*. Он нам никогда́ не расска́зывал, за что её получи́л.
6 Смотри́, что там под столо́м? Э́то не зонт *Ната́ши*?
7 На́до поду́мать, что мы мо́жем сде́лать, что́бы мечта́ *Ди́мы* сбыла́сь.

➪ 6.6

Short comparative forms

119 Complete the following sentences by replacing the adjective in brackets with the appropriate short comparative form.

Example: **Соба́ка (сме́лый) ко́шки.**
Соба́ка смеле́е ко́шки.

1 За́яц (бы́стрый), чем черепа́ха.
2 Сок (поле́зный), чем лимона́д.
3 Испа́нский язы́к (лёгкий), чем япо́нский.
4 Ри́мская цивилиза́ция (молодо́й), чем кита́йская.
5 Вашингто́н (ма́ленький), чем Нью-Йо́рк.
6 Байка́л (глубо́кий), чем Жене́вское о́зеро.

7 Шу́ба (тёплый) ку́ртки.
8 Луна́ (бли́зкий) Ма́рса.
9 Мета́лл (кре́пкий) пла́стика.
10 Зо́лото (дорого́й) серебра́.
11 Муж обы́чно (ста́рый) жены́.
12 Мёд (густо́й) молока́.

13 В Москве́ це́ны (высо́кий), чем в прови́нции.
14 По́сле бе́га пульс (ча́стый), чем по́сле сна.
15 В лесу́ во́здух (чи́стый), чем в го́роде.
16 В мо́лодости моё здоро́вье бы́ло (хоро́ший).
17 С года́ми мои́ во́лосы ста́ли (ре́дкий).
18 С года́ми моё зре́ние ста́ло (плохо́й).

➪ 6.8.1; also 21.9.2

Long comparatives

120 Using the information given in the sentences below, form new sentences with a long comparative according to the pattern given in the example.

Example: **Э́та маши́на недоста́точно надёжная.**
Нам нужна́ бо́лее надёжная маши́на.

1 Э́тот диза́йн недоста́точно совреме́нный.
2 Э́ти компью́теры недоста́точно мо́щные.
3 Э́ти специали́сты недоста́точно о́пытные.
4 Э́тот план недоста́точно реалисти́чный.
5 Э́та идеоло́гия недоста́точно прогресси́вная.
6 Э́то расписа́ние недоста́точно ги́бкое.
7 Э́та систе́ма недоста́точно эффекти́вная.

➪ 6.8.2

Superlatives of adjectives (using са́мый)

121 Complete the following sentences using the superlative forms of the adjectives given in brackets.

Example: ______ **верши́на мира — Э́верест (высо́кий).**
Са́мая высо́кая верши́на ми́ра — Э́верест.

1 ______ ре́ки ми́ра — Нил и Амазо́нка. (дли́нный)
2 ______ о́стров — Гренла́ндия. (большо́й)
3 ______ о́зеро — Байка́л. (глубо́кий)
4 ______ по чи́сленности населе́ния стра́ны — Кита́й и И́ндия. (большо́й)
5 ______ страна́ — Ватика́н. (ма́ленький)
6 ______ кли́мат в Эфио́пии. (жа́ркий)
7 ______ среднегодова́я температу́ра в Антаркти́де. (ни́зкий)
8 ______ живо́тное — гепа́рд. (бы́стрый)
9 ______ млекопита́ющее — кит. (тяжёлый)
10 ______ пти́ца — коли́бри. (лёгкий)

Useful vocabulary:

гепа́рд	cheetah
коли́бри	hummingbird
млекопита́ющее	mammal
среднегодово́й	average annual

➪ 6.8.4

Other forms of the superlative

122 ⁑ Complete the following sentences by inserting the appropriate form of the **-ейший** (**-айший**) superlative of the adjective in brackets.

Example: **Свобóда прéссы — ______ элемéнт демокрáтии. (вáжный)**
Свобóда прéссы — важнéйший элемéнт демокрáтии.

1 Генéтика стáвит перед учёными ______ задáчи. (интерéсный)
2 Причи́на нáшего поражéния — ______ ошибка вратаря́. (грýбый)
3 Поли́ция арестовáла ______ преступника. (опáсный)
4 Áльберт Эйнштéйн был ______ фи́зиком двадцáтого вéка. (крýпный)
5 Фотогрáфии с орби́ты Мáрса даю́т ______ информáцию об э́той планéте. (цéнный)
6 ______ оши́бка в я́дерных технолóгиях мóжет привести́ к катастрóфе. (мáленький)
7 На э́том óстрове встречáются ______ ви́ды живóтных. (рéдкий)
8 Состáв кóка-кóлы дéржится в ______ секрéте. (стрóгий)
9 Глобáльное потеплéние — э́то ______ опáсность для мировóй цивилизáции. (вели́кий)
10 Ивáн Петрóвич — э́то ______ человéк! (ми́лый)

➪ 6.8.5

7 Pronouns

Personal pronouns

Personal pronouns in the nominative

123 * Complete the following sentences by inserting the appropriate personal pronoun.

Example: **Де́ти, внима́ние! ______ по́няли дома́шнее зада́ние?**
Де́ти, внима́ние! Вы по́няли дома́шнее зада́ние?

1 Ива́н купи́л но́вую ку́ртку. ______ тёплая и практи́чная.
2 Ты до́лжен ча́ще есть о́вощи и фру́кты. ______ о́чень полéзные.
3 У окна́ стои́т крéсло. ______ ста́рое, но удо́бное.
4 Наш сосéд лю́бит о́перу. Иногда́ ______ сам гро́мко поёт.
5 По суббо́там я быва́ю у друзéй. ______ игра́ем в ка́рты и слу́шаем му́зыку.
6 Профéссор, что ______ ду́маете по э́тому по́воду?
7 В на́шей гру́ппе три америка́нки. ______ все из Нью-Йо́рка.
8 Привéт, Та́ня, куда́ ______ бежи́шь?
9 Не совéтую покупа́ть дешёвые часы́. ______ бы́стро слома́ются.
10 Ты и́щешь свой телефо́н? Вот ______ под газéтой!

➪ 7.1.1

Declension of personal pronouns

124 * Rewrite the following sentences, replacing the words in *italics* with the appropriate pronoun.

Examples: **Семён ест *ры́бу*.**
Семён ест её.

Хоти́м пригласи́ть *тебя́ и твою́ жену́*.
Хоти́м пригласи́ть вас.

1 В воскресéнье мы повезём *гостéй* на экску́рсию.
2 Он чи́нит *мотоци́кл* ужé втору́ю недéлю.
3 *Соба́ку* зову́т Баги́ра.
4 Я люблю́ *молоко́* с дéтства.
5 Ско́лько ты заплати́л за *билéт*?
6 Мы на́чали собра́ние без *дирéктора*.
7 Вот лека́рство от *просту́ды*.
8 *Стака́нов* на столé нет.
9 У *Сама́нты* есть маши́на.
10 Я купи́л пода́рки для *детéй*.

11 *Ба́бушке* во́семьдесят лет.
12 Степа́н звони́т *до́чери* ка́ждый день.
13 Тама́ра помога́ет *роди́телям.*
14 Дени́с игра́л в те́ннис с *Мари́ей.*
15 Оте́ц горди́тся *до́черью.*
16 Светла́на встреча́ется с *И́горем.*
17 Газе́та лежи́т под *кни́гами.*
18 Об *э́тих спортсме́нках* пи́шут газе́ты.
19 На *э́той горе́* ничего́ не растёт.
20 В *э́том я́щике* мы храни́м ста́рые фотогра́фии.

21 *Меня́ и бра́та* тут все зна́ют.
22 *Тебя́ и твою́ жену́* иска́ла кака́я-то же́нщина.
23 *Тебе́ и Ли́зе* на́до учи́ть слова́.
24 *Бра́ту и мне* ча́сто пи́шут ста́рые друзья́.
25 Мы зайдём за *тобо́й и Раи́сой* в де́сять часо́в.
26 Он уже́ разгова́ривал со *мной и с мои́м колле́гой.*
27 Как прия́тно, что вы по́мните о *мои́х колле́гах и обо мне.*
28 Я не мог сказа́ть э́то при *тебе́ и твое́й жене́.*

125 Complete the following sentences by inserting the appropriate personal pronouns.

1 Я пенсионе́рка. ______ зову́т Евдоки́я Митрофа́новна. ______ девяно́сто лет. У ______ была́ дли́нная и тру́дная жизнь. Ко ______ ка́ждый день прихо́дит пра́внук. Он разгова́ривает со ______ и всё запи́сывает. Он говори́т, что хо́чет написа́ть кни́гу обо ______.

2 Ты бу́дешь приходи́ть на рабо́ту в во́семь часо́в. У ______ бу́дет стол, компью́тер и телефо́н. ______ ча́сто бу́дут звони́ть клие́нты. Иногда́ ______ бу́дет вызыва́ть нача́льник. За́втра он поговори́т с ______. Я расскажу́ о ______ колле́гам.

3 Ки́ран, Шо́на и я — мы прие́хали в Москву́ из Ду́блина изуча́ть ру́сский язы́к. ______ нра́вится жить в Москве́. У______ уже́ есть ру́сские друзья́. Они́ ча́сто прихо́дят к ______ в общежи́тие. Иногда́ они́ хо́дят с ______ в кафе́. Сего́дня они́ пригласи́ли ______ на экску́рсию в Кремль.

4 Дороги́е ма́ма и па́па,
Как ______ пожива́ете? Я так давно́ не ви́дела ______! Я хочу́ прие́хать к ______ на зи́мние кани́кулы. Я бу́ду с ______ гуля́ть и украша́ть ёлку. Я уже́ купи́ла ______ пода́рки. Я ка́ждый день ду́маю о ______.

5 Мой оте́ц — профессиона́льный музыка́нт. ______ игра́ет в симфони́ческом орке́стре. Когда орке́стр выступа́ет за грани́цей, ______ нет до́ма две-три неде́ли. В таки́е дни мы все скуча́ем без ______, потому́ что с ______ всегда́ ве́село и интере́сно. Но ______ нра́вится путеше́ствовать с орке́стром.

6 Моя́ ма́ма преподаёт тео́рию му́зыки в музыка́льном учи́лище. ______ о́чень нра́вится её рабо́та. А ещё ______ даёт уро́ки игры́ на пиани́но. Мно́гие счита́ют ______ лу́чшим ча́стным учи́телем му́зыки в го́роде. К ______ иногда́ прихо́дят на ча́шку ко́фе подру́ги, но они́ никогда́ не говоря́т с ______ о му́зыке. В ______ сто́лько эне́ргии и энтузиа́зма, что все ______ зави́дуют.

7 Мои́ роди́тели пожени́лись в 1987 году́ — ______ тогда́ бы́ли ещё студе́нтами. Любо́вь к му́зыке у меня́ от ______. Я люблю́ говори́ть с ______ о жи́зни, я расска́зываю ______ о пробле́мах. Все выходны́е дни и кани́кулы я провожу́ до́ма с ______. Я ______ о́чень люблю́ и всегда́ ду́маю о ______.

Chapter 3; 7.1.2, 7.1.3; 9.2; 15.1.2

The reflexive pronoun **себя́**

126 Complete the following sentences by inserting the appropriate form of the reflexive pronoun **себя́**.

Example: **Она́ всегда́ но́сит с ______ зонт.**
Она́ всегда́ но́сит с собо́й зонт.

1 Ива́н Анто́нович, зайди́те, пожа́луйста за́втра ко мне в кабине́т. Я бу́ду у ______ по́сле десяти́.
2 Она́ отпра́вила ему́ электро́нное сообще́ние, а ко́пию посла́ла ______.
3 Они́ ви́дят ______ в зе́ркале.
4 Сего́дня я недово́лен ______.
5 Не забу́дь запере́ть за ______ дверь.
6 Э́тот экземпля́р вы мо́жете взять ______.
7 В теа́тре я обы́чно беру́ два бино́кля: оди́н для жены́ и оди́н для ______.
8 Он лю́бит говори́ть то́лько о ______.

Chapter 3; 7.1.2, 7.1.7; 9.2

Possessive pronouns

The declension and use of possessive pronouns

127 * Complete the following sentences by inserting the correct form of the appropriate possessive pronoun.

Example: **Вот ______ биле́т. Я могу́ пройти́ в ваго́н?**
Вот мой биле́т. Я могу́ пройти́ в ваго́н?

1 Я хочу́ сдать докуме́нты на ви́зу. Вот ______ анке́та, ______ па́спорт, ______ фотогра́фии.
2 Разреши́те познако́мить вас с ______ жено́й.
3 Я не писа́л э́то письмо́. Э́то письмо́ не ______! Под ним нет ______ по́дписи!
4 Я был в зоопа́рке с до́черью и сы́ном. ______ до́чери де́сять лет, а ______ сы́ну во́семь.
5 У меня́ от ма́мы нет секре́тов. Она́ хорошо́ зна́ет всех ______ друзе́й.
6 Мне ка́жется, кто́-то по́льзовался ______ бри́твой и вытира́лся ______ полоте́нцем.
7 Брат о́чень спеши́л, и я разреши́л ему́ уе́хать на ______ велосипе́де.
8 Извини́, э́то ______ су́мка? И зонт то́же ______? А э́то ______ пиро́жное?
9 Спаси́бо тебе́ за приглаше́ние, но у нас нет ______ а́дреса.
10 Е́сли ты не возража́ешь, я включу́ ______ статью́ в спи́сок литерату́ры.
11 Мы ви́дели тебя́ в ба́ре с ______ но́вой подру́гой.
12 Ты познако́мишь меня́ с ма́мой и па́пой? Я ви́дел ______ роди́телей то́лько на фотогра́фии.
13 Скажи́, что э́то за значо́к на ______ плаще́?

14 Мы решили пожениться и хотели бы зарегистрировать ______ брак. Вот ______ документы.
15 На нашей свадьбе было много тостов за ______ здоровье и за здоровье ______ родителей.
16 К ______ удивлению нас не пригласили на открытие выставки.
17 Мы прекрасно всё помним: ведь это произошло на ______ глазах.

18 Вы будете участвовать в обсуждении? Все хотят услышать ______ мнение.
19 Я должен вам сказать, что в ______ статье есть серьёзная ошибка.
20 Я хотел бы задать вам вопрос: дело в том, что в ______ докладе есть одно непонятное мне место.
21 Если бы вы больше публиковали, то с ______ способностями вы были бы уже профессором.

22 Это моя жена, это моя сестра, а это ______ муж.
23 На этой старой фотографии мой отец, а рядом ______ лошадь.
24 Когда Анна пришла на работу, она обнаружила, что на ______ столе нет монитора.
25 Профессор Потапов очень рассеянный. Студенты опять нашли в буфете ______ словарь и ______ очки.
26 Я слышал, что ты познакомился с родителями Ольги. Она сказала, что вы были на ______ даче.
27 Этот писатель написал всего три романа, но о ______ романах написаны десятки книг.
28 Завтра на факультете будет встреча с группой молодых писателей, и у вас будет возможность задать им вопросы об ______ произведениях.

⇨ 7.2.2

The use of the possessive pronoun свой

128

Select the appropriate possessive pronoun from the alternatives given in brackets.

1 У Маши нет зонта. Андрей дал ей (его/свой).
2 Мама сказала тебе, где лежит (её/своя) сумочка?
3 Сантехник вчера починил кран, но забыл у нас (его/свой) блокнот.
4 При аресте полицейский объяснил арестованному (его/свои) права.
5 Преподаватель объяснил студентам (их/свои) ошибки.
6 Профессор подарил аспиранту (его/свою) книгу.
7 Пётр недавно женился. Он очень любит (его/свою) жену.
8 Пётр очень ревнивый. Он очень не любит, когда кто-нибудь танцует с (его/своей) женой.
9 Она совсем не знает историю (её/своей) семьи.
10 Коллега сообщил мне, что (его/своя) дочь поступила в университет.
11 Мои соседи любят (их/свой) сад.
12 Соседи считают, что (их/свой) сад самый красивый на нашей улице.
13 Мы видели Наташу на дискотеке с (её/своим) новым парнем.
14 Здесь в деревне мы почти не ходим в магазин: у нас (наши/свои) овощи, (наше/своё) молоко и даже (наш/свой) сыр.
15 Дела у него шли хорошо. К тридцати годам у него уже была (его/своя) фирма и (его/свой) дом.

⇨ 7.2.3

Demonstrative pronouns

Declension of э́тот and тот

129 Complete the following sentences by attaching the appropriate endings to the pronouns in brackets.

Example: **(Э́тот) докуме́нты ну́жно сохрани́ть, а (тот) уничто́жить.**
Э́ти докуме́нты ну́жно сохрани́ть, а те уничто́жить.

1 Тебя́ иска́ла не (э́тот) де́вушка, а (тот), в чёрной ку́ртке.
2 Я говори́л не об (э́тот) статье́, а о (тот), в журна́ле.
3 Я дам вам вот (э́тот) зонт, а себе́ возьму́ вон (тот).
4 (Э́тот) я́блоки ма́ленькие, но сла́дкие, а (тот) — больши́е, но ки́слые.
5 Мы реши́ли купи́ть не (э́тот) кни́гу, а (тот), с иллюстра́циями.
6 Ты до́лжен сфотографи́ровать не (э́тот) музыка́нта, а (тот), в очка́х.
7 Ни́на вы́брала (э́тот) моро́женое, а я вы́брал (тот), с оре́хами.
8 (Э́тот) по́ездом дое́дешь быстре́е, но с переса́дкой, а (тот) бу́дешь е́хать до́льше, но без переса́дки.
9 С (э́тот) студе́нтами интере́сно рабо́тать, а с (тот) бы́ло не о́чень.
10 На (э́тот) ло́дке мо́жно пла́вать, а на (тот) нельзя́: в ней есть ды́рка.

The use of э́тот and э́то

130 Complete the following dialogue by selecting the appropriate form from the alternatives given in brackets.

Фотоальбо́м

— Что (э́то/э́тот)?
— (Э́то/э́тот) альбо́м с фотогра́фиями. (Э́то/э́ти) фотогра́фии я сде́лал ле́том.
— Кто (э́то/э́ти) на большо́м сни́мке?
— (Э́то/э́та) семья́ моего́ дру́га. (Э́то/э́та) семья́ живёт в Росси́и. (Э́то/э́тот) их дом. (Э́то/э́тот) дом они́ постро́или са́ми. А (э́то/э́та) их соба́ка. (Э́то/э́та) соба́ка о́чень у́мная. А (э́то/э́ти) их велосипе́ды. Они́ е́здят на (э́то/э́тих) велосипе́дах на рабо́ту.
— А что на (э́то/э́той) фотогра́фии?
— (Э́то/э́тот) фрукто́вый сад. В (э́то/э́том) саду́ расту́т я́блони и гру́ши. А (э́то/э́та) гру́ша из (э́то/э́того) са́да. А (э́то/э́та) я — ем (э́то/э́ту) гру́шу.

➪ 7.3.1, 7.3.2

Тако́й and так

131 Complete the following sentences by inserting either **так** or the correct form of **тако́й** as appropriate.

Examples: ______ **ско́рость опа́сна.**
Така́я ско́рость опа́сна.

Она́ ______ краси́во танцу́ет!
Она́ так краси́во танцу́ет!

1 В ______ рестора́нах обе́дают то́лько богачи́.
2 С ______ температу́рой ты до́лжен лежа́ть в посте́ли.

3 Он сказа́л э́то ______ ти́хо, что никто́ не услы́шал.
4 ______ реши́тельная же́нщина вполне́ мо́жет стать президе́нтом.
5 ______ мно́го я никогда́ не рабо́тал.
6 Где ты научи́лась гото́вить ______ вку́сные щи?
7 Я не могу́ рабо́тать при ______ шу́ме.
8 Не на́до е́хать ______ бы́стро.
9 С ______ ма́ленькой зарпла́той тру́дно содержа́ть семью́.
10 Ей ста́ло ______ гру́стно, что она́ запла́кала.

⇨ 7.3.3

Interrogative pronouns

Кто, что and чей

132 Using the appropriate forms of the pronouns **кто**, **что** or **чей**, ask questions that refer to the words in *italics* in the sentences given below.

Examples: ***Она́*** **игра́ет на гита́ре.**
Кто игра́ет на гита́ре?

Он купи́л *велосипе́д*.
Что он купи́л?

1 *Её* не́ было вчера́ на уро́ке.
2 Она́ по́льзуется *косме́тикой*.
3 Мы обе́дали *с ней*.
4 Она́ подошла́ *к две́ри*.
5 *Моя́ подру́га* у́чится в университе́те.
6 *Моя́* подру́га у́чится в университе́те.
7 Он *её* лю́бит.
8 *Им* сказа́ли о на́шем предложе́нии.
9 Им сказа́ли *о на́шем предложе́нии*.
10 Им сказа́ли *о на́шем* предложе́нии.

⇨ 7.4

Relative pronouns

The use of кото́рый

133 Complete the following sentences by inserting the appropriate form of the relative pronoun **кото́рый**.

Example: **Э́то Царь-ко́локол, ______ никогда́ не звони́л.**
Э́то Царь-ко́локол, кото́рый никогда́ не звони́л.

Фотогра́фии из Росси́и

1 Хо́чешь посмотре́ть фотогра́фии, ______ мы сде́лали в Росси́и?
2 Вот самолёт, на ______ мы лете́ли.
3 Э́то гости́ница, в ______ мы жи́ли пе́рвые три дня.
4 Э́то кафе́, в ______ мы за́втракали.

5 Э́то ру́сская семья́, с ______ мы познако́мились в Москве́.
6 Э́то Царь-пу́шка, ______ никогда́ не стреля́ла.
7 Э́то пожила́я же́нщина, ______ Джон помога́ет переходи́ть у́лицу.
8 Э́то худо́жник, у ______ Джон купи́л карти́ну.
9 А э́то его́ оте́ц, ______ Джон подари́л буты́лку ви́ски.
10 А вот фотоаппара́т, ______ я сде́лала все э́ти фотогра́фии.

134 Turn the following pairs of sentences into a single complex sentence, using the appropriate form of the relative pronoun **кото́рый**.

Example: **Э́то хозя́ин гости́ницы. Он говори́т немно́го по-ру́сски.**
Э́то хозя́ин гости́ницы, кото́рый говори́т немно́го по-ру́сски.

Фотогра́фии из А́нглии

1 В э́той коро́бке лежа́т фотогра́фии. Мы сде́лали э́ти фотогра́фии в А́нглии.
2 Э́то наш англи́йский друг. Он встреча́л нас в аэропорту́.
3 Э́то небольша́я прия́тная гости́ница. Мы заказа́ли её по интерне́ту.
4 Э́то кра́сный двухэта́жный авто́бус. Мы е́здили на э́том авто́бусе в центр го́рода.
5 Э́то знамени́тое колесо́ обозре́ния. С э́того колеса́ мо́жно уви́деть весь Ло́ндон.
6 Э́то Музе́й совре́менного иску́сства. Мы провели́ в э́том музе́е це́лый день.
7 Э́то боле́льщики «Арсена́ла». Мы познако́мились с э́тими боле́льщиками на стадио́не.
8 Э́то совсе́м ю́ный боле́льщик. Ива́н подари́л э́тому боле́льщику шарф «Спартака́».
9 Я хочу́ купи́ть цветы́ для де́вушки. Я познако́мился с ней вчера́.
10 Мы е́здили в го́ры на маши́не. Э́ту маши́ну постро́ил мой брат.

⇨ 7.5.1

The use of тот with кото́рый

135 Complete the following sentences, using the prompts provided.

1 Каку́ю су́мку ты берёшь в доро́гу? *The one with which* ты е́здил в Бо́стон?
2 *Those students who* выступа́ли на семина́ре, освобожда́ются от зачёта.
3 *The problem that* ты приду́мал, не смог реши́ть да́же наш преподава́тель.
4 В э́ту па́пку мы кладём то́лько *those photographs which* мо́жно испо́льзовать в на́шей статье́.
5 Како́й га́лстук ты и́щешь? *The one which* тебе́ подари́ла ма́ма?

⇨ 7.5.1

The use of кто, что, чей and како́й as relative pronouns

136 Complete the following sentences with the appropriate forms of either **кто**, **что**, **чей** or **како́й**.

Examples: **Раз в ме́сяц клуб организу́ет та́нцы для тех, ______ за три́дцать.**
Раз в ме́сяц клуб организу́ет та́нцы для тех, кому́ за три́дцать.

Поли́ция определи́ла круг лиц, ______ маши́ны находи́лись о́коло зда́ния в день ограбле́ния.
Поли́ция определи́ла круг лиц, чьи маши́ны находи́лись о́коло зда́ния в день ограбле́ния.

1 На по́хороны пришли́ не то́лько те, ______ знал его́ ли́чно.
2 Все, ______ ви́дел э́тот спекта́кль, бы́ли восхищены́ её игро́й.
3 Мы рекоменду́ем э́то лека́рство тем, ______ страда́ет а́стмой.
4 Есть среди́ вас кто́-нибудь, ______ уме́ет игра́ть на гита́ре?
5 Она́ ве́жлива со все́ми, ______ ста́рше её по во́зрасту или по до́лжности.

6 Не верь тому́, ______ он сейча́с бу́дет говори́ть.
7 На обе́д жена́ дала́ мне то, ______ не ста́ли есть де́ти.
8 То, ______ ты так восхища́ешься, всего́ лишь дешёвая ко́пия.
9 То, о ______ я говорю́, чи́стая пра́вда.
10 Я легко́ могу́ прожи́ть без всего́, ______ есть в э́той ко́мнате.

11 В э́тот прию́т приво́дят соба́к, ______ хозя́ева отказа́лись от них.
12 Жильцы́, в ______ кварти́рах пога́с свет, неме́дленно ста́ли звони́ть в авари́йную слу́жбу.
13 Ме́жду про́чим, я зна́ю де́вушку, ______ портре́т ты пове́сил над столо́м, — она́ моя́ племя́нница.

14 Э́то был тако́й спекта́кль, ______ зри́тели по́мнят пото́м всю жизнь.
15 В те дни стоя́ли таки́е си́льные моро́зы, ______ быва́ют здесь то́лько в середи́не января́.
16 В день своего́ рожде́ния он был таки́м весёлым и разгово́рчивым, ______ быва́ют то́лько счастли́вые лю́ди.

⇨ 7.5.2, 7.5.3

Indefinite pronouns

The four series of indefinite pronouns

137 ⁑ Complete the following sentences by selecting the appropriate indefinite pronoun to replace the prompt given in brackets.

Example: **Без адвока́та я отка́зываюсь отвеча́ть на (*any*) вопро́сы.**
Без адвока́та я отка́зываюсь отвеча́ть на каки́е-либо вопро́сы.

1 (*Someone*) она́ мне напомина́ет, но кого́?
2 Ва́шей подру́ге (*anyone*) звони́л на про́шлой неде́ле?
3 Да, ей (*someone*) звони́л не́сколько раз, ка́жется, (*some [or other]*) знако́мый.
4 Мы не име́ем пра́ва вноси́ть в э́тот текст (*any*) измене́ния.
5 Я до́лжен сказа́ть тебе́ по секре́ту ещё (*something*).
6 Я не по́мню, что́бы (*anyone*) отзыва́лся о ней отрица́тельно.
7 У вы́хода её ждал (*some [or other]*) немолодо́й мужчи́на.
8 Гава́нские сига́ры я люблю́ бо́льше, чем (*any*) други́е.
9 По́сле сме́рти ба́бушка оста́вила нам кварти́ру и (*some/a few*) драгоце́нности.
10 Наве́рное, (*someone*) ну́жно бы́ло, что́бы э́то произошло́.

⇨ 7.6

Choosing between the -то and the -нибудь series

138 Complete the following sentences by selecting the appropriate form from the alternatives given in brackets.

1 В сосéдней кóмнате (ктó-то/ктó-нибудь) всю ночь игрáл на гитáре.
2 Боюсь, зáвтра опя́ть (ктó-то/ктó-нибудь) придёт жáловаться.
3 Не знáю, где останóвка — придётся спроси́ть у (когó-то/когó-нибудь).
4 Я (комý-то/комý-нибудь) дал áнгло-рýсский словáрь, но забы́л, комý.
5 Привези́ мне из Áфрики (какóй-то/какóй-нибудь) необы́чный музыкáльный инструмéнт.
6 Натáша, подойди́ к телефóну. Тебя́ спрáшивает (какáя-то/какáя-нибудь) жéнщина.
7 У э́того пи́ва (какóй-то/какóй-нибудь) стрáнный вкус.
8 У вас есть в гóроде (каки́е-то/каки́е-нибудь) рóдственники?
9 Вы замечáли (чтó-то/чтó-нибудь) подозри́тельное в поведéнии вáшей подрýги?
10 Да, действи́тельно, в послéднее врéмя в её поведéнии бы́ло (чтó-то/чтó-нибудь) необы́чное: онá почти́ не разговáривала.

7.6.2, 7.6.3

Pronouns relating to totality

The pronoun весь

139 Complete the following sentences with the appropriate form of the pronoun **весь**.

Example: ______ **свобóдное врéмя мы провóдим на дáче.**
Всё свобóдное врéмя мы провóдим на дáче.

1 Э́того человéка знáет ______ гóрод.
2 Из ______ клáсса тóлько двóе написáли диктáнт без оши́бок.
3 Я хочý путешéствовать по ______ ми́ру.
4 ______ семьé он привёз из Москвы́ подáрки.
5 Друзья́, у ______ есть винó в бокáлах? Я хочý сказáть тост!
6 То, о чём я сообщи́л ей по секрéту, она рассказáла ______ знакóмым.
7 Онá ______ обо всех знáет.
8 Нам нрáвится такóе обслýживание, мы довóльны абсолю́тно ______.
9 Ти́хая мýзыка, свéчи на столé, два бокáла и буты́лка шампáнского — ______ говори́ло о том, что вéчер бýдет осóбенный.
10 Нáдо сказáть, что не со ______ пýнктами договóра мы соглáсны.

7.7.1

Other pronouns

The pronouns сам and сáмый

140 Complete the following sentences with the appropriate form of either **сам** or **сáмый**.

1 Бóльше всегó он забóтился тóлько о себé ______.
2 Э́то ______ скýчный фильм, котóрый я когдá-либо ви́дела.
3 Я в ______ дéле не понимáю, зачéм снимáют таки́е фи́льмы.

4 ______ королéве не удалóсь приобрестѝ э́ту картѝну.
5 Мы и ______ не мóжем поня́ть, как э́то моглó случѝться!
6 С ______ начáла я был увéрен, что нам не говоря́т всю прáвду.
7 Ей ______ не нрáвилась её нóвая причёска.
8 Ты прóсто обмáнываешь ______ себя́.
9 С э́той минýты онѝ должны́ рассчѝтывать тóлько на ______ себя́.
10 Он опоздáл на электрѝчку и в итóге пришёл тóлько к ______ концý лéкции.

6.8.4; 7.8.1, 7.8.2

Miscellaneous pronouns

141 Complete the following sentences with the appropriate pronoun chosen from the list below.

1 Онѝ развелѝсь два гóда назáд, но и сейчáс продолжáют обсуждáть ______ проблéмы воспитáния дóчери.
2 Э́ту информáцию мóжно найтѝ в ______ справóчнике по рýсской граммáтике.
3 Университéтская библиотéка рабóтает ______ день, крóме воскресéнья.
4 Читáтельский билéт мóжно получѝть без ______ проблéм.
5 К сожалéнию, мы вѝдимся рéдко и ещё рéже ______ звонѝм.
6 В э́том ресторáне всегдá мóжно попрóбовать ______ экзотѝческие блю́да.
7 Мóжешь заходѝть в ______ врéмя: я всегдá здесь.
8 Но éсли я уйдý, я зарáнее тебé сообщý, на ______ слýчай.

всякие всякий всяких друг другу друг с другом каждый любое любом

7.7.2, 7.8.3

8

Numerals and other quantity words

Cardinal numerals

Writing out numbers

142 Write out the following numbers in words.

1 11 110 11,100 1,001
2 9 12 19 99 909 919 1,900
3 4 14 44 400 404 4,004
4 15 55 505 5,500 50,000
5 88 18 800 988 81 81,000
6 30 303 113 733 13,103
7 267 762 27 2,670 7,660
8 200 300 700 20 16 70
9 150,000 3,000,000 12,000,000 1,000,000,000

143 Rewrite the following sentences with the numbers written out in full.

1 Высота́ горы́ Эвере́ст — 8848 ме́тров, и́ли 29 028 фу́тов.
2 Длина́ реки́ Нил — 6695 киломе́тров, и́ли 4160 миль.
3 Длина́ Амазо́нки — 6516 киломе́тров, и́ли 4049 миль.
4 Пло́щадь о́строва Гренла́ндия — 2 175 600 квадра́тных киломе́тров.
5 О́бщая пло́щадь всей Земли́ — 509 450 000 квадра́тных киломе́тров.
6 Са́мое большо́е о́зеро — э́то Каспи́йское мо́ре. Его́ пло́щадь — 371 000 квадра́тных киломе́тров.
7 Са́мые больши́е стра́ны по пло́щади — э́то Росси́я и Кана́да. Пло́щадь Росси́и — 17 075 400 квадра́тных киломе́тров.
8 На второ́м ме́сте — Кана́да. Пло́щадь э́той страны́ — 9 970 610 квадра́тных киломе́тров.

➪ 8.1.1, 8.1.2

The cases used with cardinal numerals

144 Answer the following questions, using full sentences and writing out the numerals in full.

Example: **Ско́лько дней в сентябре́? (30)**
В сентябре́ три́дцать дней.

1 Ско́лько дней в ма́е? (31)
2 Ско́лько дней в феврале́? (28 или 29)

3 Ско́лько неде́ль в году́? (52)
4 Ско́лько часо́в в су́тках? (24)
5 Ско́лько сантиме́тров в одно́м ме́тре? (100)
6 Ско́лько фу́тов в одно́м я́рде? (3)
7 Ско́лько зубо́в должно́ быть у взро́слого челове́ка во рту? (32)
8 Ско́лько па́льцев на одно́й ноге́? (5)
9 Ско́лько ног у паука́? (8)
10 Ско́лько ног у верблю́да? (4)
11 Ско́лько есте́ственных спу́тников у Земли́? (1)
12 Ско́лько плане́т в Со́лнечной систе́ме? (9)
13 Ско́лько строк в соне́те? (14)
14 Ско́лько букв в ру́сской а́збуке? (33)
15 Ско́лько ме́тров в одно́м киломе́тре? (1000)
16 Ско́лько я́рдов в одно́й ми́ле? (1760)
17 Ско́лько ба́йтов в одно́м килоба́йте? (1024)

➪ 8.1, 8.2

The use of ты́сяча and миллио́н

145 Rewrite the following sentences, writing both the numerals and the currency units out in full.

Ско́лько де́нег у них на счету́?

Example: **У Степа́нова RUR 5000**
У Степа́нова пять ты́сяч рубле́й

1	У База́рова	$ 1000
2	У Плю́шкина	€ 3000
3	У Коро́бочки	$ 14 000
4	У Рого́жина	RUR 500 000
5	У Коре́йко	£ 1 000 000
6	У Бе́ндера	RUR 5 000 000
7	У Панико́вского	$ 12 000 000
8	У Бигба́ева	€ 32 000 000
9	У Купцо́вой	RUR 3 600 000
10	У Кня́зевой	$ 6 120 000
11	У Царёвой	€ 101 201 000
12	У Банду́риной	RUR 236 732 000

$ = до́ллар € = е́вро RUR = рубль £ = фунт

➪ 8.2.4, 8.2.5

The declension and use of оди́н

146 Complete the following sentences by inserting the correct form of **оди́н**.

Example: **У э́той скульпту́ры нет ______ ноги́.**
У э́той скульпту́ры нет одно́й ноги́.

1 У Валéрия ______ сын и ______ дочь.
2 В э́той кóмнате ______ окнó, ______ кровáть и ______ стол.
3 В э́том зáле никогó нет, тóлько я и ты: мы здесь ______.
4 В э́том слóве не хватáет ______ бýквы.
5 Закрóй ______ глаз и подними́ ______ рýку.
6 Я не могý читáть лéкцию тóлько ______ студéнту.
7 Как дóлго ты мóжешь стоя́ть на ______ ногé?
8 Всё в э́том контрáкте нас устрáивает, крóме ______ пýнкта.
9 Мы слы́шим от негó ______ обещáния.
10 Не нáдо держáть все дéньги и докумéнты в ______ мéсте.
11 У меня́ тóлько ______ очки́ для чтéния.
12 Вáша статья́ пострóена на ______ предположéниях. А где фáкты?

➪ 8.1.3, 8.1.4, 8.2.1

The declension and use of два

147 Complete the following sentences by inserting the correct form of **два**.

Example: **Он владéлец ______ ресторáнов и ______ яхт.**
Он владéлец двух ресторáнов и двух яхт.

1 Вот идёт áвтор ______ ромáнов.
2 У Ни́ны ______ сы́на и ______ дóчери.
3 Друзья́ приéхали на ______ маши́нах.
4 Онá помогáет ______ бéженцам.
5 Я ужé сдалá экзáмены по ______ предмéтам.
6 Поли́ция арестовáла ______ престýпников.
7 Нельзя́ сидéть одновремéнно на ______ стýльях.
8 К ______ дéвушкам подошли́ ______ солдáта.

➪ 8.1.5, 8.2.2

The declension of other numerals

148 Rewrite the following sentences with the numbers written out in full.

Example: **Ивáн получи́л пи́сьма от 3 друзéй.**
Ивáн получи́л пи́сьма от трёх друзéй.

1 На столé 4 стакáна и 3 буты́лки лимонáда.
2 Нам показáли фрагмéнты из 11 фи́льмов.
3 Рыбáк пошёл на рыбáлку с 3 ýдочками.
4 Я дóлжен бáнку сýмму с 4 нуля́ми.
5 Я купи́л кýртку с 5 кармáнами.
6 Вчерá я танцевáл с 6 дéвушками.
7 Мари́я звони́т 5 подрýгам.
8 Онá говори́т на 7 языкáх.
9 Мой друг сдéлал маши́ну на 8 колёсах.
10 А вы читáли э́тот ромáн о 3 сёстрах?
11 За 6 мéсяцев я получи́л 30 пи́сем, 100 откры́ток и 500 электрóнных сообщéний.
12 Дирéктор вручи́л прéмии 40 сотрýдникам.

13 Он а́втор 20 пе́сен.
14 На́ша семья́ прие́хала в Ло́ндон с 10 чемода́нами.
15 Гео́логи нашли́ нефть на 90 острова́х.
16 Медсестра́ сде́лала приви́вку 50 студе́нтам.
17 В э́том посёлке о́коло 800 жи́телей.
18 У неё нет 500 до́лларов на авиабиле́т.
19 700 пенсионе́рам городски́е вла́сти замени́ли бо́йлеры.
20 Он получи́л от колле́г отры́тку с 50 по́дписями.

8.1.5–8.1.8

The cases used after numerals

149 Complete the following sentences by inserting into the gaps the appropriate numeral selected from the lists given in brackets.

Example: **В мое́й библиоте́ке ______ словаре́й, ______ уче́бника и ______ энциклопе́дия. (19, 1, 22)**
В мое́й библиоте́ке девятна́дцать словаре́й, два́дцать два уче́бника и одна́ энциклопе́дия.

1 В на́шей кома́нде ______ врата́рь, ______ защи́тника и ______ фо́рвардов. (4, 1, 6)
2 В гараже́ ______ маши́на, ______ мотоци́клов и ______ тра́ктора. (2, 11, 21)
3 В го́роде ______ стадио́на, ______ вокза́л и ______ теа́тра. (1, 2, 2)
4 В саду́ ______ я́блонь, ______ гру́ши и ______ оре́х. (1, 4, 14)
5 В зоопа́рке ______ слон ______ ти́гра и ______ львов. (1, 3, 6)
6 На э́той у́лице ______ рестора́на, ______ пиццери́я и ______ бар. (1, 1, 4)
7 В его́ колле́кции ______ карти́на, ______ плака́тов и ______ фотогра́фии. (41, 32, 50)
8 У меня́ на столе́ ______ карандаша́, ______ ру́чек и ______ тетра́дь. (1, 4, 10)

150 Rewrite the following sentences, writing the numerals out in full and attaching the correct endings to the words and phrases in brackets.

Example: **В на́шем го́роде 5 (музе́й), 3 (карти́нная галере́я) и 4 (кни́жный магази́н).**
В на́шем го́роде пять музе́ев, три карти́нные/карти́нных галере́и и четы́ре кни́жных магази́на.

1 На день рожде́ния мне подари́ли 2 (мяч), 5 (компа́кт-ди́ск) и 50 (до́ллар).
2 У меня́ в бума́жнике 15 (фунт), 50 (шве́дская кро́на) и 1000 (рубль).
3 У неё в э́том го́роде 1 (де́душка), 2 (тётя) и 3 (двою́родная сестра́).
4 На э́той неде́ле у нас 5 (ле́кция), 2 (семина́р) и 2 (практи́ческое заня́тие).
5 За про́шлый год моя́ жена́ потеря́ла 3 (но́вый зонт), 2 (моби́льный телефо́н) и, наве́рное, 20 (ру́чка).
6 У меня́ в шкафу́ 12 (футбо́лка), 3 (сви́тер) и 4 (полоте́нце).
7 У нас в гру́ппе 5 (англича́нка), 4 (францу́з) и 11 (шотла́ндец).
8 Я купи́л 1 (вече́рняя газе́та), 3 (иностра́нный журна́л) и 22 (тетра́дь).

151 Rewrite the following sentences, putting the nouns in brackets into the correct case.

1 Жена́ пригласи́ла двух (подру́га).
2 Я купи́л пять (журна́л).

3 Я читáю на шести́ (язы́к).
4 Мой коллéга перевóдит с четырёх (язы́к).
5 Я пóльзовался информáцией из двух (истóчник).
6 У неё нет десяти́ ты́сяч (рубль) на нóвый компью́тер.
7 Онá хóдит в парк с тремя́ (собáка).
8 В послéдней главé кни́ги три́дцать две (страни́ца).

8.1, 8.2

Declension of complex numerals

152 Rewrite the following sentences, writing out in full both the numbers and the abbreviated words in *italics*.

1 К середи́не э́того столéтия чи́сленность населéния планéты прибли́зится к 9 *млрд.*
2 Населéние Еврóпы сократи́тся с 729 *млн.* до 630 *млн.*
3 Населéние А́зии увели́чится с 4 *млрд.* до 5 *млрд.*
4 В Тóкио бу́дет проживáть бóлее 31 *млн.* человéк.

8.1

Collective numerals

153 Rewrite the following sentences in full, using the appropriate collective numeral.

1 У моéй бáбушки по матери́нской ли́нии бы́ло 4 детéй.
2 Ты не знáешь, кто э́ти 2 в кóжаных ку́ртках?
3 А вы читáли кни́гу Джерóма К. Джерóма «3 в лóдке, не считáя собáки»?
4 В палáте нас бы́ло 5, и все — пóсле операции на позвонóчнике.
5 3 студéнтов помогáли разбирáть архи́в покóйного профéссора.
6 Ивáн Петрóвич, для встрéчи бритáнских экспéртов нам нужны́ две маши́ны — их в гру́ппе 6.
7 У меня́ всегдá с собóй 2 очкóв, на вся́кий слу́чай.
8 В óтпуск я обы́чно беру́ 3 брюк, не бóльше.

8.3

Ordinal numerals

The formation of ordinal numerals

154 * Rewrite the following phrases, replacing the numbers with the appropriate ordinal numerals placed before the noun.

Example: **урóк №1**
пéрвый урóк

1 кáсса №1
2 подъéзд №2
3 палáта №6
4 пóезд №7
5 вагóн №3

6 автóбус №11
7 задáние №5
8 упражнéние №12
9 кóмната №51
10 странúца 526

➪ 8.4.1, 8.4.3

Declension of ordinal numerals

155 Rewrite the following sentences, replacing the numbers with the appropriate form of the relevant ordinal numeral.

Example: **Э́ти игрокú получúли по 2 предупреждéнию и бы́ли удалены́ с пóля.**
Э́ти игрокú получúли по вторóму предупреждéнию и бы́ли удалены́ с пóля.

1 Почемý тебя́ нé было на 1 урóке?
2 О́чень дóлго нé было 47 автóбуса, поэ́тому я успéл тóлько ко 2 урóку.
3 А ты не хóчешь пойтú в кафетéрий на 6 этажé пóсле 3 урóка?
4 Открóйте вáши учéбники на 14 странúце, мы бýдем дéлать 1 задáние.
5 В 3 строкé 4 абзáца есть смешня́я опечáтка.
6 Дóма вы должны́ сдéлать 7 упражнéние на 21 странúце.
7 Ко мне мóжно éхать на 16 автóбусе úли на 39 троллéйбусе.
8 Выходúте на 3 останóвке; вам нáдо пройтú под 2 áркой к 4 подъéзду.
9 Потóм поднимáйтесь на 9 этáж и звонúте в 36 квартúру.
10 Мой сын сдал экзáмен по вождéнию с 1 попы́тки, мой коллéга со 2 попы́тки, а я надéюсь сдать с 3.

➪ 8.4.2, 8.4.3

Ordinal and cardinal numerals combined

156 The table below gives the overall results of a chess tournament. Using the information provided, complete the sentences giving the final placings of the individual competitors according to the pattern of the example.

Example: **На ______ мéсте с ______ очкáми ______.**
На пéрвом мéсте с девятнáдцатью очкáми Ноздрёв.

1 На ______ мéсте с ______ очкáми ______.
2 На ______ мéсте с ______ очкáми ______.
3 На ______ мéсте с ______ очкáми ______.
4 На ______ мéсте с ______ очкáми ______.
5 На ______ мéсте с ______ очкáми ______.
6 На ______ мéсте с ______ очкáми ______.
7 На ______ мéсте с ______ очкáми ______.
8 На ______ мéсте с ______ очкáми ______.
9 На ______ мéсте с ______ очкóм ______.

Турни́рная табли́ца

Уча́стник	**Очки́**	**Ме́сто**
Ноздрёв	19	1
Шапи́ро	16	2
Петрося́н	15	3
—	—	—
Мани́лов	11	8
—	—	—
Дубро́вский	10	10
—	—	—
Карама́зов	8	13
Чи́чиков	7	14
Собаке́вич	4	15
—	—	—
Закидо́нов	2	19
Му́дрый	1	20

157 Rewrite the following sentences, writing out the numbers in full and using cardinal or ordinal numerals as appropriate.

Example: **1 ребёнка она родила́, когда́ ей бы́ло 25, а 4 ребёнка, когда́ ей бы́ло 40.**
Пе́рвого ребёнка она родила́, когда́ ей бы́ло два́дцать пять, а четвёртого ребёнка, когда́ ей бы́ло со́рок.

1 У него́ 3 до́чери от 1 бра́ка и 2 сы́на от 2 бра́ка.
2 На 8 эта́ж я поднима́юсь пешко́м за 3 мину́ты, а на 14 за 8.
3 В 5 ряду́ 12 сту́льев, а в 15 — 15.
4 На 2 эта́пе ко́нкурса бы́ло 14 кандида́тов, а на 3 оста́лось всего́ лишь 3.
5 Из 6 то́ма я сде́лал 21 вы́писку, а из 12 всего́ 1.

158 Rewrite the following text, writing out the numbers in full and using cardinal or ordinal numerals as appropriate.

Немно́го о футбо́ле

В декабре́ 2009 го́да капита́н «Манче́стер Юна́йтед» Ра́йан Гиггз заби́л свой 150-й гол за э́тот клуб. А врата́рь «По́ртсмута» Дэ́вид Джеймс стал рекордсме́ном англи́йской премье́р-ли́ги по коли́честву сы́гранных игр: он провёл свой 536-й матч, кото́рый зако́нчился со счётом 2:0 в по́льзу его́ кома́нды.

Чемпио́ном премье́р-ли́ги по коли́честву заби́тых голо́в остаётся А́лан Ши́рер — он заби́л 260 голо́в. В 1992 году́ клуб «Блэ́кберн Ро́верс» купи́л Ши́рера за 3,6 млн. фу́нтов, а че́рез 4 го́да Ши́рер был про́дан «Ньюка́слу» за 15 млн. А́лан игра́л в э́той кома́нде до 2006 го́да. Ши́рер — оди́н из 4 футболи́стов в исто́рии англи́йской премье́р-ли́ги, заби́вших 5 мяче́й в 1 ма́тче. За сбо́рную А́нглии Ши́рер сыгра́л 60 ма́тчей и заби́л 30 голо́в. В 1996 году́ А́лан был при́знан 3-м футболи́стом ми́ра по ве́рсии ФИФА́.

⇨ 8.1, 8.4

Fractions

Ordinary fractions

159 Rewrite the following fractions in figures.

Example: **однá чéтверть**
¼

1 половúна
2 три чéтверти
3 две трéти
4 однá пя́тая
5 три седьмы́х
6 четы́ре и пять шесты́х
7 две и три восьмы́х
8 три и пять девя́тых

160 Rewrite the following fractions in words.

1 $\frac{1}{5}$
2 $\frac{2}{5}$
3 $\frac{1}{20}$
4 $\frac{5}{8}$
5 $2^{7/9}$
6 $3^{3/4}$
7 $9^{2/3}$
8 $6^{5/12}$

8.5.1, 8.5.2

Decimals

161 Rewrite the following decimal fractions in figures.

1 ноль цéлых, пять деся́тых
2 однá цéлая и семь деся́тых
3 две и семь сóтых
4 шесть и двáдцать четы́ре сóтых
5 двáдцать цéлых, пятнáдцать ты́сячных

162 Rewrite the following decimal fractions in words.

1 0,4
2 1,9
3 4,2
4 5,1
5 18,3
6 10,05
7 62,58
8 15,051

163 Rewrite the following sentences with the numbers written out in full.

Едини́цы измере́ния

1 В одно́й у́нции 28,6 гра́мма.
2 В одно́м фу́нте 0,45 килогра́мма.
3 В одно́м дю́йме 2,54 сантиме́тра.
4 В одно́м я́рде 0,91 ме́тра.
5 В одно́м фу́те 0,3 ме́тра.
6 В одно́й ми́ле 1,6 киломе́тра.
7 В одно́й морско́й ми́ле 1,85 киломе́тра.
8 В одно́м галло́не 4,546 ли́тра.

8.5.3

Fractions in context

164 Rewrite the following sentences with the numbers and fractions written out in full. Use **полтора́/полторы́** wherever appropriate.

1 Пе́ред сме́ртью де́душка завеща́л 2/5 своего́ состоя́ния ба́бушке, 2/5 — о́бществу защи́ты живо́тных и 1/5 — мне.
2 Диа́метр э́того отве́рстия — всего́ 0,2 миллиме́тра.
3 Росси́я занима́ет бо́льше 1/10 всей су́ши.
4 В про́шлом году́ Усэ́йн Болт установи́л свой 3 мирово́й реко́рд — он пробежа́л 100 ме́тров за 9,58 секу́нды.
5 Са́мая высо́кая температу́ра в тени́ была́ зафикси́рована в Ли́вии — 57,8 гра́дуса по Це́льсию.
6 Мирово́й реко́рд в эстафе́те 4 по 50 ме́тров ко́мплексным пла́ванием на коро́ткой воде́ — 1 мину́та и 32,91 секу́нды.
7 Э́тот фильм дли́тся приме́рно 1,5 часа́.
8 Де́сять лет наза́д э́та маши́на сто́ила 15 ты́сяч до́лларов, а в э́том году́ я купи́л её за 1,5 ты́сячи.
9 Что́бы запо́мнить э́тот текст, мне ну́жно 1,5 мину́ты.

8.5

Other quantity words

Nouns formed from numerals

165 Rewrite the following sentences, replacing the figures or filling the gaps with the appropriate nouns.

Example: **Ты непра́вильно записа́л мой телефо́н: у тебя́ там ли́шняя 2.**
Ты непра́вильно записа́л мой телефо́н: у тебя́ там ли́шняя дво́йка.

1 В це́нтре квадра́та нарису́йте большу́ю кра́сную 1, а по угла́м — си́нюю 2, жёлтую 3, кори́чневую 4 и зелёную 5.
2 В моём но́мере телефо́на две 1, два 0, три 7 и одна́ 3.
3 В шко́ле я обы́чно получа́л твёрдые 4 и 5, но иногда́ приноси́л домо́й и ре́дкие 2 и да́же ужа́сные 1.
4 В моём бума́жнике сле́дующие купю́ры: пять 10, три 20 и четы́ре 100.

5 Ка́ждые два-три ме́сяца она́ покупа́ет ______ ту́фель. У неё в шкафу́ уже́ два́дцать ______.

8.6.1

О́ба; и то и друго́е

166 Complete the following sentences by inserting the appropriate form of *either* **о́ба** *or* **и то и друго́е**.

1 Её ста́ршему сы́ну три́дцать, мла́дшему два́дцать семь. Они ______ инжене́ры.
2 У неё две сестры́, и ______ живу́т в Ло́ндоне.
3 Джон заказа́л минера́льную во́ду, Мари́ заказа́ла ко́фе, а я попроси́л ______.
4 У меня́ два компью́тера, и ______ не рабо́тают.
5 Мы рассмотре́ли и ваш прое́кт и ва́шу зая́вку. К сожале́нию, ______ нужда́ется в дорабо́тке.
6 Са́ша предлага́ет устро́ить нового́дний конце́рт, а Да́ша — нового́днюю виктори́ну. А я предлага́ю объедини́ть ______.

8.6.2

9 Uninflected parts of speech

Adverbs

Choosing between adjectives and adverbs

167 ★ Complete the following sentences by inserting the appropriate adverb or adjective (in the correct form) selected from the alternatives given in brackets.

Example: (a) **А́нна — ______ де́вушка.**
(b) **А́нна ______ пи́шет.**
(краси́вый; краси́во)
(a) **А́нна — краси́вая де́вушка.**
(b) **А́нна краси́во пи́шет.**

1 (a) Он — ______ баскетболи́ст.
(b) Он ______ игра́ет в баскетбо́л.
(хоро́ший; хорошо́)

2 (a) На́ша кофева́рка рабо́тает ______.
(b) У нас ______ кофева́рка.
(плохо́й; пло́хо)

3 (a) Он про́дал свою́ ста́рую маши́ну о́чень ______.
(b) В э́том магази́не продаю́тся ______ ве́щи.
(дешёвый; дёшево)

4 (a) Наш самолёт сейча́с лети́т о́чень ______.
(b) В ко́мнату вошёл о́чень ______ мужчи́на.
(высо́кий; высоко́)

5 (a) У него́ о́чень ______ го́лос.
(b) До́ма он лю́бит ______ петь.
(гро́мкий; гро́мко)

6 (a) Почему́ у пингви́нов таки́е ______ движе́ния?
(b) Пингви́ны дви́гаются ______, но то́лько на су́ше.
(неуклю́жий; неуклю́же)

7 (a) Он говори́л ______.
(b) Прими́те на́ши ______ соболе́знования.
(и́скренний; и́скренне)

8 (a) Вы хорошо́ говори́те ______?
(b) Вы хорошо́ зна́ете ______ язы́к?
(c) ______ язы́к о́чень тру́дный.
(d) Она́ чуть-чу́ть понима́ет ______.
(e) Кре́пкие напи́тки он пил ______.
(f) Мне о́чень нра́вится ______ зима́.
(ру́сский; по-ру́сски)

9 (a) Я читáю ______ со словарём.
(b) Тáня изучáет ______ ужé три гóда.
(c) Как ______ «до свидáния»?
(d) Йорк — это стáрый ______ гóрод.
(англи́йский; по-англи́йски)

10 (a) Онá подари́ла мýжу ______ конья́к.
(b) Он подари́л женé ______ духи́.
(c) Пýшкин писáл друзья́м пи́сьма ______.
(d) В Зáпадной и Сéверной Áфрике мнóгие говоря́т ______.
(францýзский; по-францýзски)

11 (a) Онá покупáет тóлько ______ маши́ны.
(b) В э́той óпере пою́т ______.
(c) Он рабóтал óчень аккурáтно, ______.
(d) У меня́ есть стáрый ______ фотоаппарáт.
(немéцкий; по-немéцки)

12 (a) Они́ обменя́лись ______ рукопожáтиями.
(b) Я дам тебé оди́н ______ совéт.
(c) Да, он мой начáльник, но пóсле рабóты мы общáемся ______, как рáвный с рáвным.
(дрýжеский; по-дрýжески)

➪ 9.1.1, 9.1.2

Adverbs of time

168 * Complete the following sentences with the appropriate adverb.

Какóй сегóдня день?

1 ______ бы́ло воскресéнье;
2 ______ был понедéльник;
3 ______ бýдет средá;
4 ______ бýдет четвéрг;
5 Тогдá ______ втóрник!

➪ 9.1.3

169 * Complete the following sentences by inserting the appropriate form chosen from the options given below each item.

1 (a) Вчерá ______ мы ходи́ли в бассéйн.
(b) Я оби́чно встаю́ в семь часóв ______.
(c) Сегóдня бы́ло прекрáсное солнéчное ______.

ýтро утрá ýтром

2 (a) Мы обéдаем в два часá ______.
(b) Позвони́ мне ______, вот мой рабóчий телефóн.
(c) Зáвтра бýдет óчень трýдный ______.

день дня днём

3 (a) Я провёл прекра́сный ______ с друзья́ми.
(b) Матч начина́ется в во́семь часо́в ______.
(c) Сего́дня ______ мы идём в теа́тр.

ве́чер ве́чера ве́чером

4 (a) ______ была́ я́сная, на не́бе бы́ло мно́го звёзд.
(b) Лиса́ выхо́дит на охо́ту ______.
(c) В два часа́ ______ у сосе́дей гро́мко зала́яла соба́ка.

ночь но́чи но́чью

5 (a) ______ — люби́мое вре́мя го́да молодёжи.
(b) ______ я не о́чень хорошо́ себя́ чу́вствую.

весна́ весно́й

6 (a) ______ я провожу́ на да́че.
(b) ______ мы е́здили отдыха́ть в Хорва́тию.

ле́то ле́том

7 (a) ______ я люблю́ ходи́ть в лес.
(b) ______ на Се́вере холо́дная и дождли́вая.

о́сень о́сенью

8 (a) В э́том году́ у нас осо́бенно сне́жная ______.
(b) Мно́гие беру́т о́тпуск ______, что́бы ката́ться на лы́жах.

зима́ зимо́й

⇨ 9.1.3; 19.2.2; 21.1.1

170 Choosing between **уже́** and **ещё**

Complete the following sentences by inserting **уже́** or **ещё**, as appropriate.

1 — Прости́те, вам ______ не ну́жен э́тот слова́рь?
— К сожале́нию, ______ ну́жен.
2 — Ты ______ посмотре́л э́тот фильм?
— Нет, ______ не посмотре́л.
3 — Ва́ша дочь ______ за́мужем?
— ______ нет, но собира́ется.
4 — Ты ______ гото́вишься к экза́менам?
— Нет, я ______ свобо́дна. После́дний экза́мен я сдала́ в четве́рг.

5 — Ваш сын ______ занимáется бóксом?
— К счáстью, ______ не занимáется.

⇨ 9.1.3

Choosing between adverbs of location and adverbs of direction

171

Complete the following sentences by inserting the appropriate adverb selected from the alternatives given below each item.

1 (a) Извини́те, но я должнá идти́ ______.
(b) Э́той кни́ги нет в нáшей библиотéке, но онá есть у меня́ ______.

дóма домóй

2 (a) Не ходи́те ______ !
(b) ______ злáя собáка!

там тудá

3 (a) — Посмотри́ ______ — ты ви́дишь бéлку?
(b) — ______ нет бéлки, тебé показáлось.

наверхý навéрх

4 (a) Твоя́ кни́га ______, на пéрвой пóлке.
(b) Мы должны́ спусти́ться ______ в доли́ну.

внизý вниз

5 (a) Никтó не знáет, что нас ждёт ______.
(b) Но мы должны́ идти́ тóлько ______.

впереди́ вперёд

6 (a) Пóсле светофóра поверни́те ______.
(b) Э́та маши́на появи́лась ______.

спрáва напрáво

7 (a) Вот наш факультéт, а ______ от негó библиотéка.
(b) Поворóт ______ тут запрещён.

слéва налéво

⇨ 9.1.4; 21.2.13; 21.2.14

Indefinite adverbs

172 Complete the following sentences by selecting the appropriate indefinite adverb from the alternatives given in brackets.

1 Ма́ши нет до́ма, она́ (куда́-нибудь/куда́-то) ушла́ с Андре́ем.
2 Давай уе́дем (куда́-нибудь/куда́-то) далеко́-далеко́!
3 Она́ (куда́-нибудь/куда́-то) выходи́ла из о́фиса в тот день?
4 Да, она́ (ко̀е-куда́/куда́-то) выходи́ла о́коло оди́ннадцати. Я поду́мала, на по́чту.
5 Она́ (когда́-нибудь/ко̀е-когда́) е́здила за грани́цу?
6 Да, она́ говори́ла, что (когда́-либо/когда́-то) была́ в Ита́лии.
7 Пого́да на террито́рии всей страны́ бу́дет я́сная, но (где́-либо/ко̀е-где́) пройду́т грозовы́е дожди́.
8 (Когда́-либо/когда́-то) я непло́хо игра́л в ша́хматы.
9 Он живёт (где́-то/ко̀е-где́) недалеко́ от универститéта, но то́чного а́дреса я не зна́ю.
10 Я де́лаю всё по инстру́кции, но пылесо́с (почему́-либо/почему́-то) не включа́ется.
11 Ко́шка (ка́к-нибудь/ка́к-то) смогла́ откры́ть мою́ су́мку и доста́ть колбасу́.
12 Сро́чно найди́те (где́-нибудь/где́-то) перево́дчика с узбе́кского: нам ну́жно перевести́ э́тот докуме́нт до конца́ неде́ли.
13 Мой друг (заче́м-нибудь/заче́м-то) побри́л себе́ го́лову.
14 (Когда́-нибудь/когда́-то) ты узна́ешь, почему́ я так поступи́л.
15 Я сейча́с расскажу́ тебе́ са́мый смешно́й анекдо́т, кото́рый я (когда́-либо/когда́-то) слы́шал.
16 Зарпла́та у меня́ скро́мная, но мы (ка́к-нибудь/ко̀е-ка́к) выжива́ем.

9.1.5

Choosing between **то́же** and **та́кже**

173 Complete the following sentences by inserting **то́же** or **та́кже**, as approgriate.

1 Здесь продаётся худо́жественная литерату́ра, а ______ разли́чные альбо́мы и календари́.
2 Вы говори́те, что жи́ли в общежи́тии Петербу́ргского университе́та? Я ______ там жил!
3 Э́тот компью́тер не рабо́тает. И тот ______ сло́ман.
4 Он преподава́л в университе́тах Росси́и, Ирла́ндии, Слова́кии, а ______ рабо́тал не́которое вре́мя перево́дчиком.
5 — У нас в го́роде есть метро́.
— У нас ______ есть метро́. Но у нас ______ есть и скоростно́й трамва́й.
6 — На́ша дочь игра́ет на пиани́но и на скри́пке.
— Наш сын ______ игра́ет на э́тих инструме́нтах. Но он ______ игра́ет на саксофо́не и на фле́йте.

9.1.6

Conjunctions

The conjunctions **и**, **а** and **но**

174 Complete the following sentences by inserting **и**, **а** or **но**, as appropriate.

1 У́тром я чищу́ зу́бы ______ принима́ю душ.
2 Мой друг лю́бит игра́ть на гита́ре, ______ игра́ет он пло́хо.
3 Её ста́ршие сыновья́ музыка́нты, ______ мла́дший стал полице́йским.
4 Она́ сде́лала макия́ж, он почи́стил боти́нки, ______ ро́вно в семь ве́чера они́ вы́шли из до́ма.
5 Ты всё перепу́тала: у меня́ девя́тый кабине́т, ______ не девятна́дцатый!
6 Его́ лечи́ли лу́чшие врачи́, он принима́л са́мые дороги́е лека́рства, ______ ничего́ не помогло́.
7 Её пе́рвые две кни́ги — о жи́зни иммигра́нтов, ______ тре́тья — о Мо́царте.
8 Мне нра́вится э́та су́мочка, ______ я не могу́ её купи́ть.
9 Сверкну́ла мо́лния, уда́рил гром, ______ начался́ настоя́щий ли́вень.
10 В суббо́ту я обы́чно игра́ю в бадминто́н, ______ в воскресе́нье лежу́ с газе́той на дива́не.
11 Моя́ соба́ка всё понима́ет, ______, к сожале́нию, не говори́т.
12 У нас в семье́ у́жин обы́чно гото́вит жена́, ______ мы с сы́ном мо́ем посу́ду.

➪ 9.3.2

Matching adverbs and conjunctions

175 ⁑ Complete the following sentences by inserting the conjunctions that match the adverbs in *italics*.

Example: **Э́то случи́лось *тогда́*, ______ моя́ мать была́ ещё ма́ленькой де́вочкой.**
Э́то случи́лось тогда́, когда́ моя́ мать была́ ещё ма́ленькой де́вочкой.

1 Но́вый теа́тр постро́или *там*, ______ ра́ньше был ры́нок.
2 Он уе́хал *туда́*, ______ давно́ хоте́л уе́хать.
3 Ты мо́жешь укра́сить торт *так*, ______ э́то де́лала ба́бушка?
4 Возьми́те *сто́лько*, ______ мо́жете съесть.
5 Он стоя́л *насто́лько* глубоко́ в воде́, ______ позволя́ло тече́ние.
6 Я прошу́ её помо́чь только́ *тогда́*, ______ други́х возмо́жностей нет.
7 Э́та блестя́щая иде́я пришла́ *отту́да*, ______ пришли́ все други́е мои́ иде́и — от жены́!
8 Я всё де́лал *так*, ______ напи́сано в инстру́кции.
9 Я то́же хочу́ пойти́ *туда́*, ______ пошёл Ива́н!
10 Мы отпра́вили вам *сто́лько* дета́лей, ______ вы заказа́ли.

➪ 9.3.5

Prepositional phrases with conjunctions

176 ⁑ Combine each of the following sets of questions and statements into a single sentence made up of two clauses joined by a prepositional phrase and one of the conjunctions selected from the list below.

Example: **О чём она́ ду́мала? Бра́ту нужны́ де́ньги.**
Она́ ду́мала о том, что бра́ту нужны́ де́ньги.

1 На что он рассчи́тывает? Це́ны на кварти́ры упаду́т.
2 О чём они́ договори́лись. Таки́е семина́ры бу́дут проводи́ться ка́ждый ме́сяц.
3 С чего́ она́ начала́ свой докла́д? Поблагодари́ла организа́торов за приглаше́ние.
4 О чём они́ попроси́ли? Их никто́ не беспоко́ил.
5 За что она́ боро́лась? Же́нщины име́ли ра́вные с мужчи́нами права́.
6 За чем они́ наблюда́ют? Глоба́льное потепле́ние влия́ет на жизнь аркти́ческих живо́тных.
7 Из чего́ мо́жно получи́ть интере́сные вы́воды? Меня́ется отноше́ние к сме́шанным бра́кам.
8 О чём он рассужда́л? СССР распа́лся.

как (×2) почему́ (×1) что (×3) что́бы (×2)

⇨ 9.3.6

10 Word formation

The formation of nouns

Diminutives and augmentatives

177 In the following text replace the gaps with the neutral forms of the nouns from which the diminutives in *italics* have been formed.

Example: **[Мы говори́м:] не ______, а *голо́вка.***
[Мы говори́м:] не голова́, а голо́вка.

На́ша любо́вь к ма́леньким де́тям отража́ется в том, как мы говори́м о них. Мы ча́сто говори́м: не ______, а *глазки́*, не ______, а *ро́тик*, не ______, а *щёчки*, не ______, а *но́сик*, не ______, а *у́шки*, не ______, а *ру́чки*, не ______, а *но́жки*, не ______, а *живо́тик*. Э́то распространя́ется и на их ве́щи, оде́жду, игру́шки. Мы говори́м: не ______, а *ша́почка*, не ______, а *ку́рточка*, не ______, а *носо́чки*, не ______, а *сапо́жки*, не ______, а *крова́тка*, не ______, а *сту́льчик*, не ______, а *стака́нчик*, не ______, а *мя́чик*, не ______, а *лопа́тка*, не ______, а *ведёрко*, не ______, а *маши́нка*, не ______, а *кора́блик*.

➪ 10.1.1–10.1.4; 16.1.1

178 Sort the nouns below into three columns: (a) neutral, (b) diminutive, (c) augmentative.

1	хо́лод	холодо́к	холоди́на
2	ветри́ще	ве́тер	ветеро́к
3	паучо́к	паучи́ще	пау́к
4	ды́рочка	ды́ра	дыри́ща
5	ко́гти	коготки́	когти́щи
6	гла́зки	глаза́	глази́щи
7	ры́бина	ры́ба	ры́бка
8	нос	но́сик	носи́ще
9	то́чка	то́чечка	
10	ни́тка	ни́точка	

➪ 10.1.1–10.1.4, 10.1.6

179 In the following sentences replace the nouns in *italics* with the appropriate diminutive or augmentative form.

Example: **Ма́льчик игра́ет *самолётом.***
Ма́льчик игра́ет самолётиком.

1 Мое́й до́чке пять лет. Она́ лю́бит рисова́ть и пока́зывать мне свои́ рису́нки: вот *со́лнце*, вот *пти́ца*, вот *дом*, вот *цвето́к*.

2 — А кто живёт в *до́ме*?
— *За́яц, мышь* и *бе́лка.*
3 — А что они́ едя́т?
— *Морко́вь* и *хлеб.*
4 — А что они́ пьют?
— *Молоко́* и *во́ду.*
5 — А э́то кто тако́й стра́шный?
— Э́то злой *волк*!

➪ 10.1.1–10.1.4, 10.1.6; 16.1.1, 16.1.2

180 In the following sentences identify the nouns, adjectives and adverbs that contain diminutive or augmentative suffixes and replace them with the corresponding unsuffixed forms.

1 Он бы́стренько доста́л пла́стырь и аккура́тненько закле́ил большу́щую цара́пину на щеке́.
2 Когда́ ребёнок усну́л, она́ погла́дила его́ по голо́вке, попра́вила одея́льце и тихо́нько вы́шла из ко́мнаты.
3 Я спроси́л жену́: «Каку́ю маши́ну ты хо́чешь?». Она отве́тила: «Си́ненькую!»
4 Кто́-то позвони́л в дверь. Я откры́л: на ле́стничной кле́тке стоя́ла ху́денькая девчу́шка лет десяти́ и держа́ла в рука́х како́е-то живо́е существо́. «Дя́денька, возьми́те котёночка! Смотри́те, како́й он хоро́шенький! На́ша ко́шка родила́ четверы́х, и все чёрненькие. Мне мама́ разреши́ла оста́вить то́лько одного́, са́мого пуши́стенького, с бе́ленькими ла́пками.»

➪ 10.1.1–10.1.4, 10.2.8; 16.1.1, 16.1.2, 16.1.5

Nouns indicating a person who carries out an action

181 Form nouns to indicate a person who carries out an action related to the following verbs and nouns. Where possible, give both masculine and feminine forms.

(a) Nouns related to verbs

1 води́ть
2 замеща́ть/замести́ть
3 защища́ть/защити́ть
4 переводи́ть/перевести́
5 писа́ть/написа́ть
6 помога́ть/помо́чь
7 преподава́ть
8 слу́шать/послу́шать
9 стро́ить/постро́ить
10 учи́ть/научи́ть
11 учи́ться/научи́ться
12 чита́ть/прочита́ть

(b) Nouns related to other nouns

1 ва́хта
2 груз
3 двор
4 ка́сса
5 мя́со
6 разве́дка
7 сапо́г
8 скри́пка
9 уча́стие
10 хокке́й

➪ 10.1.7, 10.1.9; 12.6.2

Nouns, adjectives and adverbs relating to nationality

182 Complete the following sentences by inserting the appropriate nouns, adjectives or adverbs.

Example: **Они́ живу́т в Ита́лии. Они́ — ______. Их ма́ма — ______, и их па́па — ______. Ве́чером они́ лю́бят пить ______ вино́ и петь ______.**
Они́ живу́т в Ита́лии. Они́ — италья́нцы. Их ма́ма — италья́нка, и их па́па — италья́нец. Ве́чером они́ лю́бят пить италья́нское вино́ и петь по-италья́нски.

1 Её роди́тели — не́мцы. Она́ ______. Она́ говори́т ______. У неё ______ маши́на.
2 Она́ родила́сь во Фра́нции. Она́ ______. Она́ говори́т ______. У неё ______ гражда́нство. Её жени́х то́же ______.
3 Он датча́нин. Все его́ ро́дственники ______. Его́ жена́ то́же ______. Все они́ говоря́т ______. Они́ живу́т в ______.
4 Я родила́сь и живу́ в Испа́нии. У меня́ ______ па́спорт. Я свобо́дно говорю́ и пишу́ ______.
5 Мой оте́ц чех. Моя́ ма́ма то́же ______. У нас ______ фами́лия — Яна́чек. Мы говори́м ______.
6 На́ша страна́ — Украи́на. Я ______, и моя́ жена́ то́же ______. Она́ прекра́сно гото́вит ______ борщ. До́ма мы говори́м то́лько ______.
7 Мы живём в Пеки́не. Все на́ши друзья́ — ______. Нам нра́вится ______ ку́хня. Мы еди́м рис ______, па́лочками.
8 Моя́ фами́лия Смит. Моя́ ба́бушка и мой де́душка родили́сь в А́нглии. Они́ ______. Они́ говоря́т то́лько ______. Им нра́вится ______ пого́да.
9 Меня́ зову́т Бори́с Ивано́в. Я ______. Моя́ подру́га Ната́ша то́же ______. Наш родно́й язы́к — ______. Когда́ мы до́ма в Росси́и, мы говори́м ______.
10 Торо́нто нахо́дится в Кана́де. Там живёт Росс. Он ______. Все ______ лю́бят спорт, осо́бенно хокке́й. ______ хоккеи́сты — олимпи́йские чемпио́ны. В Кана́де говоря́т ______ и ______.

➪ 2.11.3; 9.1.2; 10.1.8, 10.1.9; 12.5.1

Making one noun out of two

183 In the following sentences replace each of the pairs of words in *italics* with a single word made up from some of the same elements and conveying the same meaning.

Example: **Ока́зывается, ваш сын хо́дит в тот же *де́тский сад*, что и на́ша дочь.**
Ока́зывается, ваш сын хо́дит в тот же детса́д, что и на́ша дочь.

1 До поступле́ния в университе́т я два го́да рабо́тала *медици́нской сестро́й* в одно́й из городски́х больни́ц.
2 Моя́ *креди́тная ка́рточка* опя́ть заблоки́рована, так что придётся плати́ть нали́чными.
3 Скажи́, куда́ я должна́ звони́ть — тебе́ домо́й и́ли на твой *моби́льный телефо́н*?
4 Во Влади́мир мо́жно е́хать на авто́бусе. Дава́йте встре́тимся на *авто́бусном вокза́ле*.
5 Наш шеф — челове́к прямо́й и не о́чень делика́тный: как бу́дто и не слы́шал никогда́ о *полити́ческой корре́ктности*.
6 Я попа́л в кра́йне неприя́тную ситуа́цию: потеря́л свой *загран́ичный па́спорт* и не зна́ю, к кому́ обрати́ться.

7 Их сын слу́жит в *войска́х специа́льного назначе́ния* и по поня́тным причи́нам никогда́ не расска́зывает о свое́й слу́жбе.
8 Е́сли хо́чешь пить, в холоди́льнике должно́ быть не́сколько буты́лок *минера́льной воды́*.

⇨ 10.1.12

The formation of adjectives

184 Complete the following sentences by filling the gaps with the appropriate adjective formed from the noun, adverb or phrase in brackets.

Example: **В большинстве́ ______ рестора́нов мо́жно плати́ть креди́тной ка́рточкой. (Москва́)**
В большинстве́ моско́вских рестора́нов мо́жно плати́ть креди́тной ка́рточкой.

1 Мы реши́ли е́хать в Петербу́рг ______ по́ездом. (ночь)
2 ______ це́ны на проду́кты ни́же, чем ______. (здесь; столи́ца)
3 Ты случа́йно не купи́л ______ газе́ту? (сего́дня)
4 Моя́ ба́бушка уме́ла гада́ть на ______ гу́ще. (ко́фе)
5 У меня́ в саду́ есть не́сколько ______ расте́ний. (Да́льний Восто́к)
6 Она́ вы́шла за́муж не́сколько лет наза́д, у неё есть ______ дочь. (пять лет)
7 Я о́чень хоте́ла бы учи́ться в университе́те с ______ репута́цией. (мир)
8 Воло́дя Полика́рпов передаёт тебе́ ______ приве́т из Воро́нежа. (друг)
9 В Казахста́не я впервы́е попро́бовал ______ молоко́. (верблю́д)
10 При университе́те есть отде́л, кото́рый помога́ет иностра́нным студе́нтам реша́ть разли́чные ______ пробле́мы. (быт)

⇨ 10.2

Verbal prefixes

185 ⁑ In the following sentences select the appropriate verb from the alternatives given in brackets.

1 Мне сро́чно нужна́ позавчера́шняя газе́та. Наде́юсь, ты ещё не (вы́бросила/сбро́сила) её.
2 Дава́й (включи́м/вы́ключим) телеви́зор и посмо́трим после́дние но́вости.
3 Прости́те, я сли́шком (договори́лся/заговори́лся), и уже́ нет вре́мени для вопро́сов.
4 Е́сли бы ты (вслу́шался/прислу́шался) к сове́там друзе́й и не (вы́гулял/прогуля́л) весь семе́стр, тебе́ не пришло́сь бы (продава́ть/пересдава́ть) все экза́мены о́сенью.
5 Дава́йте (дозвони́мся/созвони́мся) за́втра у́тром; тогда́ и (договори́мся/заговори́мся) о вре́мени встре́чи.
6 В э́тот магази́н я бо́льше не хожу́: в про́шлый раз меня́ там (обсчита́ли/пересчита́ли) на пятьдеся́т рубле́й.
7 Не забыва́й наро́дную му́дрость: лу́чше (недосоли́ть/пересоли́ть), чем (недосоли́ть/пересоли́ть). В конце́ концо́в, всегда́ мо́жно (доба́вить/уба́вить) со́ли, е́сли её не хвата́ет.

8 Ребёнок заснýл — (отложи́/подложи́) емý под гóлову подýшку.
9 Возни́кли проблéмы с авиабилéтом, поэ́тому пришлóсь (отложи́ть/доложи́ть) ваш визи́т до слéдующего семéстра.
10 В дéтстве ты былá не óчень аккурáтной: постоя́нно (забрáсывала/разбрáсывала) свои́ игрýшки, мнóго раз (подливáла/разливáла) суп на скáтерть.

10.4
Exercises involving prefixed verbs of motion can be found in Chapter 22.

11 Agreement

Agreement between subject and verb

186 Complete the following sentences by selecting the appropriate verb form from the alternatives given in brackets.

1 Вот сове́т для всех тех, кто ещё не (реши́л/реши́ли), что де́лать по́сле университе́та.
2 (Бы́ли/бы́ло) двена́дцать часо́в, но я всё ещё не спал.
3 Мари́на Серге́евна, вы (успе́ла/успе́ли) прочита́ть мою́ курсову́ю рабо́ту?
4 Мне уже́ (бы́ли/бы́ло) со́рок лет, когда́ я жени́лся.
5 Не зна́ю, когда́ вы полу́чите ва́ши командиро́вочные. Гла́вный бухга́лтер (ушёл/ушла́) в декре́тный о́тпуск, а нача́льник отде́ла на больни́чном.
6 Нам кру́пно (повезли́/повезло́): (удали́сь/удало́сь) купи́ть после́дние биле́ты на скоростно́й по́езд до Петербу́рга.
7 На мой взгляд, его́ после́дний фильм не (удало́сь/уда́лся́): сюже́т ску́чный, а персона́жи то́же неинтере́сные.
8 В на́шем университе́те (у́чатся/у́чится) о́коло двадцати́ ты́сяч челове́к.

Useful vocabulary:

быть на больни́чном	to be on sick leave
декре́тный о́тпуск	maternity leave
командиро́вочные	travel expenses

⇨ 11.2

Part B

Functions

12 Establishing identity

Russian names

187 * Give the full version of the following forenames.

NOTE: In some instances more than one answer is required.

Example: **Пéтя**
Пётр

Алёша Вáля Вáня Волóдя Гáля Дáша Ди́ма Жéня Ми́ша Нáстя
Пáша Сáша Свéта Тáня

⇨ 12.1.1

188 Give the full names in Russian of the following individuals.

Examples: Nikolai, son of Ivan Pavlov
Николáй Ивáнович Пáвлов

Svetlana, daughter of Vladimir Petrov
Светлáна Влади́мировна Петрóва

Igor', son of Sergei Rybakov
Viktor, son of Piotr Moskvin
Andrei, son of Anatolii Mostovoi
Konstantin, son of Nikita Tkachenko
German, son of Al'fred Shvarts
Leonid, son of Pavel Belkovskii

Larisa, daughter of Vsevolod Ivanov
Anna, daughter of Matvei Kuz'min
Dar'ia, daughter of Vasilii Zinchenko
Tat'iana, daughter of Igor' Kovtun
Galina, daughter of Il'ia Malinovskii
Tamara, daughter of Al'fred Shvarts

⇨ 12.1.2, 12.1.3

Foreign names

189 ** In the following sentences identify the gender of the bearers of the names in brackets and, wherever necessary, add the correct ending.

Example: **На автоотве́тчике два сообще́ния — одно́ от (Ро́берт Смит), а друго́е от (А́лисон Джонс).**
На автоотве́тчике два сообще́ния — одно́ от Ро́берта Смита (masc.), а друго́е от А́лисон Джонс (fem.).

1 По э́тому вопро́су обрати́тесь к господи́ну (Джо́нсон) и́ли к госпоже́ (Ферна́ндес).
2 В спи́ске почему́-то нет (Ве́ра Негрисо́ли) и (А́ндерс У́льссон), хотя́ они́ то́же сдава́ли де́ньги на биле́ты.
3 Президе́нт награди́л о́рденом музыка́нта (Ю́рий Шевчу́к).
4 Мы смотре́ли интервью с чемпио́нками ми́ра — с (Ка́ролин Хо́пкинс) и (Окса́на Гурко́).
5 Э́та кни́га о вели́ких актри́сах — о (Брижи́т Бардо́, Джулье́тта Мази́на, Мэ́рил Стрип).
6 Ты слы́шал но́вость? У (Жу́жа Мештерха́зи) роди́лся сын!
7 Вчера́ мы бы́ли в гостя́х у худо́жницы (На́да Га́шич), а за́втра идём на день рожде́ния к балери́не (Пила́р Салга́до).
8 А в э́том сбо́рнике есть по́вести (Жорж Сименó́н) и (Ага́та Кри́сти)?

➪ 2.13.1; 12.1.3, 12.2

Talking about people's ages

190 * Answer the following questions, using the information given in brackets.

Example: **Ско́лько лет твое́й сестре́? (18)**
Моей сестре́ восемна́дцать лет.

1 Ско́лько вам лет? (27)
2 Ско́лько тебе́ лет? (11)
3 Ско́лько лет ва́шей до́чери? (5)
4 Ско́лько лет твоему́ сы́ну? (4)
5 Ско́лько лет твое́й неве́сте? (21)
6 Ско́лько лет твоему́ жениху́? (33)
7 Ско́лько лет твое́й ба́бушке? (99)
8 Ско́лько лет твоему́ вну́ку? (2)
9 Ско́лько лет твоему́ бра́ту? (56)
10 Ско́лько лет твое́й сестре́? (42)

➪ 12.3.1; 7.1.3; 8.2

191 Complete the following sentences using the information given in brackets.

Example: **В про́шлом году́** (my father turned 80).
В про́шлом году́ моему́ отцу́ испо́лнилось во́семьдесят лет.

1 В январе́ бу́дущего го́да (my uncle will be 65), но он не собира́ется уходи́ть на пе́нсию.
2 Он не тако́й уж молодо́й, — я бы сказа́ла, что (he's already over forty).

3 Ве́чером они́ всегда́ до́ма, та́к как у них (a three-month-old) ребёнок.
4 Скажи́те мне: где я, (a 23-year-old) де́вушка с вы́сшим образова́нием, найду́ рабо́ту по специа́льности?
5 Я на́чал кури́ть (at the age of 16).
6 (By the time I was 25) у меня́ уже́ была́ жена́ и дво́е дете́й.
7 Она поступи́ла в университе́т, когда́ (she wasn't yet 18) — в Шотла́ндии э́то быва́ет не так ре́дко.
8 Я впервы́е побыва́ла в Росси́и (when I was 22).

➪ 12.3; 8.2

Addresses

192 Write out the following names and addresses as they would appear on an envelope (using the new format approved by the Russian Post Office).

1 Andrei Maksimovich Novikov, Flat 63, 194 Prospekt Mira, Moscow 129128, Russia.
2 Galina Vladimirovna Kuznetsova, Flat 29, 15 Turgenev St., Ekaterinburg 620219, Russia.
3 Nasha Marka PLC (OOO), 10 Pushkin St., Velikie Luki, Pskov Region 182100, Russia.
4 Louise Brown, c/o Zinaida Petrovna Belkina, Flat 76, Block 3, 9 Grazhdanskii Prospekt, St Petersburg 195220, Russia.

➪ 12.4.1, 12.1

Росси́йский or ру́сский

193 Complete the following sentences with the appropriate form of *either* **росси́йский** *or* **ру́сский**.

Example: **Над Больши́м Кремлёвским дворцо́м всегда́ развева́ется ______ флаг.**
Над Больши́м Кремлёвским дворцо́м всегда́ развева́ется росси́йский флаг.

1 Ви́зу вы бу́дете получа́ть в ______ ко́нсульстве в Эдинбу́рге.
2 Из ______ писа́телей мне бо́льше всех нра́вятся Пу́шкин и Толсто́й.
3 В одно́м из кинотеа́тров го́рода дово́льно ча́сто пока́зывают ______ фи́льмы.
4 В после́дние го́ды ______ футбо́льные кома́нды ста́ли бо́лее успе́шно выступа́ть в европе́йских турни́рах.
5 На после́днем ку́рсе университе́та я заинтересова́лся ______ фолькло́ром.
6 У неё двойно́е гражда́нство — брита́нское и ______.
7 Наде́емся, что на наш фо́рум прие́дет больша́я делега́ция ______ бизнесме́нов.
8 В про́шлом году́ мы организова́ли вы́ставку рабо́т ______ худо́жников XIX ве́ка.
9 Я пло́хо представля́ю себе́, как ______ поли́тики отно́сятся к Евросою́зу.
10 К э́тим заку́скам подхо́дит то́лько настоя́щая ______ во́дка.

➪ 12.5.2

Talking about occupations and marital status

194 ⋆ Answer the questions using the prompts provided below.

Example: **У неё юриди́ческое образова́ние. Кем она́ мо́жет рабо́тать?**
Она́ мо́жет рабо́тать адвока́том.

1 Он око́нчил кулина́рное учи́лище. Кем он мо́жет рабо́тать?
2 У него́ педагоги́ческое обра́зование. Кем он хо́чет рабо́тать?
3 У неё филологи́ческое образова́ние. Кем она́ сейча́с рабо́тает?
4 Его́ подру́га око́нчила медици́нское учи́лище. Кем она́ сейча́с рабо́тает?
5 Глеб око́нчил железнодоро́жный те́хникум. Кем он тепе́рь рабо́тает?

машини́ст медсестра́ по́вар реда́ктор учи́тель

⇨ 12.6

195 Compile Russian sentences to fit the following purposes.

1 To ask someone what they do for a living.
2 To ask someone what their wife's profession is.
3 To say that you are a geologist.
4 To say that you are a student, but that you would like to work as a teacher after graduation.
5 To say that your wife is an interpreter for an international organisation.
6 To say that your brother is in the army.
7 To ask a man if he is married.
8 To say that you are a bachelor, but that you have a fiancée and that you plan to marry her next year.
9 To say that your sister married a doctor last year.
10 To say that your friends met at university and got married immediately after they graduated.
11 To say that your aunt is married to a famous writer.
12 To say that you met your fiancé at your (female) cousin's wedding.

Useful vocabulary:

двою́родный брат, двою́родная сестра́ cousin

⇨ 12.6, 12.7

Talking about oneself

196 ⁑ Read through the following text and answer the questions below in English.

История́ А́нны Серге́евны

Меня́ зову́т А́нна Серге́евна Ковалёва. Живу́ в Ло́ндоне. По образова́нию я экономи́ст, рабо́таю ме́неджером в кру́пной туристи́ческой фи́рме. Мои́ де́ти живу́т в Росси́и. Сы́ну в э́том году́ испо́лнилось три́дцать пять; он по профе́ссии программи́ст, рабо́тает в кру́пном ба́нке, жена́т, живёт в Москве́. До́чери три́дцать три, она́ име́ет в Петербу́рге свою́ фи́рму, живёт в гражда́нском бра́ке с пятидесятиле́тним мужчи́ной.

И сын и дочь хорошо́ зараба́тывают. У ка́ждого есть увлече́ния: у сы́на — подво́дный спорт и маши́ны; у до́чери — путеше́ствия и жи́вопись. Но они́ не хотя́т име́ть дете́й.

Дочь неда́вно спроси́ла меня́: «Как ты одна́ смогла́ вы́растить нас и при э́том сде́лать успе́шную карье́ру?».

Я действи́тельно овдове́ла очень ра́но — в во́зрасте двадцати́ восьми́ лет. К тому́ вре́мени мы уже́ получи́ли от госуда́рства кварти́ру. Де́нег не хвата́ло, но квартпла́та была́ ни́зкая, я́сли и детса́д то́же бы́ли практи́чески беспла́тными. Дочь до пяти́ лет мно́го боле́ла, и я мно́го сиде́ла с ней до́ма, но мне плати́ли 100% зарпла́ты по спра́вке де́тского врача́. Мно́го помога́ла свекро́вь. Я зао́чно получи́ла экономи́ческое образова́ние и в три́дцать пять была́ нача́льником отде́ла, а в со́рок ста́ла гла́вным бухга́лтером заво́да.

Второ́й раз я вы́шла за́муж за англича́нина, когда́ мне бы́ло пятьдеся́т два го́да. Мы познако́мились в Ло́ндоне, где я была́ в командиро́вке. Муж всю жизнь рабо́тал архите́ктором. С пе́рвой жено́й развёлся по́сле двадцати́ лет совме́стной жи́зни. Сейча́с ему́ за шестьдеся́т, он на пе́нсии. У него́ тро́е детей от пе́рвого бра́ка, и у всех есть свои́ де́ти. Он о́чень лю́бит свои́х вну́ков. А мне то́же так хо́чется име́ть вну́ка и́ли вну́чку!

Questions

1 What is the narrator's current marital status?
2 In what circumstances did her first marriage end and how old was she when this happened?
3 What is her profession and where does she work?
4 What jobs has she previously held?
5 How old are her children?
6 What are their occupations?
7 What is their marital status?
8 What was her husband's occupation?
9 What is his present status?
10 For how many years was he married to his first wife?
11 At what point in her life did the narrator's daughter have health problems?
12 Who does and who does not have grandchildren?

➪ 12.3, 12.6, 12.7

197 ⁑ Describe yourself in Russian, using the following information.

1 Your name is Viktor Bondarenko, son of Vladimir. You were born in Rostov-on-Don on 15 October 1971. You graduated from Moscow State University and now work as a geologist in Kamchatka. You are an ethnic Ukrainian, but a citizen of the Russian Federation. You married a fellow student, Svetlana Novikova (daughter of Andrei), in 1999 and have two children.

2 You are Marina Kuz'mina, daughter of Il'ia. You were born in the Far East, are 58 years old, and you are a professor at St Petersburg State University. You married Konstantin Tkachuk (son of Aleksandr) in 1972, but you and your husband were divorced twenty-five years ago. You have two daughters and two grandsons.

3 Your name is John Anderson. You were born in Aberdeen in 1977 and you studied in the Department of Slavonic Studies at Glasgow University. You now work as an interpreter. You speak Russian very well and have visited Russia many times. In 2006 you married a Russian translator, Tania Baranova, but you have no children.

4 You are Elizabeth Wilson. You were born in New York and are now twenty-one years old. You are a student, and when you finish university you would like to become a journalist. You have already been in Moscow for six weeks and you like the city very much. You are not married, but you have a fiancé called Jim.

Useful vocabulary:

гео́лог	geologist
славя́нская фило́логия	Slavonic Studies

⇨ Chapter 12; 3.5; 8.1, 8.2, 8.3; 9.1; 16.2, 16.3; 19.3; 21.1, 21.2

13
Establishing contact

Greeting and addressing friends and strangers, polite enquiries, making introductions, saying goodbye

198 Complete the following short dialogues using the prompts provided.

1 Oleg Viktorovich Sidorov is meeting Angela Fisher at the airport.

O.V.S.: Госпожа́ Фи́шер?
A.F.: Да.
O.V.S.: *Introduces himself by his surname.* Я из институ́та, мне поручи́ли вас встре́тить.
A.F.: *Asks him for his name and patronymic.*
O.V.S.: Оле́г Ви́кторович. Мо́жно про́сто Оле́г.
A.F.: *Responds appropriately and gives her first name.*

2 Breda Nartnik and John Richards meet on an international Russian language course.

I.N.: *Suggests they introduce themselves and gives her first name and her surname.* Я слове́нка. Я уже́ была́ тут в про́шлом году́. *She asks John what he is called.*
J.R.: Джон Ри́чардс. Я прие́хал из Великобрита́нии. Я тут пе́рвый раз. А вы из Братисла́вы?
I.N.: Нет, я живу́ не в Слова́кии, а в Слове́нии — в Любля́не.
J.R.: Извини́те, пожалу́йста.
I.N.: Ничего́, на́ши стра́ны мно́гие пу́тают. *She suggests that they switch to the 'ty' form.*
J.R.: *Responds appropriately.*

3 Dr Petrov meets Professor Wilson at an international conference.

DR P.: *Asks if he is addressing Professor Wilson.* Я Петро́в, из лингвисти́ческого университе́та.
PROF. W.: *Greets Dr Petrov politely.* Чита́л ва́шу кни́гу.
DR P.: *Asks if he can introduce his colleagues*: профе́ссор А́нна Никола́евна Голубо́вич и Вади́м Во́лков, а́вторы но́вого словаря́ иностра́нных слов.
PROF. W.: *Responds appropriately.*

4 Boris Stoliarov welcomes Christina Bentley to Novosibirsk.

B.S.: *Greets Christina semi-formally, using the 'vy' form.* Не узнаёте? Бори́с Столяро́в из фи́рмы «А́стра». Мы встреча́лись в Нью-Йо́рке.
C.B.: Бори́с? Как я ра́да! *She reminds him that at that time they switched to the 'ty' form of address.*
B.S.: Ну да, коне́чно. *Welcomes her to Novosibirsk.* Как ты долете́ла?

5 Andrei Kuznetsov sees a young man in the street whom he mistakes for his friend Sergei.

A.K.: *Shouts out an informal greeting to 'Sergei', addressing him by his first name.* Какáя встрéча! Ты давнó в Москвé?
Y.M.: Вы ошúблись; *says his name is not Sergei.*
A.K.: Виновáт, обознáлся. Простúте, пожáлуйста.
Y.M.: Ничегó, бывáет.

6 Mitia arrives to join a group of (female) fellow students who are trying to set up a video link with America.

M.: *Greets them informally.* Я не опоздáл?
F.S.: *Respond to the greeting.* Ты óчень вóвремя. Помогú нам налáдить видеосвя́зь. *We are going to congratulate Masha on the birth of her daughter*: у них в Амéрике сейчáс ýтро.

7 Nikolai Petrov meets fellow students Tat'iana Kuz'mina and her boyfriend Igor' Burkov.

T.K.: Кóля, здрáвствуй.
N.P.: *Responds, using a different greeting.*
I.B.: Как делá, старúк? Всё нормáльно?
N.P.: *Says things are great and asks Tat'iana and Igor' what's new.*
T.K.: Да, ничегó, всё по-стáрому. Мéжду прóчим, мы идём сейчáс в кафé. Не хóчешь пойтú с нáми?
N.P.: И я дáже знáю по какóму пóводу! *Wishes Tat'iana a happy birthday.* Вот мой мáленький подáрок.
T.K.: Какóй ты ýмница, дай я тебя́ поцелýю!

8 Mikhail Karpov meeets his former teacher, Inna Petrovna Starostina, in the street.

M.K.: *Greets her formally, using the appropriate form of address. He asks after her health.*
I.P.S.: Здрáвствуй, Мúша. Ничегó, не жáлуюсь. *She asks how he is getting on at university.*
M.K.: *Says everything is OK*; экзáмены сдал. Вы в центр? Могý подвезтú.
I.P.S.: Нет, спасúбо, я на пóчту — это ря́дом.
M.K.: *Wishes her goodbye.*
I.P.S.: *Responds using a different expression and asks him to pass on her regards to his parents.*

9 Nina Andreevna Popova and Vladimir Vladimirovich Sorokin are talking at a conference.

V.V.S.: *Addresses Ms Popova appropriately*, вы знакóмы с профéссором Губéнко из Мúнска?
N.A.P.: Да, мы рабóтали вмéсте однó врéмя.
V.V.S.: *Asks if she could introduce him to the professor.*
N.A.P.: *Says she would be happy to do so.*

10 Laura Green is leaving for Australia at the end of a period of study in Russia.

L.G.: Вот и закóнчилась моя́ стажирóвка. Спасúбо вам за всё. *Says goodbye to her friends.* Надéюсь, ещё увúдимся. *Says goodbye again, using an expression appropriate to someone who is leaving people behind.*
FRIENDS: *Wish her a pleasant journey.* Пишú нам из Австрáлии!

11 Maksim Tarakanov and Iurii Rybakov are arranging to meet later in the week.

M.T.: Зна́чит, договори́лись: в пя́тницу по́сле рабо́ты идём в ба́ню.
I.R.: Да-да, в шесть три́дцать у остано́вки. А сейча́с мне на́до бежа́ть.
M.T.: *Wishes him goodbye informally and passes on his regards to Iurii's wife.*
I.R.: *Wishes him goodbye, using a different expression.*

➪ 13.1–13.5

Greetings and salutations

199

1 On what occasions would the following greetings be used?

(i) С Рождество́м Христо́вым!
(ii) С днём рожде́ния!
(iii) С Днём Побе́ды!
(iv) Христо́с воскре́се!
(v) С Междунаро́дным же́нским днём!
(vi) С лёгким па́ром!
(vii) С Но́вым го́дом!
(viii) С пра́здником!

2 On which of those occasions would it be appropriate to reply by saying «Взаи́мно»?
3 What is the customary reply to (iv)?

➪ 13.2.6

Addressing strangers and writing letters

200

Complete the following sentences with the appropriate form of address, chosen from the list below.

1 ______ ______, сего́дня в 22 часа́ вме́сто анонси́рованной програ́ммы «Городо́к» мы пока́жем вам репорта́ж о визи́те Президе́нта Росси́йской Федера́ции в США.
2 ______ ______, здесь нельзя́ кури́ть.
3 ______ ______ ______, благодари́м Вас за Ва́ше письмо́ от 26 октября́.
4 ______ ______, мы о́чень ра́ды сно́ва приве́тствовать вас в на́шем го́роде.
5 ______, принеси́те нам, пожа́луйста, ещё буты́лку вина́.
6 ______ ______, при вы́ходе из ваго́на не забыва́йте свои́ ве́щи.
7 ______ ______, большо́е спаси́бо за твоё после́днее письмо́.
8 ______ ______, вы не ска́жете, как нам дойти́ до центра́льного ры́нка?

Де́вушка Дорога́я О́ля Дороги́е друзья́ Извини́те, пожа́луйста
Молодо́й челове́к Уважа́емые пассажи́ры Уважа́емые телезри́тели
Уважа́емый Ива́н Фёдорович

➪ 13.5, 13.6.1

Telephoning

201 You are Maksim. You are sitting at home, trying to read, but the telephone keeps ringing. Complete the dialogues, using the prompts.

1

MAKSIM: *Answers the telephone.*
CALLER: Э́то Ко́стя?
MAKSIM: *Says that Kostia is not at home and asks what message he can give him.*
CALLER: Спаси́бо, ничего́, а вы не ска́жете, когда́ он бу́дет до́ма?
MAKSIM: *Tells the caller to ring back after ten.*

2

MAKSIM: *Answers the telephone.*
CALLER: Э́то кафе́ «Бе́лая ака́ция»?
MAKSIM: *Explains that the caller has got the wrong number.*
CALLER: *Apologises.*
MAKSIM: *Accepts the apology and ends the call politely.*

3

MAKSIM: *Answers the telephone.*
CALLER: Здра́вствуйте. А́нна Па́вловна до́ма?
MAKSIM: *Says yes and asks who's calling.*
CALLER: Э́то Ивано́в, её колле́га с рабо́ты.
MAKSIM: *Asks the caller to hold on while she comes to the telephone.*

Finally Maksim decides to phone his friend Dasha. The telephone is answered by her mother.

4

DASHA'S MOTHER: Слу́шаю вас.
MAKSIM: *Greets Dasha's mother, says who he is and asks if he can speak to Dasha.*
DASHA'S MOTHER: Здра́вствуй, Макси́м. К сожале́нию, её нет сейча́с, и я не зна́ю, когда́ бу́дет.
MAKSIM: *Says that in that case he'll telephone her on her mobile or send her a text message.*

➪ 13.6.2; also 15.1.2 and 18.3.4

14 Being, becoming and possession

Being: using быть and a noun

202 Complete the following sentences, using the appropriate form of **быть** (which may be zero or a dash) and the noun or the phrase in brackets. The latter should be in the appropriate case (nominative or instrumental).

Examples: **Мой оте́ц ______. (инжене́р)**
Мой оте́ц — инжене́р.

Когда́ мы ______, обуче́ние у нас бы́ло беспла́тным. (студенты)
Когда́ мы бы́ли студе́нтами, обуче́ние у нас бы́ло беспла́тным.

1 Ещё в шко́ле я твёрдо зна́ла, что я обяза́тельно ______ и что я бу́ду рабо́тать в Росси́и. (журнали́ст)
2 С ра́ннего де́тства Мари́я хоте́ла ______. (врач)
3 Тру́дно сказа́ть, кто ______ Великобрита́нии че́рез де́сять лет. (премье́р-мини́стр)
4 В нача́ле про́шлого ве́ка Росто́в уже́ ______. (кру́пный го́род)
5 Познако́мься с мое́й подру́гой Та́ней: она́ ______ тре́тьего ку́рса филологи́ческого факульте́та. (студе́нтка)
6 Ма́ло кто зна́ет, что ______ знамени́того моско́вского универма́га ЦУМ ______ два шотла́ндца. (основа́тели)
7 В на́шей гру́ппе появи́лся но́вый студе́нт; говоря́т, его́ двою́родная сестра́ ______, кото́рая ча́сто снима́ется в кино́. (знамени́тая актри́са)
8 Наш профе́ссор ______ мно́гих нау́чных рабо́т, но, к сожале́нию, он совсе́м не уме́ет чита́ть ле́кции. (а́втор)
9 Е́сли бы ты согласи́лась вы́йти за меня́ за́муж, я ______ на све́те. (са́мый счастли́вый челове́к)
10 ______, одолжи́ мне пятьсо́т рубле́й на па́ру дней. (друг)

⇨ 14.1.1–14.1.3

Being: using быть and an adjective

203 Complete the following sentences, using the appropriate form of **быть** (which may be zero) and the adjective in brackets. The latter should be in the appropriate form (long form nominative, long form instrumental or short form).

(a) Present tense; imperative; infinitive:

Example: **Я не зна́ла, что вы ______ на тако́й посту́пок. (спосо́бный)**
Я не зна́ла, что вы спосо́бны на тако́й посту́пок.

1 Друзья́ мои́, в ва́ших рабо́тах о́чень мно́го ме́лких оши́бок; вам сле́дует ______ бо́лее ______. (внима́тельный)
2 ______, принеси́те мне стака́н воды́. (любе́зный)
3 Уважа́емые пассажи́ры, при схо́де с эскала́тора ______! (осторо́жный)
4 До́чка, ты ка́к-то бле́дно вы́глядишь. Ты не ______? (больно́й)
5 Э́та ю́бка мне ______: придётся сесть на дие́ту. (узкова́тый)
6 Мой брат о́чень ______ на меня́: у него́ во́лосы то́же ______. (похо́жий; ры́жий)
7 Не на́до ве́рить всему́, что он говори́т: он ______ преувели́чивать свои́ достиже́ния. (скло́нный)
8 Моя́ дорога́я, не ______ тако́й ______, не принима́й всерьёз э́ти комплиме́нты. (дове́рчивый)

(b) Past and future tenses:

Example: **Вчера́шняя ле́кция профе́ссора Петро́ва ______ о́чень ______. (интере́сный)**
Вчера́шняя ле́кция профе́ссора Петро́ва была́ о́чень интере́сной.

1 Он пыта́лся догна́ть ли́деров, но безуспе́шно: разры́в ______ сли́шком ______. (большо́й)
2 Они́ хоте́ли купи́ть э́ту карти́ну на аукцио́не, но, к сожале́нию, оконча́тельная цена́ ______ сли́шком ______. (высо́кий)
3 Три́дцать лет наза́д моё зре́ние ______, а слух ______. (о́стрый; чу́ткий)
4 Она́ загляну́ла на ку́хню; вода́ в ча́йнике ______ ещё ______. (тёплый)
5 Когда́ он прие́хал в столи́цу, он ______ о́чень ______ и ______. (на́ивный; любозна́тельный)
6 Че́рез де́сять лет компью́теры ______, но ______. (ма́ленький, мо́щный)
7 В мо́лодости я ______ дово́льно ______. (легкомы́сленный)
8 В январе́ я перейду́ на но́вую до́лжность: зарпла́та ______ бо́лее ______, а сама́ рабо́та ______ бо́лее ______. (высо́кий; интере́сный)

⇨ 14.1.4

Synonyms of быть

204 In the following sentences select the appropriate verb or verbs from the options given in brackets. Note that in some sentences more than one option is possible.

Example: **На стене́ (виси́т/лежи́т/стои́т) карти́на.**
На стене́ виси́т карти́на.

(a) location

1 На столе́ (располо́жена/стои́т) ла́мпа и (лежа́т/явля́ются) журна́лы.
2 Маши́на (лежи́т/стои́т) во дворе́.

3 Санкт-Петербу́рг (располо́жен/явля́ется) в де́льте Невы́.
4 Кошелёк (лежи́т/располо́жен) в карма́не пиджака́.
5 Се́рдце (нахо́дится/располо́жено/стои́т) в ле́вой ча́сти грудно́й кле́тки.
6 В за́лах дворца́ (висе́ли/ока́зывались) дороги́е ковры́.
7 Банди́ты должны́ (лежа́ть/сиде́ть/стоя́ть) в тюрьме́.
8 Кто же (лежи́т/нахо́дится/сиди́т) до́ма в таку́ю чуде́сную пого́ду!
9 Мой друг (сиди́т/лежи́т/располо́жен) в больни́це: у него́ воспале́ние лёгких.
10 Э́то предложе́ние не зако́нчено: тут (стои́т/сиди́т/лежи́т) запята́я, а не то́чка.

(b) link verb

1 Эдинбу́рг (располо́жен/стои́т/явля́ется) столи́цей Шотла́ндии.
2 Обы́чный ска́нер (представля́ет собо́й/являе́тся) прибо́р с прозра́чной платфо́рмой, подви́жным да́тчиком и кры́шкой.
3 Подво́дные ло́дки (стоя́т/явля́ются) ва́жным компоне́нтом стратеги́ческих вооруже́ний.
4 Се́рдце (нахо́дится/располо́жено/явля́ется) «мото́ром» на́шего органи́зма.
5 Комме́рческий успе́х э́того проду́кта (заключа́ется/нахо́дится) в его́ необы́чности.
6 На́ша беда́ (заключа́ется/нахо́дится) в том, что мы не зна́ем свою́ исто́рию.

(c) Other uses

1 Словари́ (быва́ют/нахо́дятся/стоя́т) ра́зные: переводны́е, толко́вые, этимологи́ческие.
2 По́сле гри́ппа ино́гда (быва́ют/стоя́т) осложне́ния.
3 Э́ти но́вые боти́нки, к сожале́нию, (быва́ли/оказа́лись) непро́чными.
4 Пе́рвыми на ме́сте происше́ствия ча́сто (ока́зываются/располо́жены) журнали́сты.
5 (Ока́зывается/явля́ется), на́ше те́ло на во́семьдесят проце́нтов состои́т из воды́.
6 (Быва́ет/ока́зывается), роди́тели лиша́ют свои́х дете́й насле́дства.
7 Во всей кварти́ре вдруг пога́с свет: (быва́ло/оказа́лось), сгоре́л предохрани́тель.
8 В студе́нческие го́ды мы, (быва́ло/ока́зывалось), спо́рили о литерату́ре до глубо́кой но́чи.

⇨ 14.1.5, 14.2.2

Use of станови́ться/стать

205 Complete the following sentences, with a phrase containing the verb **станови́ться/стать** and an appropriate noun or adjective.

Example: **Я реши́л изуча́ть исто́рию, потому́ что я хочу́** (become a historian).
Я реши́л изуча́ть исто́рию, потому́ что я хочу́ стать исто́риком.

1 Я беру́ уро́ки рисова́ния, потому́ что я хочу́ (become an artist).
2 Она поступи́ла на медици́нский факульте́т, так как хо́чет (be a doctor).
3 Не все те, кто поступа́ет на юриди́ческий факульте́т, (become lawyers).
4 Сейча́с э́та часть го́рода опа́сная и гря́зная, но в тече́ние двух-трёх лет она́ (will become clean and pleasant).
5 Некото́рые ребя́та прихо́дят в а́рмию сла́быми и ро́бкими, но к концу́ слу́жбы всегда́ (become strong and confident).
6 Из-за глоба́льного потепле́ния зи́мы у нас (have become warmer).

206 In the following sentences replace the verbs in *italics* with the appropriate form of **станови́ться/стать** and the related adjective selected from the list provided below.

Example: **От вре́мени кра́ски на ико́не *потемне́ли.***
От вре́мени кра́ски на ико́не ста́ли тёмными.

1 Без книг и обще́ния он *поглупе́л.*
2 Не́бо над горизо́нтом *порозове́ло*, и вско́ре взошло́ со́лнце.
3 В девяно́стые го́ды в Росси́и кто́-то *разбогате́л*, но о́чень мно́гие *обедне́ли.*
4 За э́ти го́ды она́ *поседе́ла*, но не потеря́ла обая́ния.
5 Ли́стья на дере́вьях *пожелте́ли* — ско́ро о́сень.
6 Без физи́ческих упражне́ний его́ мы́шцы *ослабе́ли*, а кровяно́е давле́ние *повы́силось.*

бе́дный богáтый высо́кий глу́пый жёлтый ро́зовый седо́й сла́бый тёмный

⇨ 14.1.6

Possession

207 * In the following sentences replace the possession constructions using the verb **име́ть** with equivalent constructions using the preposition **у** and the verb **быть**.

Example: **Они име́ют да́чу под Москво́й.**
У них есть да́ча под Москво́й.

1 Я име́ю пе́рвое изда́ние э́того словаря́.
2 Че́рез три го́да ты бу́дешь име́ть всё!
3 Он име́ет дипло́м юри́ста.
4 Она́ име́ет вы́сшее образова́ние.
5 Мы име́ем сы́на и дочь.
6 Они́ име́ют дом на берегу́ мо́ря.
7 Леони́д име́ет соба́ку.
8 Дми́трий име́ет семью́.
9 Баскетболи́сты име́ют высо́кий рост.
10 Лю́ди име́ют пра́во на труд.
11 Вы име́ете води́тельские права́?
12 Он име́ет ро́дственников за грани́цей.

208 Complete the following conversation extracts, using the prompts provided.

1 Расскажи́те немно́го о себе́ и о ва́шей семье́.
Say that you have dark hair and brown (ка́рий) *eyes. Go on to say that you have two children. Say that you also have a brother and two sisters.*

2 А где вы живёте?
Say that you used to have a small flat in the centre, but that now you have a big house on the outskirts (окра́ина) *of the town. Say that the house has five rooms, a kitchen, a bathroom and two toilets.*

3 Вы чита́ли после́днюю кни́гу Аку́нина?
Say that you have the book, but that you haven't had an opportunity to read it. Say that you will definitely read it as soon as (как то́лько) *you have some free time.*

4 Что вы плани́руете де́лать по́сле оконча́ния университе́та?
Say that you don't know, but that you do have some plans. Say that if you have the opportunity, you would like to work in Russia, because Russian culture is very important to you [has great significance for you].

➪ 14.3.1

209 Match up the following questions with the answers given below.

1 У кого́ мой слова́рь?
2 У вас есть разреше́ние на фотосъёмку?
3 Что он име́ет?
4 Чем он владе́ет?
5 Чем он облада́ет?
6 А как она́ владе́ет компью́терными програ́ммами?

А́кциями предприя́тия	Отли́чно
Есть	Тала́нтом руководи́теля
Маши́ну и да́чу	У А́нны

210 In the following sentences select the appropriate verb from the alternatives given in brackets.

1 Она́ (владе́ет/име́ет) четырьмя́ языка́ми.
2 Она́ (име́ет/облада́ет) прекра́сным го́лосом.
3 Он (владе́ет/име́ет) контро́льным паке́том а́кций.
4 Они́ (владе́ют/облада́ют) пра́вом телевизио́нной трансля́ции ма́тчей.
5 У нас (есть/име́ем) ро́дственники в Кана́де.
6 А у вас (владе́ете/есть) биле́т на э́тот конце́рт?
7 Э́тот актёр (владе́ет/име́ет) трёх «О́скаров».
8 Мы (есть/име́ем) небольшо́й уча́сток земли́ недалеко́ от го́рода.

➪ 14.3

15
Negation

Simple negation

211 * Form full sentences which provide negative answers to the following questions.

Example: **Вы зна́ете мою́ сестру́?**
Я не зна́ю ва́шу сестру́.

1 Вы чита́ли сего́дняшнюю газе́ту?
2 Вы бу́дете звони́ть домо́й сего́дня ве́чером?
3 Я тебе́ показа́ла своё но́вое пла́тье?
4 Ты уже́ сдал после́дний экза́мен?
5 Э́ти табле́тки ему́ помогли́?
6 Скажи́те, э́то после́дний авто́бус?
7 Они́ знако́мы с его́ подру́гой?

➪ 15.1.1

Negation of sentences indicating existence, presence, location and possession

212 * Form full sentences which provide negative answers to the following questions.

(a)

Examples: **У вас есть ру́чка?**
У меня́ нет ру́чки.

Вчера́ была́ консульта́ция?
Вчера́ не́ было консульта́ции.

1 У вас есть биле́т?
2 У вас в акаде́мии есть общежи́тие?
3 У вас есть ста́рший брат?
4 У вас есть кра́сное вино́?
5 У вас есть большо́й ру́сско-англи́йский слова́рь?
6 У вас есть сёстры?
7 У вас есть вопро́сы?
8 У вас есть све́жие газе́ты?
9 У вас есть зи́мние боти́нки?
10 У вас есть постоя́нные клие́нты?

11 Вчера́ была́ ле́кция?
12 Во вто́рник была́ репети́ция?
13 В понеде́льник был тест?

14 В суббо́ту был матч?
15 В сре́ду бы́ло собра́ние?
16 В воскресе́нье бы́ли заня́тия?

17 За́втра бу́дет футбо́л?
18 Послеза́втра бу́дет экску́рсия?
19 В понеде́льник бу́дет конце́рт?
20 В сре́ду бу́дет дискоте́ка?
21 В четве́рг бу́дет дождь?
22 В воскресе́нье бу́дут вы́боры?

(b)

Example: **В ка́ссе бы́ли биле́ты?**
В ка́ссе не́ было биле́тов/ биле́тов не́ было.

1 Есть горя́чая вода́?
2 Ми́ша до́ма?
3 А у́тром он был до́ма?
4 А за́втра она́ бу́дет до́ма?
5 Ты был вчера́ на ле́кции?
6 Здесь быва́ют си́льные моро́зы?
7 Ваш нача́льник быва́ет в о́фисе по четверга́м?
8 Оста́лись ли в за́ле свобо́дные места́?
9 Произошли́ ли суще́ственные переме́ны в приорите́тах вне́шней поли́тики?
10 Существу́ют ли просты́е пра́вила употребле́ния ви́дов глаго́ла в ру́сском языке́?

➪ 15.1.2

Negative pronouns and adverbs

213 Complete the following sentences with the appropriate negative forms, using the prompts given in brackets.

Example: **Я ______ чита́ю ру́сских книг в перево́де. (never)**
Я никогда́ не чита́ю ру́сских книг в перево́де.

1 Я наде́юсь, мы ______ забы́ли. (nothing)
2 Уверя́ю тебя́, я ______ обсужда́л твои́ пробле́мы. (with no-one)
3 Я сде́лаю исключе́ние то́лько для тебя́, и бо́льше ______. (for no-one)
4 Почему́ ты така́я эгои́стка? Почему́ ты ______ ду́маешь? (about no-one)
5 Прошу́ вас ______ дава́ть мой а́дрес. (to no-one)
6 ______ зна́ет, куда́ она́ ушла́. (no-one)
7 Я сего́дня весь день сиде́л до́ма и ______ выходи́л. (nowhere)
8 Она́ ______ ______ де́лает беспла́тно. (never; nothing)
9 Престу́пники ______ оста́вили следо́в. (nowhere)
10 Он ______ удиви́лся, когда́ мы спроси́ли его́ об э́том. (not in the slightest)
11 Мы ______ могли́ поня́ть, как включа́ется кондиционе́р в на́шем но́мере. (in no way)
12 Ты сказа́ла, что в шкафу́ пау́к, — ______ паука́ я тут не ви́жу. (not any)
13 ______ де́нег я от вас не возьму́ — счита́йте, что э́то мой пода́рок. (not any)

➪ 15.3.1–15.3.4

214 Write full sentences giving negative answers to the following questions.

(a)

Example: **Когда́ он бро́сит кури́ть?**
Он никогда́ не бро́сит кури́ть.

1 Как они́ бо́рются с корру́пцией?
2 Где мо́жно научи́ться чита́ть чужи́е мы́сли?
3 Куда́ они́ хо́дят в выходны́е дни?
4 Отку́да они́ ждут пи́сем?
5 Каки́е у нас оста́лись проду́кты в холоди́льнике?
6 Что у тебя́ в руке́?
7 Что нам мо́жет помеша́ть?
8 Кто оста́лся в авто́бусе?
9 Каки́ми словаря́ми вы по́льзовались?
10 Чей э́тот журна́л?
11 Кем он хо́чет стать?
12 Кто мо́жет его́ обыгра́ть?
13 Кого́ вы пригласи́ли?
14 Что вы сего́дня е́ли?

(b)

Example: **С кем он обща́ется?**
Он ни с ке́м не обща́ется.

1 От кого́ она́ зави́сит?
2 К чему́ на́до присоединя́ть э́тот ка́бель?
3 На что ты рассчи́тываешь?
4 О чём ты мечта́ешь?
5 За кого́ вы голосова́ли?
6 С како́й про́сьбой вы к ней обраща́лись?
7 Над чем она́ сейча́с рабо́тает?
8 На каку́ю награ́ду он претенду́ет?
9 На ком лежи́т отве́тственность за э́то?
10 О како́м сотру́дничестве тут мо́жно говори́ть?

➪ 15.3.1–15.3.4

Negatives of the не́чего, не́когда type

215 ⁑ In the following short dialogues fill in the gaps with appropriate negative pronouns or adverbs selected from the list provided.

Example: — **Где мо́жно посиде́ть за ча́шкой ко́фе?**
— **Здесь ______ посиде́ть за ча́шкой ко́фе.**
— **Здесь не́где посиде́ть за ча́шкой ко́фе.**

1 — Ты игра́ешь тут с ке́м-нибудь в ша́хматы?
— Мне тут ______ игра́ть в ша́хматы.
2 — Вы е́дете куда́-нибудь ле́том?
— Нам ______ е́хать: да́чи нет, а к мо́рю до́рого.

3 — Он обсуждáет с ней чтó-нибудь пóсле развóда?
— Им ______ обсуждáть, всё решúл суд.
4 — Ты кóму-нибудь передáл свою́ коллéкцию мáрок?
— Мне ______ передáть коллéкцию: сейчáс никтó не интересу́ется мáрками.
5 — Ты éдешь в командирóвку? А с кем ты остáвишь собáку?
— Э́то проблéма — мне ______ её остáвить.
6 — А когó ты попрóсишь поливáть цветы́?
— Бóже мой! Действи́тельно, ______ попроси́ть!
7 — К кому́ здесь мóжно обрати́ться за информáцией?
— Здесь ______ обращáться, надо идти́ в глáвный терминáл.
8 — Почему́ ты не разговáриваешь с коллéгами?
— Я зáнят дéлом, мне ______ разговáривать.
9 — Мне ну́жен партнёр для тáнго. А из когó тут мóжно выбирáть?
— По большóму счёту, выбирáть здесь ______.
10 — Ты знáешь, как тудá éхать? Мóжет быть, включи́ть навигáцию?
— ______ включáть навигáцию — я и так знáю дорóгу.

нéзачем   нé из кого   нé к кому   нéкогда   нéкого   нéкому   нéкуда
нé с кем (×2)   нéчего

➪ 15.5; 5.1.1

16
Expressing attitudes

Expressing likes and loves

216 Complete the following sentences by selecting the appropriate word or phrase from the list below and putting it in the correct form.

1 Мы бы́ли ______ от его́ но́вой пе́сни.
2 В про́шлом году́ она́ ______ в на́шего систе́много администра́тора, а сейча́с она́ уже́ ме́сяц ______ в но́вого веб-диза́йнера.
3 Всем изве́стно, что она́ ______ изве́стного олига́рха.
4 Он ______ свою́ жену́: ка́ждую неде́лю да́рит ей цветы́.
5 Мно́гие ______ встреча́ются весно́й у э́того фонта́на.
6 Мои́ сни́мки публику́ются в журна́лах, но я занима́юсь фотогра́фией то́лько в свобо́дное вре́мя, поэ́тому мо́жно сказа́ть, что я ______.
7 Моя́ сестра́ — больша́я ______ ко́шек.

в восто́рге влюби́ться влюблён влюблённый люби́тель люби́тельница любо́вница обожа́ть

⇨ 16.2.2

Indicating different levels of approval

217 The following dialogues contain statements indicating different levels of approval. Rank the words and phrases in *italics* according to the following scale: (1) excellent; (2) reasonably good; (3) OK, acceptable; (4) below average, not so good; (5) very bad.

1 — Ты смотре́ла премье́ру «Лебеди́ного о́зера»? Как танцева́ла Н.?
— Я получи́ла большо́е удово́льствие. Н. танцева́ла *великоле́пно*. Дирижёр был совсе́м молодо́й, но дирижи́ровал *непло́хо*. Костю́мы и декора́ции бы́ли *вы́ше вся́ких похва́л*.

2 — Как твои́ де́ти? Как расту́т? Как у́чатся?
— Расту́т бы́стро, но с учёбой *не о́чень*. Дочь у́чится *норма́льно*, но без жела́ния, а сын у́чится *та́к себе*. Но он *здо́рово* игра́ет в баскетбо́л.

3 — Об э́том фи́льме сто́лько говоря́т! А како́е твоё мне́ние?
— Актёры со́браны *превосхо́дные*, но сцена́рий — про́сто *бред соба́чий*! В о́бщем, фильм — *та́к себе*.

4 — Что ты ска́жешь о моём сочине́нии? Я до́лжен сдать его́ за́втра.
— Че́стно говоря́, сочине́ние *не ахти́ како́е*. Те́ма не раскры́та, да и стиль *не о́чень*.

5 — Ско́ро у нас на факульте́те ко́нкурс плака́тов. Вот мой, — тебе́ нра́вится?
— Плака́т — *что на́до*! Иде́я *отли́чная*, и гра́фика *неплоха́я*.

6 — Ты чита́ла её после́дний расска́з?
— По-мо́ему, *ерунда́* кака́я–то. *Не выде́рживает никако́й кри́тики*.

218 Complete the following dialogues by selecting the appropriate expression of approval or disapproval from the options given in brackets.

1 — Что ты ска́жешь о моём но́вом пла́тье? Я сама́ его сши́ла.
— Сама́? Я в по́лном восто́рге! (Вы́ше вся́ких похва́л! Годи́тся; Не выде́рживает никако́й кри́тики! Непло́хо).

2 — Говоря́т, вы провели́ неде́лю на о́строве в пала́тке? Понра́вилось?
— Жаль, что тебя́ не́ было с на́ми! Отдохну́ли по по́лной програ́мме: купа́лись, загора́ли, сиде́ли у костра́. (Лу́чше не быва́ет! Прие́млемо; Ужа́сно).

3 — Я слы́шала, ты игра́ешь в люби́тельском теа́тре? Ка́жется, у вас неда́вно был спекта́кль?
— Я бо́льше не бу́ду игра́ть! Во-пе́рвых, я забы́л слова́. Во-вторы́х, во вре́мя спекта́кля пога́с свет. Коро́че, всё бы́ло (норма́льно; отли́чно; ужа́сно)!

4 — Вы проси́ли каку́ю-нибудь фотогра́фию к те́ксту. Я нашла́ то́лько одну́, вот э́ту.
— Жаль, что она́ не цветна́я. Но в при́нципе, (вы́ше вся́ких похва́л; годи́тся; ерунда́). Мо́жно публикова́ть.

5 — Вот что рекоменду́ет коми́ссия: сократи́ть коли́чество уче́бных часо́в, объедини́ть студе́нтов в бо́лее кру́пные гру́ппы, преподава́ть в фо́рме видеоконфере́нций. Что вы ду́маете по э́тому по́воду?
— Тако́е могли́ приду́мать то́лько бюрokра́ты, кото́рые са́ми никогда́ не преподава́ли. (Бред соба́чий! Лу́чше не быва́ет! Прие́млемо).

6 — Ты ча́сто хо́дишь в кафе́ напро́тив. Тебе́ там нра́вится?
— Э́то, коне́чно, не пе́рвый класс. Но, во-пе́рвых, бли́зко, а во-вторы́х недо́рого. Еда́ (превосхо́дная; сно́сная; ужа́сная).

7 — Как ты ду́маешь, мо́жно оставля́ть ко́мнату в тако́м ви́де? Мо́жет быть, сто́ит прибра́ться?
— Ничего́, (отли́чно; сойдёт; ужа́сно). В конце́ концо́в, мы заплати́ли де́ньги.

➪ 16.2.4

Expressing likes, dislikes, wishes and desires

219 In the following sentences replace the constructions that use **люби́ть** or **хоте́ть** with equivalent constructions that use **нра́виться** or **хоте́ться** respectively.

Example: **Мы уже́ хоти́м спать.**
Нам уже́ хо́чется спать.

1 Молоды́е лю́ди лю́бят путеше́ствовать автосто́пом.
2 Но́вый преподава́тель лю́бит ходи́ть по кла́ссу.
3 Ната́ша хо́чет моро́женого.
4 Мой жени́х хо́чет перее́хать в друго́й го́род.

5 Мы хоти́м поговори́ть о литерату́ре.
6 В свобо́дное вре́мя моя́ жена́ лю́бит чита́ть рома́ны, а я люблю́ пить пи́во с друзья́ми.
7 Мои́ друзья́ лю́бят ходи́ть в теа́тр.
8 Моя́ сосе́дка све́рху хо́чет разводи́ть ро́зы.
9 Ма́ма лю́бит телесериа́лы, а оте́ц лю́бит смотре́ть футбо́л.

220 Complete the following text, using the appropriate forms of **люби́ть**, **нра́виться**, **хоте́ть** or **хоте́ться**.

Брита́нские студе́нты в Москве́

До́брый день.

Меня́ зову́т Ро́берт, э́то Па́трик, а э́то Джоа́нна. Мы — брита́нские студе́нты. Мы изуча́ем ру́сский язы́к в Москве́ уже́ полго́да. Мы живём в общежи́тии. На на́шем этаже́ живу́т то́лько иностра́нцы, но Джоа́нне э́то не ______, потому́ что ей ______ бо́льше обща́ться с росси́йскими студе́нтами.

Я ______ спорт, мне о́чень ______ пла́вать и игра́ть в бадминто́н. Общежи́тие дово́льно далеко́ от университе́та, но нам ______ ходи́ть на заня́тия пешко́м. У нас уже́ мно́го ру́сских друзе́й: мы хо́дим вме́сте в теа́тр, на конце́рты, на дискоте́ки. Па́трик ______ одну́ ру́сскую де́вушку. Её зову́т Та́ня. И ка́жется, он ей то́же ______. Он ______ пригласи́ть её в А́нглию.

Мы ______ Москву́, и тепе́рь нам ______ узна́ть её полу́чше.

➪ 16.2.1, 16.3.1, 16.3.2

Expressing attitudes and opinions

221 Complete the following dialogues using words and phrases selected from the lists below.

1 — Ты ______ ходи́ть в теа́тр?
— Да, но вообще́-то я ______ кино́ теа́тру.
— А каки́е фи́льмы тебе́ бо́льше всего́ по ______?
— Мне осо́бенно ______ ру́сские фи́льмы, но то́лько с субти́трами.
— А каки́е фи́льмы ты не ______?
— ______ не могу́ мю́зиклы. Э́тот жанр я ______ смотре́ть в теа́тре.
— А америка́нские фи́льмы?
— ______ каки́е. На днях смотре́ла трёхме́рный боеви́к. Эффе́кты интере́сные, а сам фильм ______.

душа́	люби́ть (×2)	нра́виться	предпочита́ть (×2)	смотря́	та́к себе	терпе́ть

2 — Пётр Леони́дович предлага́ет провести́ семина́р в суббо́ту у него́ на да́че.
— ______! Как замеча́тельная иде́я!
— А на чём пое́дем — на авто́бусе и́ли на электри́чке?
— Не зна́ю, мне ______. А ты как ______?
— ______, лу́чше на электри́чке — электри́чки хо́дят ка́ждый час, да и пробле́м с биле́тами не быва́ет.
— ______, я не ______. То́лько где встре́тимся, и во ско́лько?

— Скáжем, в вóсемь часóв на стáнции «Октя́брьская», э́то тебя́ устрáивает?
— ______. Знáчит, ______. До суббóты.

возражáть всё равнó договори́ться ду́мать здóрово конéчно лáдно по-мóему

16.2, 16.3, 16.4, 16.5.3

Expressing recommendations or wishes using **бы**

222 Rewrite the following sentences using an infinitive and the particle **бы**.

Example: **Ты должнá отдохну́ть как слéдует.**
Тебé бы отдохну́ть как слéдует!

1 Нам ну́жно ещё две недéли.
2 Он дóлжен найти́ хорóшего трéнера.
3 Вы должны́ проконсульти́роваться с адвокáтом.
4 Я хочу́ побы́ть день-два в тишинé.
5 Вы должны́ полечи́ться в санатóрии.
6 Мы должны́ найти́ надёжного спóнсора.
7 Сюдá ну́жно постáвить кондиционéр.
8 Ей ну́жно смени́ть причёску.

16.3.3; 18.4

Expressing opinions, agreement and consent

223 Complete the following sentences with the appropriate word or phrase selected from the list below.

1 Нам кáжется, в э́том докумéнте не хватáет одногó вáжного пу́нкта. А вы __________?
2 Я полагáю, у нас достáточно ресу́рсов, чтóбы реши́ть э́ту проблéму. Вам __________?
3 По егó мнéнию, мы должны́ продáть дáчу. А ты __________?
4 По вáшему мнéнию, ну́жно взять креди́т в бáнке? Мы тóже так сначáла ду́мали, но сейчáс мы __________.
5 На мой взгляд, нáдо подождáть нéсколько мéсяцев. А __________, что мы должны́ дéлать?
6 Онá ду́мает, что на нóвом мéсте проблéм не бу́дет. Нам __________.

как ду́маете? по-твóему так не считáем
как считáешь? так не кáжется тóже так кáжется?

16.4.1

The use of по-мо́ему etc. to express an opinion

224 Complete the following sentences by inserting the appropriate word or phrase selected from the options given after each group of sentences.

Example: **______, он не прав.**
______ мне́нию, он не прав.
(по-мо́ему, по моему́)
По-мо́ему, он не прав.
По моему́ мне́нию, он не прав.

1 __________ пла́ну здесь до́лжен быть фонта́н?
2 Как __________, э́тот прое́кт мо́жет претендова́ть на грант?

по-ва́шему по ва́шему

3 __________ ло́гике, что́бы не заболе́ть гри́ппом, на́до ходи́ть в противога́зе!
4 __________ сове́ту я сде́лала приви́вку от гри́ппа в на́шей поликли́нике.
5 __________, я преувели́чиваю опа́сность?

по-тво́ему по твоему́ по твое́й

6 __________ мне́нию, рабо́ту в шко́ле на́до приравня́ть к слу́жбе в а́рмии.
7 __________, ученики́ сейча́с сли́шком мно́го себе́ позволя́ют.

по-мо́ему по моему́

⇨ 16.4.1

225 Match the requests (1–7) with the replies ((a)–(g)).

1 Ми́ша хо́чет взять твой велосипе́д.
2 Сосе́дский ма́льчик спра́шивает, може́т ли он погуля́ть с на́шей соба́кой.
3 У меня́ тако́е предложе́ние: я бу́ду мыть полы́, а ты посу́ду.
4 И́горь написа́л расска́з и хо́чет посла́ть его́ в журна́л. Я зна́ю, что ты о́чень занята́, но мо́жет быть, посмо́тришь, что он сочини́л?
5 Па́па, мо́жно мы опя́ть пое́дем на дискоте́ку на твое́й маши́не. Пожа́луйста!
6 Мы предложи́ли им совме́стный прое́кт.
7 Сейча́с мы с Кристи́ной бу́дем чита́ть вслух. Но ты на нас не обраща́й внима́ния.

(a) Я не про́тив, то́лько пусть ведёт её на поводке́.
(b) О́ни поду́мали и согласи́лись.
(c) Так и быть. Но э́то в после́дний раз!
(d) Договори́лись! А в магази́н бу́дем ходи́ть по о́череди.
(e) Хорошо́, я прочита́ю его́ в воскресе́нье.
(f) Пусть берёт, я не возража́ю.
(g) Ла́дно. То́лько не о́чень гро́мко.

⇨ 16.4.2

Indicating disagreement

226 Complete the following by selecting from the list provided below the form of disagreement that corresponds to the content and style of the statement in question.

1 Уважа́емый господи́н мэр,
В связи́ с Ва́шим реше́нием повы́сить тари́ф на вы́воз му́сора мы заявля́ем: все жильцы́ на́шего до́ма __________ тако́го реше́ния.

2 Уважа́емая реда́кция,
В суббо́тнем вы́пуске ва́шей газе́ты врачи́ на́шей больни́цы обвиня́ются в невнима́нии к пацие́нтам. Мы __________ с э́тими обвине́ниями!

3 — Профе́ссор, э́то пра́вда, что благодаря́ ва́шему откры́тию ско́ро исче́знут очки́ и конта́ктные ли́нзы?
— К сожале́нию, __________.

4 — Ни́на сказа́ла, что ты опя́ть кури́л о́коло шко́лы.
— __________! Нина врёт! Ма́ма, ты же зна́ешь, что я не курю́.

5 Кто́-то разби́л стекло́ на ле́стничной кле́тке. Сосе́дка уверена́, что опла́чивать ремо́нт должны́ мы. __________!

как бы не так   категори́чески не согла́сны   ничего́ подо́бного
реши́тельно про́тив   э́то не совсе́м так

➪ 16.4.3

Expressing certainty and probability

227 In the following dialogues replace the words or phrases in *italics* with an equivalent expression selected from the alternatives given below.

Example: — **Скажи́те, е́сли мой рейс отме́нят, я смогу́ улете́ть други́м ре́йсом?**
— ***Разуме́ется.***

должно́ быть   коне́чно

— **Скажи́те, е́сли э́тот рейс отме́нят, я смогу́ улете́ть други́м ре́йсом?**
— **Коне́чно.**

1 — До́ктор, а по́сле опера́ции я смогу́ ходи́ть?
— *Несомне́нно.*

безусло́вно   вероя́тно

2 — При поса́дке в по́езд на́до пока́зывать па́спорт?
— *Коне́чно!*

наве́рно   обяза́тельно

3 — Ты то́чно зна́ешь, что э́то следы́ медве́дя?
— *Наверняка́.*

конéчно скорéе всегó

4 — Э́то пра́вда, что он лу́чший психиа́тр в го́роде?
— *Безусло́вно.*

вне вся́кого сомне́ния пожа́луй

5 — Как по-тво́ему, «Спарта́к» вы́играет сего́дня?
— *Наве́рно.*

наверня́ка скоре́е всего́

6 — Кака́я за́втра бу́дет пого́да?
— *По всем приме́там*, со́лнечная.

безусло́вно по всей ви́димости

7 — Он весь день не отвеча́ет на звонки́. Наве́рное, он в командиро́вке.
— *По всей ви́димости.*

похо́же на то разуме́ется

8 — Кафе́ в на́шем до́ме почему́-то закры́ли.
— *По-ви́димому*, на ремо́нт.

желе́зно скоре́е всего́

➪ 16.5.1

Expressing uncertainty and doubt

228

Complete the following dialogues by inserting a word or phrase that corresponds to the English prompt.

1 — Неуже́ли после́дний авто́бус уже́ ушёл?
— (It's unlikely), в бу́дни авто́бусы хо́дят до ча́су но́чи.

2 — Он и у себя́ до́ма тако́й же молчали́вый, как на рабо́те?
— (Perhaps), хотя́, скоре́е всего́, он про́сто стесни́тельный.

3 — Возмо́жно, они ста́нут тре́бовать компенса́цию.
— (It's improbable). Ведь това́р потеря́лся на их террито́рии.

4 — Я где́-то чита́л, что, вро́де бы, с пе́рвого января́ отме́нят обяза́тельную регистра́цию иностра́нцев в РФ.
— (I doubt), что э́то произойдёт при ны́нешнем президе́нте.

5 — Мо́жет быть, вы прие́дете в Петербу́рг на конгре́сс?
— (It's difficult to say). Но э́то не исключено́.

6 — Как ты ду́маешь, он согласи́тся стать мои́м нау́чным руководи́телем?
— (It's impossible to say with certainty). Он сейча́с сли́шком за́нят администрати́вными дела́ми.

Useful vocabulary:

стесни́тельный shy

16.5.2

'It depends'

229 Answer the following questions, using the appropriate expression selected from the list provided.

1 — Вы не хоти́те пое́хать в командиро́вку на неде́льку?
— __________.

2 — Вы не согласи́лись бы дать мое́й до́чери не́сколько уро́ков за не́которую су́мму?
— __________.

3 — Вы ча́сто слу́шаете до́ма класси́ческую му́зыку?
— __________.

4 — Ско́лько моро́женого вы продаёте за оди́н день?
— __________.

5 — Как ты ду́маешь, его́ при́мут в университе́т?
— __________.

6 — Ты врач. Скажи́, а тебе́ прихо́дится де́лать опера́ции во вре́мя ночно́го дежу́рства?
— __________.

быва́ет по-ра́зному   зави́сит от сезо́на   смотря́ в како́й   смотря́ за каку́ю   смотря́ куда́   смотря́ по настрое́нию

16.5.3

17
Asking questions

Asking yes/no questions

230 ⋆ There are two ways of asking a general yes/no question in Russian: pattern (a), where the intonation is raised on the stressed syllable of the relevant word, and pattern (b), in which the interrogative particle **ли** is used. Rewrite the following questions so that they conform to pattern (a), indicating the syllable that bears the raised intonation.

Example: **Говори́те ли вы по-францу́зски?**
Вы гово*ри́*те по-францу́зски?

1 Чита́ете ли вы детекти́вы?
2 По́льзуешься ли ты интерне́том?
3 Во́дит ли она́ маши́ну?
4 Хорошо́ ли вы зна́ете Москву́?
5 Получи́ла ли она́ моё письмо́?

231 ⋆ Rewrite the following questions so that they conform to pattern (b).

Example: **Вы *еди́те* рыбу?**
Еди́те ли вы ры́бу?

1 Ты **пьёшь** тёмное пи́во?
2 Она **зако́нчила** рабо́ту?
3 **Могу́** я прове́рить по́чту на ва́шем компью́тере?
4 Они́ **получа́ют** на́ши сообще́ния?
5 Э́то **его́** телефо́н?
6 Он **прие́хал** из Москвы́?
7 Он прие́хал из **Москвы́**?
8 Вы **давно́** из Москвы́?
9 Ты **пра́вильно** всё де́лаешь?
10 Он **ушёл** домо́й?
11 Он пошёл **домо́й**?
12 **Здесь** продаю́тся ма́рки?
13 Здесь **продаю́тся** ма́рки?
14 **Не хоти́те** ча́шку ко́фе?
15 Вы **не подска́жете**, где кабине́т ре́ктора?

232 Formulate yes/no questions appropriate for eliciting the following information, (i) using pattern (a), and (ii) using pattern (b).

Example: *Whether she will participate in this conference.*
(i) **Она́ бу́дет уча́ствовать в э́той конфе́ренции?**
(ii) **Бу́дет ли она́ уча́ствовать в э́той конфере́нции?**

1 *Whether this place is free.*
2 *Whether you have ordered* [**сде́лать зака́з**] *yet.*
3 *Whether you have read today's newspaper.*
4 *Whether you have a Russian–English dictionary.*
5 *Whether your parents have already arrived in Moscow.*
6 *Whether it was Domodedovo that they flew into* [**прилете́ть**].
7 *Whether their plane arrived on time.*
8 *Whether she always wears jeans.*
9 *Whether by any chance* [**случа́йно**] *you know where the Avrora Hotel is.*
10 *Whether you have any objections if I open the window.*

➪ 17.1

Negative loaded questions

233 Rewrite the following sentences in the form of a negative question.

Example: **Мо́жет быть, нам купи́ть буты́лку ви́ски?**
Не купи́ть ли нам буты́лку ви́ски?

1 Мо́жет быть, тебе́ пое́хать на мо́ре?
2 Мо́жет быть, вам завести́ ма́ленькую соба́чку?
3 Мо́жет быть, вы сыгра́ете с Ива́ном в ша́хматы?
4 А что е́сли пригласи́ть Джо́на и Мари́?
5 А что е́сли мы сде́лаем ей сюрпри́з?
6 А что е́сли мы все пойдём в рестора́н?

➪ 17.2.1

Asking questions using question words

234 Create questions that relate to the following statements using the prompts provided in brackets.

Example: **Роди́тели подари́ли ей кварти́ру.**
(кто; кому́)
Кто подари́л ей кварти́ру?
Кому́ роди́тели подари́ли кварти́ру?

1 За́втра мы бу́дем переводи́ть э́ту статью́ в кла́ссе.
(что; что де́лать; где; когда́)

2 В суббо́ту Мари́на идёт в теа́тр с друзья́ми.
(куда́; когда́; кто; с кем)

3 Он купи́л жене́ кольцо́ с бриллиа́нтом за де́сять ты́сяч до́лларов.
(кому́; за ско́лько; что)

4 Они́ сажа́ют бе́лые ро́зы в саду́.
(что де́лают; где; каки́е)

5 Она́ в одино́чку пересекла́ Ти́хий океа́н.
(как; како́й)

6 Они́ получи́ли пра́вильный результа́т с по́мощью э́той фо́рмулы.
(что сде́лали; каки́м о́бразом)

7 Их ребёнок бу́дет свобо́дно говори́ть по-англи́йски че́рез два го́да.
(как; че́рез како́е вре́мя; чей)

8 До нача́ла фестива́ля оста́лось два́дцать дней.
(ско́лько дней; до нача́ла чего́)

9 Он был уве́рен в отве́те на сто проце́нтов.
(наско́лько; в чём)

235 Complete the following by inserting the missing question word.

Example: **Ма́ша верну́лась *с рабо́ты.***
______ верну́лась Ма́ша?
Отку́да верну́лась Ма́ша?

(a)

1 Кто-то звони́т в дверь: э́то *Ма́ша* верну́лась с рабо́ты.
______ верну́лся с рабо́ты?

2 Я познако́милась *с её бра́том.*
______ ты познако́милась?

3 А я познако́милась с *его́* бра́том.
______ бра́том ты познако́милась?

4 К ним прие́хали *го́сти* из Гру́зии.
______ к ним прие́хал?

5 К ним прие́хали го́сти *из Гру́зии.*
______ к ним прие́хали го́сти?

6 *На́шему ше́фу* испо́лнилось шестьдеся́т лет.
______ испо́лнилось шестьдеся́т лет?

7 На́шему ше́фу испо́лнилось *шестьдеся́т лет.*
______ лет испо́лнилось ва́шему ше́фу?

8 *У ми́стера Джо́нсона* укра́ли телефо́н.
______ укра́ли телефо́н?

9 У ми́стера Джо́нсона укра́ли *телефо́н.*
______ укра́ли у ми́стера Джо́нсона?

10 Я откры́л окно́, *что́бы прове́трить ко́мнату.*
______ ты откры́л окно́?

11 На́шу соба́ку зову́т *Дружо́к.*
______ зову́т ва́шу соба́ку?

зачéм как кому́ кто (×2) отку́да с кем ско́лько с чьим у кого́ что

(b)

1 Он преподаёт ру́сский язы́к *в университе́те.*
______ он преподаёт ру́сский язы́к?

2 Он преподаёт *ру́сский язы́к* уже́ два́дцать лет.
______ он преподаёт?

3 Он преподаёт *ру́сский* язы́к уже́ два́дцать лет.
______ язы́к он преподаёт?

4 Он преподаёт ру́сский язы́к *уже́ два́дцать лет.*
______ до́лго он преподаёт ру́сский язы́к?

5 Он преподаёт ру́сский язы́к *иностра́нным студе́нтам.*
______ он преподаёт ру́сский язы́к?

6 *Ива́на* нет до́ма, он игра́ет в футбо́л с прия́телями.
______ нет до́ма?

7 Ива́на нет, он *игра́ет в футбо́л* в па́рке.
______ де́лает Ива́н в па́рке?

8 Ива́на нет, он игра́ет в футбо́л *в па́рке.*
______ Ива́н игра́ет в футбо́л?

9 Ива́на нет, он игра́ет в футбо́л *с прия́телями.*
______ Ива́н игра́ет в футбо́л?

10 Ива́на нет, он игра́ет с прия́телями *в футбо́л.*
______ Ива́н игра́ет с прия́телями?

11 *У них слома́лась маши́на*, и по́этому они́ не смогли́ прие́хать.
______ они́ не смогли́ прие́хать?

12 Наша́ фи́рма называ́ется *«Ра́дуга».*
______ называ́ется ва́ша фи́рма?

где (×2) как (×2) како́й кого́ кому́ почему́ с кем что (×2) во что

236

Complete the following questions with a question word chosen from the list below in the appropriate form.

1 Сажи́те пожа́луйста, ______ час?
2 В ______ го́роде ты роди́лся?
3 ______ лет на́до у вас учи́ться, что́бы получи́ть дипло́м?
4 ______ называ́ется э́то блю́до?
5 ______ ты купи́л э́ту ку́ртку, в Ло́ндоне?
6 Извини́, ______ ты сейча́с сказа́ла?
7 О ______ вы бу́дете говори́ть сего́дня в свое́й ле́кции?
8 Э́то ______ за ерунда́ така́я? Не на́до говори́ть таки́е ве́щи.
9 ______ э́та же́нщина в чёрном пла́тье?
10 С ______ ты сейча́с разгова́ривал? Я э́того челове́ка вро́де бы зна́ю, но не по́мню его́ фами́лию.
11 Скажи́, ______ зову́т того́ челове́ка, с кото́рым ты сейча́с разгова́ривал?
12 ______ ты зна́ешь об э́том? Я ведь никому́ не расска́зывал.

13 Скажи́, ______ ты сейча́с идёшь? И ______ так спеши́шь?
14 Не о́чень понима́ю: ______ ты поступи́л в университе́т? ______ по́льза от э́того, е́сли всё равно не собира́ешься рабо́тать?
15 ______ вы уже́ посла́ли приглаше́ния? Ива́ну Петро́вичу то́же?

где зачéм как (×2) какóй (×2) котóрый кто (×3) кудá откýда почемý скóлько что (×3)

237 Match the questions in the right-hand column to the answers on the left.

(a)

1	Я передала́ запи́ску ему́.	(a)	Кто сего́дня игра́ет?
2	Я посла́л СМС Лёве.	(b)	Кому́ ты передала́ запи́ску?
3	«Арсена́л» и «Ливерпу́ль».	(c)	Что ты ему́ передала́?
4	Я передала́ ему́ запи́ску.	(d)	Что ты написа́л Лёве?
5	Вече́рним.	(e)	Кому́ ты посла́л СМС?
6	Я написа́л Лёве письмо́.	(f)	Каки́м по́ездом ты верну́лась?
7	Она́.	(g)	Кто взял мой слова́рь?

(b)

1	Серге́ю.	(a)	Что вы ему́ подари́ли?
2	Тёплый шарф.	(b)	Кому́ вы подари́ли шарф?
3	В своём рома́не.	(c)	Кого́ он описа́л в своём рома́не?
4	Пе́рвого президе́нта.	(d)	Где он описа́л пе́рвого президе́нта?
5	Пе́рвого.	(e)	Кото́рого президе́нта он описа́л в своём рома́не?
6	До пе́рвого октября́.	(f)	Когда́ ну́жно сдать докуме́нты?
7	Филосо́фию и францу́зский язы́к.	(g)	Каки́е экза́мены ты уже́ сдал?

➪ 17.3

18

Obligation, instructions, requests, advice and permission

Expressing obligation and necessity

238 In the following sentences select the appropriate expression to indicate obligation or necessity, taking into account both the meaning and the grammatical construction used in the sentence.

1 На́шему ста́ршему сы́ну (на́до/обя́зан) учи́ться в университе́те ещё год.
2 Мне (ну́жно/до́лжен) сро́чно позвони́ть домо́й.
3 Я (должна́/придётся) позвони́ть домо́й не по́зже суббо́ты.
4 Вам (сле́дует/обя́заны) обрати́ться в поли́цию.
5 Что́бы получи́ть до́ступ к сетевы́м ресу́рсам, студе́нтам (необходи́мо/должны́) зарегистри́роваться.
6 Рейс отмени́ли, и пассажи́рам (пришло́сь/обя́заны бы́ли) четы́ре часа́ сиде́ть в аэропорту́.
7 Им (прихо́дится/сле́дует) полтора́ часа́ добира́ться до ме́ста рабо́ты.
8 Он ушёл два часа́ наза́д, та́к что тепе́рь уже́ (до́лжен/обя́зан) быть до́ма.
9 Вы (обя́заны/прихо́дится) соблюда́ть пра́вила по́льзования библиоте́кой.

➪ 18.1.1, 18.1.2, 18.1.3

239 ⁑ The following sentences refer to actions that are either necessary or obligatory. Using the verb or predicate form given in brackets, rewrite the sentences in the negative in a way that indicates that the action is not necessary or obligatory (but not in a way that indicates that it is forbidden). Note that the aspect of the verb in the infinitive may need to change from perfective to imperfective.

Example: **Я до́лжен сего́дня позвони́ть домо́й. (мочь)**
Я могу́ сего́дня не звони́ть домо́й.

1 В таки́х слу́чаях на́до обраща́ться в мили́цию. (обяза́тельно)
2 Студе́нтам на́до зарегистри́роваться, что́бы получи́ть до́ступ к сетевы́м ресу́рсам. (обя́зан)
3 Вы должны́ сде́лать приви́вки пе́ред пое́здкой в Сиби́рь. (обя́зан)
4 Е́сли вы управля́ете автомоби́лем в Великобрита́нии, вы обя́заны име́ть при себе́ води́тельское удостовере́ние. (обя́зан)
5 Что́бы зарегистри́роваться на э́том са́йте, необходи́мо сообщи́ть свой а́дрес и телефо́н. (обяза́тельно)
6 Вы до́лжны отве́тить на пе́рвый вопро́с. (мочь)

➪ 18.1.4

Instructions, requests and prohibitions

240 The following sentences all indicate that smoking is undesirable in a particular location. Indicate for each sentence whether it is (a) an instruction, (b) a request or (c) a recommendation. Note that in some cases more than one answer may be possible.

1 Про́сьба здесь не кури́ть.
2 Пожа́луйста, не кури́те здесь.
3 Здесь не кури́ть!
4 Лу́чше здесь не кури́ть.
5 Здесь не на́до кури́ть.

241 Making the minimum necessary alterations, rewrite the following sentences to indicate that the action is undesirable or prohibited.

1 Пе́ред сном на́до пить кре́пкий чай.
2 Лу́чше звони́ть ему́ по́сле десяти́.
3 В лаборато́рию мо́жно входи́ть без хала́та.
4 На э́том перекрёстке разреша́ется де́лать ле́вый поворо́т.
5 Анке́ту необходи́мо заполня́ть на англи́йском языке́.

➪ 18.2, 18.3, 18.4; also 5.1.1, 5.7.5

Instructions, prohibitions and asking permission

242 Complete the following dialogue by inserting the appropriate words and expressions selected from the list below.

— Ма́ма, на ку́хне. так вку́сно па́хнет! Ты испекла́ торт? ______ я попро́бую кусо́чек?
— ______! Торт для госте́й. Пото́м попро́буешь.
— Я то́лько ма́ленький кусо́чек . . .
— ______ от то́рта!
— А э́то что, пирожки́?
— Да, с яйцо́м и капу́стой. ______ взять оди́н.
— Спаси́бо. Я возьму́ ещё оди́н для Та́ни, ты ______?
— ______ ты лу́чше свою́ ко́мнату! И ______, пожа́луйста, в магази́н: у нас ко́нчились салфе́тки.

мо́жешь мо́жно ни в ко́ем слу́чае! отойди́ сходи́ не про́тив? убра́л бы

➪ 15.3.2; 18.2, 18.4, 18.5

Apologising and making one's excuses

243 Complete the following sentences by selecting the appropriate word or phrase from the lists provided below.

(a)

1 ______, я вам не помеша́ла?
2 Ты пойми́, он не хоте́л тебя́ оби́деть. ______ его́, пожа́луйста.
3 ______, у тебя́ нет ру́чки?

4 В на́шу ма́ленькую гости́ницу мы верну́лись по́здно ве́чером. Пришло́сь разбуди́ть хозя́ина. Мы ______ и прошли́ к себе́ в но́мер.
5 Тут запи́ска от сосе́дей: они́ ______ за шум вчера́ ве́чером.

извини́ (×2) извини́лись извини́те прино́сят извине́ния

(b)

1 ______, вы не профе́ссор Смит?
2 Я ______ за по́здний звоно́к. Мо́жно Ива́на Петро́вича к телефо́ну? Э́то его́ колле́га Си́монов, по ва́жному де́лу.
3 Ты, наве́рное, оби́делась на меня́. ______, я был непра́в.
4 Ма́льчик всё рассказа́л ма́ме, и ма́ма его́ ______.
5 Она́ ______ лю́дям оши́бки, но преда́тельство — нико́гда.

прости́ прости́ла прости́те прошу́ проще́ния проща́ет

➪ 18.3.4

Giving advice

244 Complete the following dialogue, using the English prompts.

— Я опя́ть пыта́лась скача́ть му́зыку с э́того порта́ла, и компью́тер опя́ть зави́с! Мо́жет быть, установи́ть каку́ю-нибудь но́вую програ́мму?
— *I wouldn't recommend doing that*: все програ́ммы рабо́тают норма́льно.
— А что е́сли попро́бовать с друго́го компью́тера?
— *There's no point*, де́ло тут не в компью́тере.
— *What do you advise?*
— *You would do better if* заняла́сь че́м-то поле́зным, а не кача́ла му́зыку с подозри́тельных са́йтов! И вообще́, *it's harmful to* сли́шком мно́го сиде́ть за компью́тером.

Useful vocabulary:

зависа́ть/зави́снуть	to hang (of a computer)
кача́ть/скача́ть	to download
устана́вливать/установи́ть (програ́мму)	to install (a program)

➪ 18.4

Asking for and giving permission

245 Match the questions (1–5) with the answers ((a)–(e)).

1 Прости́те, могу́ ли я позвони́ть с э́того телефо́на домо́й?
2 Извини́те, с э́того телефо́на мо́жно позвони́ть на моби́льный?
3 Ты не зна́ешь, мы мо́жем пересда́ть э́тот экзаме́н?
4 Мы спроси́ли у дека́на, мо́жно ли нам сдать у́стный экза́мен на неде́лю ра́ньше.
5 До́ктор, а ей уже́ мо́жно есть мя́со?

(a) Пока́ нельзя́, мо́жно то́лько пить бульо́н и со́ки.
(b) Нет, не мо́жете, — это служе́бный телефо́н для вну́тренней свя́зи.
(c) Мо́жем, но то́лько о́сенью.
(d) Нет, нельзя́, — мо́жно звони́ть то́лько на городско́й но́мер.
(e) Он сказа́л, что мо́жно, но на́до договори́ться с преподава́телем.

⇨ 18.5

Issuing instructions and prohibitions, making requests, apologising, giving advice and seeking permission

246 ⁑ Complete the following dialogues, following the prompts given in italics.

1 You are seeing a doctor about a persistent cough.

DOCTOR: *Invites you to come in and sit down.* На что жа́луетесь?
YOU: У меня́ ка́шель, и мне тру́дно дыша́ть.
DOCTOR: *Tells you to strip to the waist.* Я вас послу́шаю.
YOU: *Ask the doctor to take your temperature.* Меня́ немно́го зноби́т.
DOCTOR: Обя́зательно. Лёгкие чи́стые, — у вас о́стрый бронхи́т. Вот реце́пт: *says you should take the medicine* по одно́й табле́тке четы́ре ра́за в день. *He says you should drink more tea, but that the tea should not be too hot. He says it would be better to stay indoors.*
YOU: *Ask if you can drink wine.*
DOCTOR: *Says that he wouldn't advise it.*
YOU: А е́сли не ста́нет лу́чше?
DOCTOR: *Says that in that case you should make another appointment.*

Useful words and phrases:

запи́сываться/записа́ться на приём	to make an appointment
измеря́ть/изме́рить температу́ру	to take someone's temperature
не выходи́ть/вы́йти на у́лицу	to stay indoors
принима́ть/приня́ть лека́рство	to take medicine
раздева́ться/разде́ться до по́яса	to strip to the waist

2 You go to the chemist's to buy the medicine.

YOU: *Ask the chemist if they have this medicine.*
CHEMIST: *Asks you to wait a minute*, я прове́рю. К сожале́нию, сейча́с нет. *Says you will have to wait a day or so.* Но есть подо́бное.
YOU: *Ask if you can buy it* без реце́пта?
CHEMIST: *Says you can*, оно́ продаётся свобо́дно.
YOU: *Ask what else he would advise* при бронхи́те?
CHEMIST: *Suggests you take* э́ти натура́льные препара́ты. Они́ на трава́х. Вот э́ти два мо́жно пить как чай. Рекоменду́ю также ингаля́тор. Мно́гим помога́ет.
YOU: *Ask for some antibiotics*, на вся́кий слу́чай.
CHEMIST: Что каса́ется антибио́тиков, *says that you would do better to consult a doctor.* К тому́ же, без реце́пта они́ не продаю́тся.

3 Leaving Russia via Sheremet'evo Airport, you are going through the green customs channel when you are stopped by a customs officer.

C.O.: *Tells you to put your case on the table and to open it. He then tells you to show him your passport.* У вас есть ста́рые кни́ги?
YOU: Нет, то́лько но́вые, а в чём де́ло?
C.O.: *He says that you are not allowed to take old books out of the country without permission.* [Looks through the contents of the suitcase] А ско́лько у вас де́нег?
YOU: Две́сти до́лларов и о́коло ты́сячи рубле́й. *You ask if you have to fill in a declaration form.*
C.O.: *Says that you are not required to fill in a form.* Всё в поря́дке. *He tells you that you can close your suitcase and proceed to check-in.*

Useful words and phrases:

вывози́ть/вы́везти	to take out (of the country)
заполня́ть/запо́лнить деклара́цию	to fill in a declaration form
проходи́ть/пройти́ на регистра́цию	to proceed to check-in

4 It is a hot summer's afternoon. You and a friend are walking along the street when you pass a bar.

FRIEND: Здесь есть хоро́шее че́шское пи́во. *Suggests you have a glass each.*

Inside the bar.

FRIEND: *Asks for two glasses of Czech beer.*

You look around for somewhere to sit down.

YOU: *Suggest that you sit at the table in the corner and ask if your friend needs help to carry the beer.*
FRIEND: *Says it is not necessary and asks if you can take his bag.*
YOU: *Say that you have a small request and ask if you can phone home using your friend's telephone.* Мой разряди́лся. *You apologise.*

You sit down.

FRIEND: За что вы́пьем?
YOU: *Let's drink to the health of all our friends.*

Useful words and phrases:

пить/вы́пить за что/кого́	to drink to something or someone
пить/вы́пить по кру́жке пи́ва	to drink a glass of beer each
сади́ться/сесть за сто́лик в углу́	to sit at the table in the corner

5 You have gone to visit Professor Andrei Alekseevich Kononov to discuss your dissertation. You knock on his door and:

YOU: *Ask if you can come in.*
A.A.K.: Да, пожа́луйста, заходи́те, сади́тесь. Чем могу́ вам помо́чь?
YOU: Я наконе́ц зако́нчил пе́рвую главу́ свое́й диссерта́ции. *Apologise for handing it in so late:* у меня́ бы́ли пробле́мы с компью́тером. *Ask if he would be kind enough to read it.*
A.A.K.: С больши́м интере́сом. *He asks you to leave it with him.* А в це́лом, как идёт ва́ша рабо́та?

YOU: Спаси́бо, по-мо́ему, норма́льно. Я уже приступи́л ко второ́й главе́. *You ask the professor if he can recommend what books you should read.*

A.A.K.: Вот спи́сок литерату́ры. *He says that you do not need to read the first book on the list; it would be best to start with the second book. He also says that two of the books are in German, but that you do not need to read those.*

YOU: Большо́е спаси́бо. *You ask if it would be possible for you to come again in about a week's time.*

A.A.K.: Да, коне́чно. У меня́ есть вре́мя в сле́дующую пя́тницу в три часа́. Вам удо́бно? Бу́дем обсужда́ть пе́рвую главу́, *and therefore you do not have to bring any new work with you.*

YOU: Бо́льшое спаси́бо. *If you don't object*, я напо́мню о себе́ в четве́рг по электро́нной по́чте.

A.A.K.: *He says that to be on the safe side it would be better to telephone on Friday morning.*

Useful words and phrases:

на вся́кий слу́чай	to be on the safe side
оставля́ть/оста́вить что кому́	to leave something with someone
сдава́ть/сдать	to hand in (a piece of work)

⇨ Chapter 18

19

Using numbers: talking about times, dates and quantities

Simple arithmetic

247 Write out the following sums in Russian.

Example: 12 – 9 = 3
Двена́дцать ми́нус де́вять равно́/равня́ется трём.
Or **Из двена́дцати вы́честь де́вять бу́дет/полу́чится три.**

1 6 + 4 = 10
2 27 + 15 = 42
3 7 – 5 = 2
4 163 – 77 = 86
5 5 × 3 = 15
6 27 × 10 = 270
7 18 ÷ 3 = 6
8 360 ÷ 15 = 24

19.1

248 Complete the following sums by inserting the appropriate numeral form.

Example: ______ — **четы́ре.**
Два́жды два — четы́ре.

1 ______ — де́вять.
2 Четы́режды четы́ре — ______.
3 ______ пять — два́дцать пять.
4 Ше́стью ______ — три́дцать шесть.
5 ______ семь — со́рок де́вять.
6 ______ во́семь — шестьдеся́т четы́ре.
7 ______ — во́семьдесят оди́н.

249 In the following sentences replace the structures consisting of numeral + **раз** with an equivalent construction involving an adjective or a noun (or vice versa).

Examples:
Я обы́чно проверя́ю электро́нную по́чту два ра́за в день — у́тром и ве́чером.
Я обы́чно проверя́ю электро́нную по́чту два́жды в день — у́тром и ве́чером.

Э́та невысо́кая де́вушка — двукра́тная победи́тельница Ло́ндонского марафо́на.
Э́та невысо́кая де́вушка — два ра́за побежда́ла в Ло́ндонском марафо́не.

1 Журнали́сты три ра́за задава́ли ему́ оди́н и тот же вопро́с, и три ра́за он уклоня́лся от отве́та.
2 Э́та кома́нда четы́ре ра́за станови́лась чемпио́ном страны́.

3 Ему́ два́жды де́лали опера́цию на глаза́, но зре́ние, к сожале́нию, продолжа́ет па́дать.
4 Её оте́ц был трёхкра́тным олимпи́йским чемпио́ном.
5 На Па́сху среди́ правосла́вных по́сле традицио́нного приве́тствия при́нято три́жды расцелова́ться.
6 Сравни́в катало́ги, мы пришли́ к вы́воду, что це́ны у э́той компа́нии завы́шены пятикра́тно по сравне́нию с остальны́ми производи́телями.
7 Грузовики́ «Кама́з» — многокра́тные уча́стники го́нок «Пари́ж–Дака́р».
8 Я обы́чно е́зжу на конфере́нции два ра́за в год.

⇨ 19.1.2

Telling the time

250

Give the following times of the day in Russian, using (a) the 'traditional' method and (b) the digital method.

Example: Ten past five
(a) **де́сять мину́т шесто́го**
(b) **пять (часо́в) де́сять (мину́т)**

1 Twenty past three
2 Twenty-five to nine
3 Quarter past seven
4 Half past six
5 Quarter to one
6 3 p.m.
7 One o'clock precisely
8 Seven minutes to midnight
9 00.30 a.m.
10 9.50 (p.m.)

⇨ 19.2

Indicating at what time something happens

251

Complete the following sentences by writing out the time in full, using the appropriate construction; use the 'traditional' or the 'digital' methods as indicated.

Example: **Он пришёл** (at ten past five). ['traditional']
Он пришёл в де́сять мину́т шесто́го.

1 Конце́рт начина́ется (at half past seven). ['traditional']
2 Наш по́езд отправля́ется (at 9 p.m. precisely). ['digital']
3 Мой сын обы́чно встаёт (at midday). ['traditional']
4 Из-за опозда́ния профе́ссора ле́кция начала́сь (at twenty-five past three). ['traditional']
5 Ско́рый по́езд №17 из Петрозаво́дска прибыва́ет (at 3.25 p.m.). ['digital']
6 (At a quarter past four) меня́ разбуди́л како́й-то шум. ['traditional']
7 Мы договори́лись встре́титься (at quarter to eight). ['traditional']
8 Мы договори́лись встре́титься (at quarter to eight). ['digital']
9 По расписа́нию после́дний авто́бус отправля́ется (at eight minutes past twelve). ['digital']
10 Я подошёл к остано́вке (at seven minutes past midnight), но после́дний авто́бус уже́ ушёл. ['traditional']

⇨ 19.2.5

Indicating dates

252 Complete the following sentences by writing out the date in full.

Example: **Моя́ сестра́ родила́сь** (on 21 September 1975).
Моя́ сестра́ родила́сь два́дцать пе́рвого сентября́ ты́сяча девятьсо́т се́мьдесят пя́того го́да.

1 Како́е сего́дня число́? Сего́дня (the 27th).
2 Како́е сего́дня число́? Сего́дня (11 April).
3 Они́ пожени́лись (in July 1989).
4 В Росси́и я был после́дний раз (in June 2005).
5 Наш факульте́т совсе́м но́вый: его́ откры́ли то́лько (in 2001).
6 Мой де́душка у́мер (in 1956).
7 День рожде́ния у меня́ быва́ет то́лько раз в четы́ре го́да, та́к как я роди́лся (on 29 February 1960).
8 Я вообще́ не по́мню, где я был (on 1 January 2000).
9 Большеви́стское восста́ние начало́сь (on 25 October 1917).
10 Крепостно́е пра́во бы́ло отменено́ в Росси́и то́лько (in the 19th century), точне́е (in 1861).

➪ 19.3

Indicating approximate quantity using numerals

253 Rewrite the following sentences to indicate that the quantity specified is not exact, but an approximation; note that in every instance more than one answer is possible.

Example: **На́шему но́вому ше́фу со́рок лет.**
На́шему но́вому ше́фу лет со́рок.
Or **На́шему но́вому ше́фу о́коло сорока́ лет.**
Or **На́шему но́вому ше́фу приме́рно со́рок лет.**

1 У меня́ с собо́й пятьсо́т рубле́й.
2 Така́я маши́на сейча́с сто́ит пятна́дцать ты́сяч до́лларов.
3 В про́шлом году́ на́ша фи́рма продала́ три с полови́ной миллио́на буты́лок пи́ва.
4 — Ско́лько буты́лок шампа́нского продаётся у вас ка́ждый год?
— Я не зна́ю то́чную ци́фру, но ду́маю, три́дцать ты́сяч.
5 Он обеща́л перезвони́ть че́рез два часа́.
6 Я, наве́рно, приду́ домо́й по́здно, в оди́ннадцать часо́в.
7 Э́тих де́нег нам хва́тит на пять дней.
8 В а́кции проте́ста при́няли уча́стие сто челове́к.
9 У него́ в рабо́чем кабине́те пятьдеся́т ра́зных словаре́й ру́сского языка́.
10 Два́дцать стран ещё не подписа́ли э́тот протоко́л.

➪ 19.4

Indicating imprecise quantities using other words

254 Complete the following sentences by inserting a word or phrase selected from the list below and changing the ending as and when appropriate.

Example: **В** [some] **слу́чаях э́то лека́рство вызыва́ет побо́чные эффе́кты.**
В не́которых слу́чаях э́то лека́рство вызыва́ет побо́чные эффе́кты.

(a)

1 (Some) студе́нты не пришли́ на вчера́шнюю ле́кцию.
2 Э́та рабо́та займёт у меня́ (a few) часо́в, но пото́м я бу́ду свобо́ден.
3 Я уже́ говори́л ему́ (several) раз, что у нас не при́нято так де́лать.
4 Вчера́ вы́пало (a lot of) сне́га, и поэ́тому (many) опозда́ли на рабо́ту.
5 Че́рез (a certain) вре́мя из Министе́рства образова́ния пришёл отве́т.

мно́гие мно́го не́который (×2) не́сколько (×2)

(b)

1 Чай о́чень кре́пкий — сове́тую доба́вить (a little) молока́.
2 На э́том уча́стке гео́логи обнару́жили кру́пные запа́сы желе́зной руды́, а та́кже (a small amount) ре́дких мета́ллов.
3 Э́ти но́вые ме́тоды уже́ применя́ются в (a number of) регио́нов.
4 По́сле э́той публика́ции в реда́кцию пришло́ (a great many) пи́сем.
5 (Many) студе́нты подраба́тывают по вечера́м в кафе́ или рестора́нах, а (some) ещё и даю́т ча́стные уро́ки.

мно́гие небольшо́е коли́чество не́который немно́го огро́мное коли́чество це́лый ряд

➪ 19.5

The use of мно́го, мно́гое and мно́гие

255 Complete the following sentences by inserting **мно́го**, **мно́гое** or **мно́гие** in the correct form.

Examples: **В э́том году́ у нас о́чень ______ студе́нтов из Кита́я.**
В э́том году́ у нас о́чень мно́го студе́нтов из Кита́я.

Э́то бы́ло о́чень давно́ — ______ уже стёрлось из па́мяти.
Э́то бы́ло о́чень давно — мно́гое уже стёрлось из па́мяти.

1 ______ ду́мают, что в Сиби́ри всегда́ о́чень хо́лодно, но э́то не так: ле́том там быва́ет ______ жа́рких дней.
2 На междунаро́дной вы́ставке «Телеко́м» в э́том году́ бы́ло ______ интере́сных нови́нок.
3 У ______ мои́х знако́мых есть телефо́ны с навига́цией и прямы́м до́ступом к интерне́ту.
4 В результа́те экономи́ческого кри́зиса ______ ма́ленькие фи́рмы обанкро́тились.

5 По-ру́сски она́ говори́т дово́льно свобо́дно, хоть и де́лает ______ оши́бок.
6 Да, я был в Москве́ в дни пу́тча в девяно́сто пе́рвом году́. Но что вам рассказа́ть? Прошло́ уже́ сто́лько лет — я ______ забы́л.
7 Жизнь в экспеди́ции научи́ла меня́ ______: наприме́р, уме́нию гото́вить пи́щу на костре́.
8 У э́того ма́стера не́ было дете́й, но бы́ло ______ ученико́в.
9 Для ______ в э́той стране́ обы́чный водопрово́д остаётся ро́скошью.
10 Деся́тки ты́сяч ю́ношей и де́вушек око́нчили шко́лу в ию́не. Кто́-то посту́пит в университе́т, кто́-то пойдёт в ко́лледж, но ______ из них придётся иска́ть рабо́ту.

➪ 19.5.1

The use of не́сколько and не́который

256 Complete the following sentences by inserting **не́сколько** or **не́который** in the correct form. Note that in some instances both are acceptable.

Example: ______ **высоко̀поста́вленные чино́вники полага́ют, что зако́ны — не для них.**
Не́которые высоко̀поста́вленные чино́вники полага́ют, что зако́ны — не для них.

1 ______ испо́льзуют яи́чную скорлупу́ в ка́честве удобре́ния для расте́ний.
2 Эпиде́мия гри́ппа не утиха́ет: в ______ шко́лах го́рода прекращены́ заня́тия, в ______ больни́цах объя́влен каранти́н.
3 Губерна́тор обсуди́л экономи́ческое положе́ние о́бласти с ______ кру́пными бизнесме́нами.
4 По́сле ______ разду́мий она́ согласи́лась написа́ть реце́нзию на э́ту кни́гу.
5 Коми́ссия задала́ а́втору ______ форма́льных вопро́сов, по́сле чего́ прое́кт был утверждён.
6 На столе́ лежа́ли каки́е-то иностра́нные журна́лы и ______ словаре́й.
7 ______ словари́ даю́т второ́е значе́ние э́того сло́ва.
8 Я прове́рил значе́ния э́того сло́ва в ______ словаря́х и больши́х расхожде́ний не обнару́жил.
9 Вне́шне они бы́ли друг с дру́гом о́чень ве́жливы, но в их отноше́ниях нетру́дно бы́ло заме́тить ______ напряжённость.
10 В ______ страны Евро́пы росси́йские тури́сты мо́гут въезжа́ть без ви́зы.

➪ 19.5.4

20
Focus and emphasis

Russian word order

257 ⁑ In the following sentences some elements have been put in the wrong place. Rewrite the sentences with words arranged in the most appropriate order.

Example: **Во вчера́шней газе́те была́ интере́сная статья́ о́чень о Росси́и.**
Во вчера́шней газе́те была́ о́чень интере́сная статья́ о Росси́и.

1 Я то́лько что получи́л письмо́ интере́сное от бра́та.
2 Году́ в э́том он прохо́дит стажиро́вку в одно́м из моско́вских университе́тов.
3 Он расска́зывает о́чень остроу́мно о свои́х приключе́ниях в Москве́ в письме́.
4 Он пи́шет, что обща́ется с други́ми англи́йскими студе́нтами ча́сто.
5 Пи́шет он ка́ждую мне неде́лю.
6 Иногда́ домо́й звони́т он, что́бы поговори́ть с роди́телями.
7 Они́ жа́луются, что он звони́т ре́дко сли́шком.
8 Бы хоте́ли они́, что́бы поча́ще звони́л он.

➪ 20.1; also 9.4.2

Active and passive verbs

258 ⁑ Rewrite the following sentences, replacing the active verbs with passive verbs and making any other necessary adjustments.

(a)

Example: **Э́тот торт испекла́ моя́ ма́ма.**
Э́тот торт (был) испечён мое́й ма́мой.

1 Свиде́тельство об оконча́нии стажиро́вки подписа́л дека́н факульте́та.
2 Его́ награди́ли па́мятной меда́лью.
3 Э́ту неизве́стную ру́копись обнару́жили в архи́ве писа́теля.
4 Их спасли́ с по́мощью вертолёта.
5 Его́ уби́ли вы́стрелом в спи́ну.
6 Имена́ э́тих люде́й мы не забы́ли.
7 Вы́боры они́ проигра́ли.
8 Обеща́ли, что ремо́нт сде́лают уже́ на сле́дующей неде́ле.

(b)

Example: **Разреше́ние на вы́воз ста́рых книг выдаёт Министе́рство культу́ры.**
Разреше́ние на вы́воз ста́рых книг выдаётся Министе́рством культу́ры.

1 Наше мероприятие финансировал фонд «Русский мир».
2 Стипендию выплачивают десятого числа каждого месяца.
3 Мы разрабатываем принципиально новую модель искусственного сердца.
4 Всю новую информацию сразу вводят в базу данных.
5 На этой площадке обучают начинающих водителей.
6 В нашем районе уже не строят многоэтажные дома.
7 Здесь производят замену моторного масла.
8 Горячую воду на нашей улице отключают раз в год на одну неделю.

Useful vocabulary:

база данных database

259 Rewrite the following sentences, replacing the passive verbs with active verbs and making any other necessary adjustments.

Example: **Вечер был организован группой студентов из США.**
Вечер организовала группа студентов из США.

1 Президент республики избирается всем народом.
2 Итоги конкурса будут объявлены председателем жюри на церемонии закрытия.
3 При выставлении суммарной оценки нами учитывалась и посещаемость занятий.
4 Билет в Петербург и обратно оплачивается самим студентом.
5 До 2005 года губернаторы в Российской Федерации выбирались жителями регионов, но теперь они назначаются Президентом.
6 Этот нож был найден детьми недалеко от места преступления.
7 Она решила подать на развод после того, как была избита мужем.
8 Это сообщение было отправлено не мной, а моим коллегой.
9 Наш вратарь получил травму и был заменён тренером на десятой минуте матча.

20.2; 4.14; also 3.5.4; 7.2.3

Emphasis

260 In the following sentences indicate the word or phrase that is given particular emphasis. Translate the sentences into English.

1 Наконец-то мы получили подробные ответы на наши вопросы.
2 Как раз об этом я хотела вас спросить.
3 Я чувствую боль вот здесь.
4 Получается, что во всём виноваты наши отцы.
5 Я согласен с тобой: это слово надо переводить на английский именно так.
6 Да как же ты собираешься ехать домой на Новый год, когда у тебя нет денег?
7 Обед мне очень понравился — особенно вкусным был борщ.
8 Как мне надоел этот дождь! Когда же он кончится!
9 Именно в этом баре в Кембридже в 1953 году молодые биологи Фрэнсис Крик и Джеймс Уотсон нарисовали на листке бумаги структуру ДНК.
10 Я могу простить его — он ничего не знал, но она-то знала!

Useful vocabulary:

ДНК DNA

20.3

21 Establishing contexts and connections

Time

Talking about the time when something happens

261 Complete the following sentences by putting the noun or the phrase in brackets into the appropriate case and by adding, where necessary, the appropriate preposition to indicate 'time when'.

Example: **(Э́та неде́ля) все заня́тия отменены́ из-за боле́зни профе́ссора.**
На э́той неде́ле все заня́тия отменены́ из-за боле́зни профе́ссора.

1 Лу́чше прие́хать к нам (о́сень), когда́ уже́ не бу́дет так жа́рко.
2 Мо́жет, пойдём в кино́ не за́втра, а (среда́), когда́ у меня́ бу́дет бо́льше вре́мени?
3 Е́сли опя́ть не бу́дет пробле́м со здоро́вьем, то я до́лжен око́нчить университе́т (бу́дущий год).
4 То́лько что объяви́ли по ра́дио, что за́втра (у́тро) бу́дет снег.
5 Когда́ я был студе́нтом, у нас бы́ли заня́тия и (суббо́та).
6 Она́ верну́лась из о́тпуска (воскресе́нье; ночь), и уже́ на сле́дующий день (у́тро) была́ на рабо́те.
7 Нас предупреди́ли, что ремо́нт начнётся уже́ (сле́дующая неде́ля).
8 Мы прие́хали в Росси́ю то́лько (про́шлый ме́сяц), та́к что пока́ привыка́ем к но́вым усло́виям.
9 За́втра у нас бу́дет экску́рсия по го́роду, но (ве́чер), наско́лько я зна́ю, мы свобо́дны.
10 (Ле́то) я обы́чно живу́ на да́че и то́лько и́зредка приезжа́ю в го́род, что́бы забра́ть по́чту.

➪ 21.1.1–21.1.4

Other expressions relating to time

262 Complete the following sentences using the prompts given in brackets.

Example: **Мо́жно звони́ть мне домо́й ______.** (after nine o'clock)
Мо́жно звони́ть мне домо́й по́сле девяти́ часо́в.

1 ______ мне испо́лнится два́дцать оди́н год. (in a month's time)
2 Она́ пе́рвый раз была́ в Росси́и ______. (ten years ago)
3 ______ я обы́чно рабо́таю до́ма. (before lunch)
4 Профе́ссор Па́влов принима́ет студе́нтов по вто́рникам ______. (from ten to twelve)

5 Дава́й встре́тимся в буфе́те ______ нача́ла спекта́кля. (half an hour before)
6 ______ мы успе́ли познако́миться с гла́вными достопримеча́тельностями столи́цы. (in three months)
7 ______ кани́кул библиоте́ка бу́дет рабо́тать то́лько ______. (during; until five o'clock)
8 Вы все прие́хали сюда́ ______? (for ten months)
9 Нет, к сожале́нию, не́которые из нас должны́ бу́дут верну́ться домо́й ______. (after three months)
10 Как э́то возмо́жно? Ты ______ живёшь в Москве́, и ни ра́зу не попро́бовал ру́сский квас? (for two years)

➪ 21.1.6–21.1.15

Place

Choosing between the prepositions в and на to indicate location

263 Complete the following sentences by inserting the appropriate preposition (**в** or **на**) to indicate location.

1 За́втра я бу́ду весь день ______ университе́те.
2 На́ша фи́рма име́ет представи́тельства ______ Росси́и, ______ Украи́не, ______ Болга́рии, а та́кже ______ Ки́пре.
3 Зна́чит, договори́лись: я бу́ду ждать тебя́ ______ ста́нции «Вы́боргская» о́коло пе́рвого ваго́на.
4 Я слы́шал, что ______ Мясни́цкой у́лице есть о́чень хоро́ший кни́жный магази́н.
5 Су́дя по её расска́зам, она́ была́ везде́: ______ Кавка́зе, ______ Сиби́ри, ______ Крыму́ и да́же ______ Да́льнем Восто́ке.
6 Ка́жется, нам на́до выходи́ть ______ сле́дующей остано́вке.
7 Мы познако́мились ______ конце́ртном за́ле, ______ конце́рте стари́нной му́зыки.
8 Моя́ ма́ма рабо́тает инжене́ром ______ кру́пном автомоби́льном заво́де, а мой оте́ц — лингви́ст, профе́ссор ______ ка́федре славя́нских языко́в.
9 ______ ро́дине его́ мно́гие по́мнят, хотя́ он уже́ два́дцать лет там не живёт.
10 Они́ посели́лись в ма́леньком симпати́чном городке́ ______ ю́ге А́нглии.

➪ 21.2.1–21.2.10

Talking about destinations

264 Complete the following sentences by adding the appropriate preposition and by placing the noun in the appropriate case.

Example: **Когда вы прие́дете ______ (Москва́)?**
Когда́ вы прие́дете в Москву́?

1 Я обы́чно прихожу́ ______ (рабо́та) не ра́ньше девяти́.
2 Ты не мог бы сходи́ть ______ (ры́нок) купи́ть све́жей зе́лени?
3 Е́сли у тебя́ так боли́т зуб, почему́ ты не идёшь ______ (зубно́й врач)?
4 Сего́дня хо́лодно: не сове́тую тебе́ выходи́ть ______ (у́лица) без ша́пки.
5 Отправля́емся ______ (Росси́я) сра́зу же по́сле зи́мних кани́кул.

6 Э́ти ве́щи нельзя́ высыла́ть ______ (грани́ца) без специа́льного разреше́ния.
7 Е́сли хо́чешь, пое́дем ______ (аэропо́рт) на такси́.
8 Лу́чше не подходи́ть ______ (она́): она́ сего́дня в ужа́сном настрое́нии.

265 Answer the following questions, using the nouns given in brackets.

Example: **Куда́ идёт медсестра́? (поликли́ника; рабо́та)**
Медсестра́ идёт в поликли́нику на рабо́ту.

1 Куда́ иду́т студе́нты? (университе́т; ле́кция)
2 Куда́ е́дут Серге́й и Ли́за? (запове́дник; экску́рсия)
3 Куда́ иду́т Джон и Мари́? (теа́тр; спекта́кль)
4 Куда́ идёт Андре́й? (о́фис; собесе́дование)
5 Куда́ идёт музыка́нт? (консервато́рия; репети́ция)
6 Куда́ вы хоти́те пое́хать в а́вгусте? (Се́вер; дере́вня)

⇨ 21.2.14

Locations and destinations

266 Complete the following sentences, using the noun in brackets in the appropriate case.

Example: **Я поста́вил кни́гу на ______. (по́лка)** **Кни́га стои́т на ______.**
Я поста́вил кни́гу на по́лку. **Кни́га стои́т на по́лке.**

1	Я нали́л чай в ______. (ча́шка)	Твой чай в ______.
2	Я положи́л бутербро́д на ______. (таре́лка)	Твой бутербро́д лежи́т на ______.
3	Са́ша пове́сил фотогра́фию на ______. (стена́)	Фотогра́фия виси́т на ______.
4	В ______ Лари́са полива́ет цветы́. (сад)	Лари́са то́лько что вы́шла в ______.
5	Она́ положи́ла телефо́н в ______. (су́мка)	Она́ нашла́ телефо́н в ______.
6	Они́ привезли́ в ______ но́вую ме́бель. (гости́ница)	Они́ де́лают ремо́нт в ______.
7	Очки́ лежа́т под ______. (стол)	Очки́ упа́ли под ______.
8	Она́ отнесла́ де́ньги в ______. (банк)	Он храни́т де́ньги в ______.
9	Я лежа́л на ______ и чита́л журна́л. (дива́н)	Я лёг на ______ почита́ть журна́л.
10	Мы нашли́ оши́бку в ______. (текст)	Мы внесли́ измене́ния в ______.

267 Answer the following questions, using the nouns given in brackets.

1	Куда́ иду́т э́ти студе́нты? (университе́т)	Где у́чатся э́ти студе́нты?
2	Куда́ вы идёте ве́чером? (теа́тр)	Где вы бы́ли ве́чером?
3	Куда́ вы идёте? (магази́н)	Где вы купи́ли сыр?

4 Куда́ вы ходи́ли в суббо́ту? (конце́рт) — Где вы слу́шали симфо́нию?
5 Куда́ е́дет Ива́н? (стадио́н) — Где Ива́н игра́ет в футбо́л?
6 Куда́ она́ хо́чет пойти́? (по́чта) — Где она́ хо́чет купи́ть ма́рки?

21.2.1–21.2.10, 21.2.14

Talking about starting points

268 Complete the following sentences by adding the appropriate preposition and by placing the noun in the appropriate case.

Example: **Мы ушли́ ______ (конце́рт) в антра́кте.**
Мы ушли́ с конце́рта в антра́кте.

1 Скоре́е всего́ я верну́сь ______ (А́нглия) то́лько по́сле Но́вого го́да.
2 Ма́мы сейча́с нет до́ма: она́ ещё не пришла́ ______ (рабо́та).
3 Сего́дня я получи́л два письма́ — одно́ ______ (роди́тели), а друго́е ______ (университе́т).
4 ______ (како́й вокза́л) отправля́ется ваш по́езд?
5 Е́сли мои́ ве́щи меша́ют тебе́ рабо́тать, я могу́ их убра́ть ______ (стол).
6 Отойди́ ______ (окно́), а то свет загора́живаешь.
7 В основно́м у нас рабо́тают лю́ди ______ (Сре́дняя А́зия).

Useful vocabulary:

загора́живать/загороди́ть to block

21.2.15

Other expressions relating to place

269 ★ Complete the following sentences using the prompts given in brackets.

Example: __________ **я заходи́л в магази́н и купи́л две буты́лки пи́ва.**
(on the way home)
По доро́ге домо́й я заходи́л в магази́н и купи́л две буты́лки пи́ва.

1 Мы договори́лись встре́титься __________. (by the entrance to the main building)
2 Всё э́то случи́лось, когда́ я была́ __________. (abroad)
3 Мно́гие говоря́т, что __________ столи́цы есть секре́тная систе́ма тонне́лей. (beneath the streets)
4 На́ше общежи́тие располо́жено __________ университе́та. (five kilometres away from)
5 Хорошо́, что пря́мо __________ есть тролле́йбусная остано́вка. (in front of the hostel)
6 И __________ есть большо́й суперма́ркет. (next door to the hostel)
7 Деся́тый тролле́йбус идёт __________, а пото́м __________ на Васи́льевский о́стров. (along Nevskii Prospekt; across the bridge)
8 Е́сли не успе́ю на после́дний авто́бус, то переночу́ю __________: они́ живу́т __________ от автовокза́ла. (at my parents' place; not far away)

9 Но éсли вдруг возни́кнут пробле́мы, ты всегдá мóжешь переночевáть __________. (with us/at our flat)
10 Аэропóрт нахóдится __________, и доéхать __________ на такси́ стóит довóльно дóрого. (beyond the city boundary; there)

Useful vocabulary:

чертá гóрода city boundary

➪ 21.2.11–21.2.16

Manner

270 Answer the following questions, using the prompts given in brackets.

Example: **Как он отвечáл на вáши вопрóсы? (спокóйный гóлос)**
Он отвечáл на мои́ вопрóсы спокóйным гóлосом.

1 Как вы реши́ли э́ту проблéму? (необы́чный спóсоб)
2 Как мóжно обменя́ть стáрые води́тельские правá на нóвые? (обы́чный порядок)
3 Как вы реаги́ровали на егó обещáния? (большáя дóля скептици́зма)
4 Как ты приготóвилась к экзáменам? (тщáтельный óбраз)
5 Как ты узнáла, что я жени́лся? (окóльный путь)

➪ 21.3

Talking about cause

271 Complete the following sentences by selecting the appropriate preposition or prepositional phrase from the alternatives given in brackets.

1 (По/из) рассéянности я вложи́л твоё письмó не в тот конвéрт.
2 Почемý ты не надéла пальтó? Ты же вся дрожи́шь (от/из-за) хóлода!
3 Я не могý рабóтать дóма (от/из-за) постоя́нного шýма в сосéдней квапти́ре.
4 (Из-за/благодаря́) её осторóжности нам удалóсь избежáть проблéм.
5 (Из-за/благодаря́) си́льного снегопáда автóбусы сегóдня не хóдят.
6 (По/из-за) рáзным причи́нам я перестáл занимáться спóртом пóсле шкóлы, и тепéрь я в плохóй физи́ческой фóрме.

➪ 21.4

Conditions

Open conditions

272 Reformulate the following pairs of sentences as open conditions.

Example: **Возмо́жно, у меня́ бу́дет вре́мя. В тако́м слу́чае я обяза́тельно приду́.**
Е́сли у меня́ бу́дет вре́мя, я обяза́тельно приду́.

1 Возмо́жно, за́втра меня́ не бу́дет на рабо́те. В тако́м слу́чае можно позвони́ть мне домо́й.
2 Возмо́жно, но́чью бу́дет минусова́я температу́ра. В тако́м слу́чае за́втра у́тром на доро́гах бу́дет гололе́дица.
3 Переда́й мне што́пор. Тогда́ я откро́ю э́ту буты́лку.
4 Вы́пей води́чки. Тогда́ почу́вствуешь себя́ лу́чше.
5 Вы ведь не хоти́те опозда́ть на самолёт? В тако́м слу́чае на́до выезжа́ть в аэропо́рт не по́зже девяти́.
6 Мо́жет быть, ты хо́чешь попро́бовать настоя́щие сиби́рские пельме́ни. В тако́м слу́чае мо́жно э́то сде́лать сейча́с.

Useful vocabulary:

гололе́дица	black ice
пельме́ни	a kind of Siberian ravioli
што́пор	corkscrew

21.5.1

Unreal conditions

273 Create sentences expressing unreal conditions on the basis of the information given below.

Example: **У меня́ нет де́нег, и я не могу́ тебе́ помо́чь.**
Е́сли бы у меня́ бы́ли де́ньги, я бы тебе́ помо́г (помогла́).

1 У меня́ нет вре́мени, и я не могу́ учи́ть кита́йский.
2 Я не олига́рх, и я не могу́ купи́ть себе́ футбо́льную кома́нду в англи́йской премье́р-ли́ге.
3 Вы не посеща́ли все ле́кции и не сда́ли экза́мен.
4 Ты не пришёл во́время и пропусти́л са́мую интере́сную часть выступле́ния.
5 Ты вчера́ не пошла́ с на́ми в рестора́н, и у тебя́ не́ было возмо́жности отве́дать грузи́нскую ку́хню.
6 У меня́ здесь нет до́ступа к интерне́ту, и я не могу́ разосла́ть всем друзья́м новоѓодние поздравле́ния по электро́нной по́чте.

21.5.2

Reporting the words of others

274 Rewrite the following, replacing the direct speech with indirect speech and making any other necessary alterations.

Examples: **Он сказа́л: «Я не ем ры́бы.»**
Он сказа́л, что он не ест ры́бы.

Она́ спроси́ла меня́: «Ты не зна́ешь, что случи́лось?»
Она́ спроси́ла меня́, не зна́ю ли я, что случи́лось.

1 Я прочита́л в газе́те: с Но́вого го́да повы́сится сто́имость прое́зда в городско́м тра́нспорте.
2 Мы уве́рены: вы ско́ро попра́витесь и вернётесь на рабо́ту.
3 Когда́-то я ду́мал: в Росси́и всегда́ хо́лодно, а по у́лицам городо́в хо́дят медве́ди.
4 Тепе́рь я понима́ю: э́то чепуха́, и большинство́ россия́н живо́го медве́дя ви́дели то́лько в зоопа́рке.
5 Нас предупреди́ли: е́сли опозда́ете на конце́рт, вас мо́гут не впусти́ть в зал.
6 Нам обеща́ли: когда́ вы бу́дете в Росси́и, для вас бу́дет организо́вана специа́льная культу́рная програ́мма.
7 Ко мне подошла́ де́вушка и спроси́ла: «Есть ли у вас ли́шний биле́т на сего́дняшний спекта́кль?»
8 Колле́га спроси́л меня́: «Ты не по́мнишь, когда́ бы́ло после́днее собра́ние?»

➪ 21.8

Making comparisons

275 Complete the following sentences using the prompts provided.

1 Разгова́ривайте, пожа́луйста, (more quietly): здесь всё-таки библиоте́ка.
2 Я предпочита́ю обе́дать в ма́леньком рестора́не ря́дом с университе́том: еда́ там (is more expensive), но ка́чество (is better).
3 В связи́ с экономи́ческой ситуа́цией организова́ть я́рмарку в э́том году́ бу́дет (more difficult than last year).
4 Ва́ша ко́мната (is bigger than mine), зато́ у меня́ (a more interesting view) из окна́.
5 Говори́ть на чужо́м языке́ по телефо́ну (is much more difficult than) обща́ться лицо́м к лицу́.
6 Моя́ сестра́ (is five years younger than me).
7 С тех пор, как я купи́ла *Modern Russian Grammar*, я ста́ла писа́ть и говори́ть (more correctly).
8 Вчера́ мне рассказа́ли два анекдо́та — оди́н отли́чный и оди́н (a bit worse).
9 Коне́чно, те студе́нты, кото́рые провели́ це́лый год в Росси́и, говоря́т по-ру́сски (with a much less noticeable accent).
10 Мы столкну́лись с (the same) пробле́мами (as you).
11 На сле́дующей неде́ле на́ше заня́тие состо́ится в (a different) вре́мя и в (a different) аудито́рии.
12 Она́ говори́т по-англи́йски, (like) настоя́щая англича́нка.
13 (Unlike my wife) я предпочита́ю встава́ть по́здно и никогда́ не ложу́сь спать (earlier than midnight).

➪ 21.9

Indicating context using conjunctions

276 Complete the following sentences, using a conjunction selected from the list below.

(a)

1 ______ я зна́ю, что ты о́чень лю́бишь ры́бу, я пригото́вила для тебя́ уху́ по де́душкиному реце́пту.
2 ______ бу́дешь гото́ва, скажи́ мне, и я закажу́ такси́.
3 ______ стра́ны Ба́лтии получи́ли незави́симость, жизнь там си́льно измени́лась.
4 Я не получи́л твою́ эсэмэ́ску, ______ мой телефо́н был вы́ключен.
5 Перегово́ры продолжа́лись до́льше, чем предполага́лось, ______ пресс-конфере́нция начала́сь на час по́зже.
6 Я всё ещё курю́, ______ зна́ю, что э́то вре́дно для здоро́вья.

Useful vocabulary:

уха́ type of fish soup

как то́лько потому́ что поэ́тому с тех пор, как та́к как хотя́

(b)

1 У нас в кварти́ре нет воды́, ______ придётся сиде́ть до́ма и ждать санте́хника.
2 ______ отправля́ться в да́льнюю пое́здку, на́до прове́рить техни́ческое состоя́ние маши́ны.
3 Я расска́зываю об э́том так подро́бно, ______ вы зна́ли, кака́я у нас ситуа́ция.
4 Я не могу́ обраща́ться в ко́нсульство за ви́зой ______ не получу́ официа́льное приглаше́ние.
5 Е́сли ты и да́льше бу́дешь относи́ться к учёбе так, ______ сейча́с, у тебя́ бу́дут пробле́мы с экза́менами.
6 Пого́да сего́дня па́смурная. ______ дождя́ сейча́с нет, на́до всё же взять зонт.

Useful vocabulary:

санте́хник plumber

до тех пор, пока́ как пре́жде чем та́к что хотя́ что́бы

➪ 21.1.11, 21.1.16, 21.3.4, 21.4.6, 21.4.7, 21.6.3, 21.7.3

Indicating context using gerunds

277 In the following sentences replace the words in italics with a clause containing a gerund.

Examples: **Она́ *гото́вила у́жин и* слу́шала ра́дио.**
Гото́вя у́жин, она́ слу́шала ра́дио.

А́нна *прочита́ла письмо́ и* положи́ла его́ на стол.
Прочита́в письмо́, А́нна положи́ла его́ на стол.

1 Мы *разбира́ли ста́рые фотогра́фии и* вспомина́ли де́тство.
2 Он *чита́л кни́гу и* де́лал вы́писки.
3 Он ремонти́ровал то́стер *и разгова́ривал с жено́й.*
4 *Когда́ они́ входи́ли в лифт*, они́ поздоро́вались с сосе́дкой.
5 *Когда́ мы выходи́ли из о́фиса*, мы включи́ли сигнализа́цию.
6 *Когда́ он гото́вился к докла́ду*, он провёл не́сколько часо́в в библиоте́ке.

7 Она́ *немно́го поду́мала и* начала́ писа́ть отве́т.
8 *Как то́лько я уви́дел её лицо́*, я сра́зу всё по́нял.
9 *Когда́ он вы́шел на сце́ну*, он сра́зу взял в ру́ки микрофо́н.
10 *Когда́ вы полу́чите дипло́м*, вы смо́жете найти́ хоро́шую рабо́ту.
11 *По́сле того́ как* профе́ссор *заболе́л, он* до́лжен был отмени́ть ле́кцию.
12 *То́лько когда́ он посове́товался с друзья́ми*, он реши́л откры́ть свою́ фи́рму.

Useful vocabulary:

сигнализа́ция (here) burglar alarm

⇨ 21.10

22
Coming and going

Unprefixed verbs of motion (and their perfective partners)

278 Complete the following sentences, selecting the appropriate verb from the alternatives given in brackets.

1 Куда́ ты ______ ? У тебя́ нет вре́мени на ча́шку ко́фе? (бежа́ть/бе́гать)
2 Ка́ждое ле́то мы ______ в Со́чи на па́ру неде́ль. (е́хать/е́здить)
3 Одна́ко в про́шлом году́ мы ______ в Ту́рцию. (е́хать/е́здить)
4 Сего́дня ве́чером я не свобо́дна: ______ в кино́ с друзья́ми. (идти́/ходи́ть)
5 Мы с жено́й интересу́емся совреме́нным иску́сством и регуля́рно ______ на все но́вые вы́ставки. (идти́/ходи́ть)
6 Мо́жет, ______ на кру́жку пи́ва по́сле рабо́ты? (пойти́/походи́ть)
7 В про́шлый раз, когда́ я ______ в Москву́, ря́дом со мной сиде́ла де́вушка, кото́рая всё вре́мя что́-то рисова́ла в блокно́те. (лете́ть/лета́ть)
8 Пока́ ты одева́лась, я ______ в пека́рню за све́жими бу́лочками и пригото́вил ко́фе. (пойти́/сходи́ть)
9 Жаль, что я так и не научи́лся ______ маши́ну; мы могли́ бы на э́той неде́ле ______ в го́ры. (вести́/води́ть; е́здить/съе́здить)
10 Но́чью у меня́ был стра́шный сон: мне присни́лось, бу́дто я ______ каку́ю-то маши́ну и не зна́ю, как её останови́ть. (вести́/води́ть)

➪ 22.1

Prefixed and unprefixed verbs of motion; other verbs indicating coming and going

279 ⁑ Complete the following sentences, using the prompts provided and selecting the appropriate verb(s) from the list below.

1 Мне здесь надое́ло, (let's go) домо́й!
2 Мой пра́дед (left) из Росси́и в нача́ле про́шлого ве́ка.
3 Вчера́ я (got off) из авто́буса не на той остано́вке и заблуди́лась в незнако́мом райо́не го́рода.
4 Когда́ ты уви́дишь мою́ сестру́, ты мо́жешь её не узна́ть: ра́ньше она́ (wore) очки́, но тепе́рь у неё конта́ктные ли́нзы.
5 Пожа́луйста, помоги́те мне (to carry) э́ти плака́ты в аудито́рию.
6 Я вчера́ почини́л мотоци́кл. Хо́чешь (go for a ride)?
7 Извини́, мне пора́: вон (is coming) мой трамва́й. До за́втра!
8 Я наде́ялся (spend) с ней ве́чер вдвоём, да́же заказа́л сто́лик на двои́х, но она́ почему́-то (brought along) с собо́й сестру́.
9 Муж дово́льно пло́хо (drives) маши́ну: сама́ не понима́ю, как мы вообще́ (got) до ва́шей кварти́ры.

10 Когда́ (we spend) выходны́е на да́че, то обы́чно (set off) из го́рода в пя́тницу ве́чером, а (return) в понеде́льник у́тром.

внести́ води́ть возвраща́ться вы́йти добра́ться идти́ носи́ть отправля́ться пойти́ поката́ться привести́ провести́ проводи́ть уе́хать

Verbs of motion in context

280 Complete the following passages by filling each of the gaps with the appropriate form of one of the verbs selected from the lists given below each passage.

Прогу́лка по Петербу́ргу

(a) В суббо́ту в полови́не деся́того утра́ мы ______ из гости́ницы «Прибалти́йская», кото́рая нахо́дится на Васи́льевском о́строве и ______ на прогу́лку по го́роду. Снача́ла мы ______ за Джо́ном, кото́рый посели́лся в гости́нице «Га́вань», недалеко́ от «Прибалти́йской», а пото́м вме́сте с ним на авто́бусе ______ до университе́та. Мы ______ в зда́ние университе́та, ______ в университе́тский кни́жный магази́н и купи́ли не́сколько откры́ток. Мы ______ из университе́та о́коло оди́ннадцати, ______ через доро́гу и ______ вдоль Невы́ к Дворцо́вому мосту́.

войти́ вы́йти (×2) дое́хать зайти́ (×2) отпра́виться перейти́ пойти́

(b) Мы ______ по мо́сту́ че́рез Неву́ и ______ к Эрмита́жу, но не ста́ли в него́ ______, а ______ на Дворцо́вую пло́щадь. На Дворцо́вой пло́щади стои́т высо́кая Александри́йская коло́нна, поста́вленная в 1834 году́ в па́мять о побе́де импера́тора Алекса́ндра Пе́рвого над Наполео́ном. Мы ______ не́сколько раз вокру́г коло́нны, сде́лали не́сколько сни́мков, и ______ на Не́вский проспе́кт.

вы́йти заходи́ть обойти́ отпра́виться подойти́ пройти́

(c) Не́вский проспе́кт — гла́вная у́лица Петербу́рга. Его́ длина́ приме́рно четы́ре с полови́ной киломе́тра. ______ по Не́вскому о́чень интере́сно — ведь по нему́ когда́-то ______ Пу́шкин, Достое́вский, Шостако́вич. Его́ описа́л в свое́й по́вести Го́голь. Мы ______ до са́мого конца́ проспе́кта — до Алекса̀ндро-Не́вской ла́вры. Алекса̀ндро-Не́вская ла́вра — э́то монасты́рь, два собо́ра и кла́дбище. Там похоро́нены Ломоно́сов, Достое́вский, Чайко́вский. Рабо́тники ла́вры объясни́ли нам, как ______ к моги́ле Достое́вского. Мы положи́ли цветы́ к его́ моги́ле и ______ к моги́ле Чайко́вского, а пото́м ещё немно́го ______ по кла́дбищу. Мы ______ отту́да часа́ в четы́ре. По́сле э́того мы ______ на ка́тере по ре́кам и кана́лам, ______ на конце́рт. В гости́ницу мы ______ на такси́ уже́ по́здно ве́чером. Э́то был замеча́тельный день!

гуля́ть дойти́ перейти́ поброди́ть поката́ться прие́хать пройти́ сходи́ть уйти́ ходи́ть

Chapter 22; also 10.4

23 Communication strategies

Formal and informal language: participles

281 In the following sentences replace the participle construction with a relative clause.

Example: **В э́той гру́ппе есть студе́нт, зна́ющий санскри́т.**
В э́той гру́ппе есть студе́нт, кото́рый зна́ет санскри́т.

1 Они́ регуля́рно звоня́т сы́ну, живу́щему в Ми́нске.
2 За сосе́дним столи́ком мы ча́сто ви́дим де́вушку, рабо́тающую в университе́тской библиоте́ке.
3 Она́ познако́милась с футболи́стом, игра́ющим за изве́стный англи́йский клуб.
4 Они́ получи́ли письмо́ от компа́нии, продаю́щей компью́теры.
5 Мы зна́ем компози́тора, пи́шущего му́зыку для фи́льмов.
6 Он написа́л кни́гу о лю́дях, живу́щих на одно́м ма́леньком о́строве.
7 Консульта́цию бу́дет проводи́ть преподава́тель, чита́ющий им ле́кции по исто́рии.
8 Худо́жник, сде́лавший компози́цию из пусты́х буты́лок, получи́л приз за оригина́льность.
9 На конфере́нции выступа́ла студе́нтка, сде́лавшая нау́чное откры́тие.
10 Мы посла́ли спи́сок вопро́сов специали́стам, сде́лавшим э́тот прибо́р.

⇨ 23.1.3

'Vvodnye slova' and discourse words

282 Complete the following sentences, using the prompts and selecting the appropriate word or phrase from the list provided below.

(a)

1 — Я уве́рен, что я зна́ю доро́гу.
— (None the less) не меша́ло бы спроси́ть кого́-нибудь на вся́кий слу́чай.
2 (Of course), у вас есть пра́во не принима́ть моё предложе́ние, е́сли оно́ вас не устра́ивает.
3 Вы, (perhaps), уже́ ви́дели э́тот фильм.
4 (Strictly speaking), таки́е вопро́сы реша́ет то́лько дека́н.
5 (Unfortunately), мы не мо́жем приня́ть ваш зака́з: (in the first place), у нас не хва́тит мест для тако́й большо́й гру́ппы, а (in the second place), и́менно в э́тот пери́од мы собира́емся закры́ть наш рестора́н на ремо́нт.

во-вторы́х во-пе́рвых к сожале́нию мо́жет быть само́ собо́й разуме́ется со́бственно говоря́ тем не ме́нее

(b)

1 До настоя́щего вре́мени никто́ из на́шего университе́та не учи́лся по обме́ну у вас на факульте́те — мы, (so to speak), первопрохо́дцы.
2 (In principle) иде́я сама́ по себе́ неплоха́я. (However), я не специали́ст в э́той о́бласти и могу́ ошиба́ться.
3 (Let us assume), тебе́ предло́жат рабо́ту в Петербу́рге, а мы с детьми́ оста́немся в Твери́ — и как ты собира́ешься плати́ть за две кварти́ры?
4 Я, (by the way), давно́ хоте́ла вас спроси́ть об э́том.
5 — Телефо́н не отвеча́ет, хотя́ я зна́ю, что они́ до́ма!
— (probably), не хотя́т разгова́ривать.

в при́нципе впро́чем допу́стим ме́жду про́чим наве́рное так сказа́ть

⇨ 23.2

Answer key

Part A: STRUCTURES

1 Sounds and spelling

Hard and soft consonants

1 берёза **бр**ать берё**шь** де́ло идё**т** и**д**у́**т** **к**оне́**ц** **н**очь река́ **р**у**к**а́

2 **б**е**р**ёте **в**е́**щ**и во́**с**е**мь** идёт **м**я́со пальто́ **р**е́**к**и **с**ёстры **с**и**д**е́**ть** у́лица

Voiced and unvoiced consonants

3 (a) ба́бушка ю́**б**ка ю́бочка обре́зать о**б**стано́вка об А́нне грибы́
гри**б** брат я́стре**б** (b) велосипе́д вдвоём **в**троём **в** па́рке **в** стака́не
в Москве́ **в** Стокго́льме Влади́мир Петро́**в** кро**вь** (c) нога́ ге́ний
угрожа́ть гла́вный груз социоло́гия социо́ло**г** гне́вный пиро́**г** но́**г**ти
(d) Вади́м отдыха́ть го**д** го́ды ежего́дный сосе́**д** сосе́ди сосе́**д**ский
подбежа́ть по**д**плы́ть (e) жа́рко но**ж** ножи́ но́**ж**ка не́жный пробе́**ж**ка
ве́жливый Пари́**ж** молодё**жь** молодёжный (f) зима́ значи́тельный
здесь во́зраст во́здух у́зкий гла**з** **из** Петербу́рга из Росси́и **из** Шотла́ндии

The letters е, ё, ю, я

4 Group (1): ле́то зе́бра мёд ребёнок люблю́ тюрьма́ пря́мо ся́дем
Group (2): е́дем въе́хал прие́хал Евро́па ёжик моё объём бьёт ю́ность
пою́ пьют ю́бка я́годы я́сно струя́ судья́

Consonant clusters; spelling rules

5 **чт**о́-то лёгкий показа́**ться**
коне́**чн**о **сч**ита́ет чи́сто**г**о
гру́**стн**ый му**жч**и́на одно**г**о́
пра́з**дн**ик уе**зж**а́ют у не**г**о́

Spelling rules: use of the letter ё

6 вёл вёз сестры́ сосе́д
вела́ везли́ чёрти сосе́ди
шёл вы́нес бе́лый испёк
несла́ вы́несли тёмный испекла́

Spelling rules: the use of а/я, у/ю, е/о, и/ы after ш, ж, ч, щ, ц; к, г, х

7

молча́т	му́жем	кни́ги
и́щут	това́рищем	отцы́
учи́лищам	ме́сяцев	ду́ши
кричу́	хоро́шее	черепа́хи

Spelling rules: use of capital letters

8

1 Во вто́рник мы идём в Ма́лый теа́тр. 2 Там идёт пье́са «Власть тьмы». 3 Я о́чень люблю́ чита́ть кни́ги на ру́сском языке́. 4 Мы шли по Тверско́й у́лице, по направле́нию к Кра́сной пло́щади и Кремлю́. 5 Са́мые заве́тные для на́шей семьи́ пра́здники — э́то Но́вый год, Рождество́ Христо́во и День Побе́ды. 6 У мно́гих англича́н неоднозна́чное отноше́ние к Европе́йскому Сою́зу. 7 Мы перее́хали сюда́ в декабре́ про́шлого го́да. 8 В своём после́днем письме́ я забы́л поздра́вить Вас с днём рожде́ния. Прошу́ извини́ть меня́.

Transliteration and transcription

9

Pskov
Astrakhan'
Èlista
Makhachkala
Novorossiisk
Krasnaia Poliana

Goncharnyi pereulok
Bol'shaia Polianka
Bul'var Profsoiuzov
Naberezhnaia Admirala Nakhimova

Aleksandr Viacheslavovich Burmistrov
Valerii Esinkin
Liza Loginova
Vania Stizhko
Ravil' Kamaletdinov
Zhenia Marchuk
Lev Reznichenko
Vladislav Tret'iak
Boris Pasternak
Leonid Semënovich Shapiro

Katiusha
Podmoskvnye vechera
Slavianskii bazar

2 Nouns

Number

10 ложь природа политика
ерунда горох оружие
чепуха сахар еда
борьба спорт изучение
вера изюм разница

11 ножницы трусы щи
чернила дрова отбросы
шорты обои данные
плавки сливки счёты

Gender

12 высокий стул второй день
сегодняшняя газета новая мебель
Белое море хорошая вещь
прошлая неделя русский словарь
молодой герой последний рубль
первое место краткая речь
полное имя серая лошадь
неожиданная радость чёрный кофе
частый гость зимнее пальто
деревянная церковь один *or* одно евро

NOTE: чёрное кофе is also possible, though considered incorrect by many speakers.

The fleeting vowel: masculine nouns ending in a consonant, -й or -ь

13 (a) молодца прыжка козла
немца рынка воробья
американца звонка ручья
отца пирожка ремня
пальца куска зайца
мудреца урока

(b) молодцы прыжки козлы
немцы рынки воробьи
американцы звонки ручьи
отцы пирожки ремни
пальцы куски зайцы
мудрецы уроки

The fleeting vowel: feminine and neuter nouns ending in -а, -я, -ь, -о, -е, -ё

14

ку́кол	ку́хонь	брёвен	серде́ц
сестёр	земе́ль	коле́ц	солнц
де́вушек	семе́й	лека́рств	пече́ний
ко́ек	церкве́й	яи́ц	ко́пий
су́деб	бу́кв		

Standard endings and declension types

15

столы́	вратари́	учи́тельницы
студе́нты	о́кна	ба́бушки
до́ллары	слова́	стару́хи
компью́теры	я́йца	но́ги
ежи́	ли́ца	ду́ши
ингуши́	моря́	кра́жи
това́рищи	чудо́вища	тёщи
мячи́	зда́ния	ку́чи
поро́ки	упражне́ния	поте́ри
пироги́	пла́тья	а́рмии
пастухи́	ру́жья	дя́ди
ге́нии	времена́	но́чи
ко́ни	ко́мнаты	ска́терти
оле́ни	звёзды	те́ни
тюле́ни	во́ды	свекро́ви

16

столо́в	подлецо́в	стару́х
фу́нтов	слов	ног
ти́гров	мест	краж
пирого́в	лиц	душ
че́ков	плеч	куч
ге́ниев	море́й	тёщ
боёв	чудо́вищ	поте́рь
еже́й	зда́ний	я́блонь
ингуше́й	упражне́ний	а́рмий
това́рищей	времён	стай
мяче́й	ко́мнат	ноче́й
коне́й	звёзд	тетра́дей
оле́ней	вод	тене́й
рубле́й	букв	мыше́й
абза́цев	учи́тельниц	

Non-standard endings and declension types

17

глаза́	цвета́	волча́та
берега́	цветы́	сосе́ди
рукава́	сту́лья	че́рти
адреса́	бра́тья	господа́
директора́	друзья́	хозя́ева
номера́	сыновья́	очки́

тома́
дома́
поезда́
города́
счета́
кры́лья
дере́вья
гра́ждане
ростовча́не
ягня́та
коле́ни
пле́чи
у́ши
чудеса́
лю́ди

18 раз
грамм *or* гра́ммов
ту́рок
солда́т
глаз
очко́в
пла́тьев
дя́дей
ю́ношей
свече́й
пе́сен
деревե́нь
бра́тьев
друзе́й
сынове́й
кры́льев
россия́н
теля́т
волча́т
сосе́дей
госпо́д
хозя́ев
уше́й
чуде́с
люде́й

NOTE: The form челове́к is used after numerals.

Declension of surnames

19 1 Я давно́ не получа́ла пи́сем от Та́ни Попо́вой. 2 Вчера́ у меня́ была́ интере́сная встре́ча с профе́ссором Бра́гиным. 3 Вчера́ мы бы́ли у Но́виковых — пра́здновали их новосе́лье. 4 Вы уже́ знако́мы с Андре́ем Рыбако́вым? 5 Я слы́шал, что он жени́лся на Ка́те Гри́шиной. 6 Он ра́ньше был жена́т на Светла́не Шевчу́к, а до э́того он жил с Тама́рой Устиме́нко. 7 Неда́вно бы́ли и́зданы дневники́ Со́фьи Андре́евны Толсто́й. 8 В про́шлом году́ мы отдыха́ли в Ита́лии вме́сте с Кольцо́выми. 9 Сове́тую тебе́ прочита́ть произведе́ния Арка́дия и Бори́са Струга́цких. 10 Моя́ жена́ чита́ла все детекти́вы Ага́ты Кри́сти.

Indeclinable nouns

20 депо́
кило́
кино́
метро́
тире́
кафе́
ре́гби
спаге́тти
протеже́
мисс
«Битлз»

3 Case

The nominative

The use of the nominative to indicate the grammatical subject

21 1 Го́род **он** зна́ет пло́хо, та́к как прие́хал сюда́ неда́вно. 2 **Э́тот го́род** сла́вится свое́й архитекту́рой. 3 Отцу́ нра́вится **тёмное пи́во**. 4 Мать **она́** потеря́ла в ра́ннем де́тстве. 5 Его́ кни́ги чита́ют **де́ти** во всём ми́ре. 6 На столе́ лежа́ли **кни́ги**. 7 **Оте́ц** положи́л кни́ги на стол. 8 **Сте́ны** в на́шем зда́нии нужда́ются в ремо́нте. 9 **Э́та карти́на** принадлежа́ла бра́ту. 10 Э́ту карти́ну купи́л **брат**.

Prepositions used with the nominative

22

1 Ка́жется, ты давно́ зна́ешь мою́ но́вую колле́гу. Скажи́, что она́ за челове́к? 2 Что э́то за докуме́нт? Там нет ни по́дписи, ни печа́ти. 3 Что э́то за гриб? Он съедо́бный? 4 В сентябре́ к нам прие́дет но́вый профе́ссор. Интере́сно, что он за учёный? 5 У неё была́ то́лько одна́ мечта́: что́бы сын вы́шел в лю́ди. 6 За́втра состои́тся встре́ча с кандида́том в депута́ты Госуда́рственной Ду́мы. 7 За́втра ве́чером мы идём в го́сти. 8 На́ша дочь реши́ла пойти́ в стюарде́ссы.

The accusative

The accusative used to indicate the direct object of a verb: singular nouns

23

1 Нет, я чита́ю не газе́ту, а кни́гу. 2 Я потеря́л не телефо́н, а бума́жник. 3 Он изуча́ет не эконо́мику, а филосо́фию. 4 Он во́дит не мотоци́кл, а грузови́к. 5 Я смотрю́ не футбо́л, а хокке́й. 6 Он чи́нит не фен, а то́стер. 7 Он слома́л не но́гу, а ру́ку. 8 Они́ хоте́ли огра́бить не банк, а магази́н. 9 Она́ полу́чит не дипло́м, а спра́вку. 10 Я варю́ не суп, а ка́шу.

24

1 На за́втрак я ем бутербро́д, ка́шу, тост и́ли яи́чницу. 2 У́тром я пью сок, во́ду, чай, ко́фе и́ли молоко́. 3 На обе́д я ем суп, ку́рицу, котле́ту, карто́фель и́ли рис. 4 На десе́рт я ем моро́женое, торт, шокола́д и́ли пу́динг. 5 На у́жин я ем сала́т, пи́ццу и́ли ры́бу. 6 В библиоте́ке я чита́ю статью́, кни́гу, уче́бник, спра́вочник и́ли энциклопе́дию. 7 В по́езде я чита́ю газе́ту, журна́л, детекти́в и́ли расска́з.

The accusative used to indicate the direct object of a verb: singular nouns qualified by an adjective

25

1 Нет, он смо́трит ску́чный фильм. 2 Нет, он чита́ет ру́сский журна́л. 3 Нет, они́ пи́шут дома́шнее сочине́ние. 4 Нет, они́ фотографи́руют ста́рую пло́щадь. 5 Нет, я смотре́л(а)/мы смотре́ли неме́цкую коме́дию. 6 Нет, я смотрю́/мы смо́трим фигу́рное ката́ние. 7 Нет, она купи́ла тёплое пальто́. 8 Нет, он купи́л си́нюю маши́ну.

The accusative used to indicate the direct object of a verb: masculine singular animate nouns

26

1 Она́ лю́бит му́жа. 2 Я предпупреди́л(а)/мы предупреди́ли отца́. 3 Я слу́шаю/мы слу́шаем профе́ссора. 4 Она́ одева́ет ребёнка. 5 Я жду/мы ждём санте́хника. 6 Я встре́тил(а)/мы встре́тили в лесу́ медве́дя. 7 Я ем/мы еди́м лосо́ся. 8 Я переводи́л(а)/ мы переводи́ли Че́хова. 9 Я слу́шал(а)/мы слу́шали Мо́царта. 10 Он игра́ет Чайко́вского.

The accusative used to indicate the direct object of a verb: masculine singular animate nouns qualified by adjectives and/or pronouns

27

1 Дочь привела́ своего́ шотла́ндского дру́га. 2 Моя́ сестра́ родила́ уже́ тре́тьего ребёнка. 3 На ле́стнице я уви́дела большо́го чёрного кота́. 4 Мы купи́ли для дете́й тако́го ми́лого щенка́. 5 Она́ стоя́ла в углу́ и внима́тельно слу́шала како́го-то высо́кого мужчи́ну.

The accusative used to indicate the direct object of a verb: inanimate nouns in the plural (with and without adjectives)

28 1 На Рождество́ при́нято писа́ть откры́тки и дари́ть пода́рки. 2 Биле́ты на самолёты и поезда́ сейча́с мо́жно зака́зывать по интерне́ту. 3 Ива́н хорошо́ гото́вит супы́, а Ли́за отли́чно де́лает сала́ты. 4 По телеви́зору они́ обы́чно смо́трят фи́льмы и виктори́ны. 5 Мы сда́ли экза́мены в ма́е. 6 По ра́дио я ча́ще всего́ слу́шаю конце́рты класси́ческой му́зыки. 7 О́сенью мы е́здим в лес собира́ть грибы́. 8 Я предпочита́ю не покупа́ть проду́кты в суперма́ркете.

9 Она́ пи́шет о́чень интере́сные статьи́. 10 Ты получа́ешь от него́ дли́нные пи́сьма? 11 Ты уме́ешь переводи́ть тру́дные те́ксты? 12 Они́, ка́жется, пою́т францу́зские пе́сни. 13 Они́ пьют то́лько сла́дкие ви́на. 14 Он подари́л ей кра́сные ро́зы. 15 Вы уже́ вы́бросили ста́рые сту́лья? 16 Вы слы́шали после́дние но́вости?

29 1 Они́ лю́бят спорти́вные, развлека́тельные и истори́ческие переда́чи. 2 Он коллекциони́рует ре́дкие, стари́нные и рукопи́сные кни́ги. 3 Они́ стро́ят жилы́е и администрати́вные зда́ния. 4 Он получи́л отли́чные, хоро́шие и удовлетвори́тельные оце́нки.

The accusative used to indicate the direct object of a verb: animate nouns in the plural (with and without qualifiers)

30 1 Сего́дня ве́чером мы ждём госте́й. 2 Ба́бушка о́чень лю́бит вну́ков. 3 На́до уважа́ть учителе́й. 4 Они́ воспи́тывают дочере́й. 5 Мно́гие ду́мают, что ко́шки ненави́дят соба́к. 6 Рекла́мное аге́нтство приглаша́ет де́вушек. 7 Мы пригласи́ли на сва́дьбу друзе́й и ро́дственников. 8 Ты лю́бишь живо́тных?

9 Журнали́сты критику́ют лени́вых бюрокра́тов. 10 В поли́ции допра́шивают опа́сных престу́пников. 11 Моя́ жена́ трени́рует молоды́х баскетболи́сток. 12 Мы позва́ли на́ших сосе́дей на ча́шку ко́фе. 13 Мини́стр созва́л иностра́нных журнали́стов. 14 Мы встреча́ли на вокза́ле росси́йских студе́нтов. 15 Она́ фотографи́рует ре́дких морски́х птиц. 16 Я ви́жу на э́той фотогра́фии каки́х-то симпати́чных ю́ношей. 17 Я консульти́ровал ва́ших но́вых студе́нток. 18 Она пригласи́ла свои́х шко́льных подру́г.

The accusative used to indicate the direct object of a verb: miscellaneous words and phrases

31 1 В городско́й библиоте́ке мо́жно чита́ть худо́жественную и нау́чную литерату́ру. 2 На ю́ге Росси́и гото́вят о́чень вку́сный борщ. 3 Он пове́сил карти́ну на сте́ну. 4 Мы должны́ убра́ть кварти́ру пе́ред визи́том госте́й. 5 Она́ уе́хала в А́фрику изуча́ть насеко́мых. 6 Мэ́рия пригласи́ла на мероприя́тие всех пенсионе́ров го́рода. 7 В рестора́не мы всегда́ оставля́ем чаевы́е. 8 Она́ пригласи́ла на день рожде́ния родны́х и бли́зких. 9 Он вёл боге́мную жизнь — люби́л лошаде́й, рестора́ны, же́нщин. 10 Она́ уе́хала из Росси́и мно́го лет наза́д, но до сих пор хорошо́ по́мнит свои́х учителе́й и сосе́дей.

Prepositions used with the accusative

32 1 Де́душка, расскажи́ нам про своё де́тство! 2 Ско́лько ты заплати́л за свою́ но́вую маши́ну? 3 Мы зна́ем, что он о́чень тала́нтлив: про него́ мно́го писа́ли. 4 Ва́ша ви́за действи́тельна с пе́рвого по двадца́тое а́вгуста. 5 Позвони́те нам че́рез ме́сяц. 6 Он положи́л пистоле́т под поду́шку и мгнове́нно засну́л. 7 Мы до́лго пробира́лись че́рез лес и, наконе́ц, вы́шли к бе́регу реки́. 8 Сквозь тума́н мы ничего́ не ви́дели. 9 Авто́бус ре́зко затормози́л, и я бо́льно уда́рился о стекло́. 10 Его́ оштрафова́ли за безбиле́тный прое́зд в электри́чке.

The accusative case: miscellaneous forms and uses

33

Ро́дственники

Посмотри́те на э́ту фотогра́фию. На э́той фотогра́фии вы ви́дите мою́ сестру́, на́шего де́душку, моего́ бра́та и его́ жену́. Я сфотографи́ровал их в про́шлом году́.

Сле́ва моя́ сестра́ Же́ня. Она́ в футбо́лке и чёрных джи́нсах. Она́ всегда́ но́сит чёрные джи́нсы. Она́ лю́бит игра́ть в футбо́л, но не о́чень лю́бит ходи́ть в шко́лу. Она́ зна́ет всех знамени́тых футболи́стов. Же́ня мечта́ет пое́хать в Ю́жную А́фрику на чемпиона́т ми́ра.

В це́нтре де́душка. Он сел на стул, потому́ что у него́ боля́т но́ги. Де́душка де́ржит в руке́ неме́цкую газе́ту. Наш де́душка зна́ет неме́цкий язы́к. Он чита́л Зи́гмунда Фре́йда в оригина́ле.

Спра́ва стоя́т брат и его́ жена́. Мой брат преподава́тель. Он преподаёт междунаро́дные отноше́ния и политоло́гию. Его́ жену́ зову́т Кристи́на. Она́ худо́жница. Она́ прекра́сно рису́ет цветы́, живо́тных и птиц. Она прие́хала в Росси́ю из Литвы́. Брат смо́трит не на меня́, а на свою́ жену́: он обожа́ет её.

Веб-диза́йнер

Алёна и Ди́ма воспи́тывают пятиле́тнего сына и трёхле́тнюю дочь. Они́ собира́ются постро́ить свой дом. Они́ мечта́ют пригласи́ть на новосе́лье всех свои́х друзе́й, а пока́ снима́ют скро́мную двухкомна́тную кварти́ру. Практи́чески все свои́ де́ньги они́ тра́тят на жильё и пита́ние. За всю свою́ жизнь они́ бы́ли на мо́ре то́лько оди́н раз.

Иногда́ они́ е́здят в сосе́дний го́род к роди́телям Алёны и́ли в ма́ленькую дере́вню к роди́телям Ди́мы. Ди́ма уважа́ет своего́ те́стя и свою́ тёщу, а Алёна лю́бит своего́ свёкра и свою́ свекро́вь. А их роди́тели обожа́ют свои́х вну́ков. Ди́ма — веб-диза́йнер и уже́ име́ет свои́х постоя́нных клие́нтов. Всю ночь он сиди́т за компью́тером, а весь день спит. Алёна де́лает всю дома́шнюю рабо́ту. Они́ давно́ хоте́ли име́ть свою́ маши́ну, и в про́шлом году́ Ди́ма купи́л ста́рый джип за ты́сячу до́лларов. Тепе́рь Ди́ма всё время чи́нит его́, так что де́ти почти́ не ви́дят своего́ па́пу.

The genitive

The genitive in constructions involving two nouns

34

1 гара́ж дя́ди 2 слова́рь студе́нтки 3 тра́ктор фе́рмера 4 колле́кция музе́я 5 исто́рия семьи́ 6 со́бственность госуда́рства 7 ту́фли сестры́ 8 а́дрес Ивана 9 права́ челове́ка 10 сбереже́ния гра́ждан 11 зе́мли поме́щиков 12 кни́ги студе́нтов 13 да́ча знако́мых 14 кварти́ра роди́телей 15 де́ньги налогоплате́льщиков

35

1 Я по́льзуюсь маши́ной отца́ — моя́ сейча́с в ремо́нте. 2 Орке́стр игра́л превосхо́дно — к сожале́нию, я забы́ла фами́лию дирижёра. 3 Бра́ту сосе́да сде́лали опера́цию на се́рдце. 4 Здесь на́до примени́ть теоре́му Пифаго́ра. 5 В тео́рии относи́тельности де́йствуют други́е зако́ны. 6 Мы провели́ чуде́сную неде́лю на да́че друзе́й. 7 Э́то стро́ки из стихотворе́ния Пу́шкина. 8 Лу́чше всего́ вы́слать кни́гу по а́дресу сестры́.

The genitive in constructions involving two nouns: nouns with qualifiers

36

1 Де́душка на́шей сосе́дки в своё вре́мя рабо́тал в ци́рке. 2 Дочь моего́ дру́га поёт в хо́ре. 3 Секрета́рша но́вого ре́ктора подгото́вила ну́жные докуме́нты. 4 Оте́ц молодо́й балери́ны приходи́л на ка́ждый спекта́кль. 5 Э́та спортсме́нка — чемпио́нка Че́шской Респу́блики по бе́гу. 6 Ты не мо́жешь подсказа́ть мне а́дрес хоро́шей апте́ки? 7 Лицо́ э́того челове́ка я никогда́ не забу́ду. 8 Я о́чень горжу́сь достиже́ниями мои́х дете́й. 9 Э́та информа́ция была́ опублико́вана на са́йтах всех брита́нских газе́т. 10 Мы вели́ перегово́ры с представи́телями ра́зных кру́пных организа́ций.

The genitive indicating a relationship

37

Бангко́к — э́то столи́ца Таила́нда.
Братисла́ва — э́то столи́ца Слова́кии.
Будапе́шт — э́то столи́ца Ве́нгрии.
Варша́ва — э́то столи́ца По́льши.
Ерева́н — э́то столи́ца Арме́нии.
Исламаба́д — э́то столи́ца Пакиста́на.
Ки́ев — э́то столи́ца Украи́ны.
Мани́ла — э́то столи́ца Филиппи́н.
Отта́ва — э́то столи́ца Кана́ды.
Хано́й — э́то столи́ца Вьетна́ма.

The genitive used to indicate part of a whole

38

1 В нача́ле ле́кции в за́ле неожи́данно пога́с свет. 2 К середи́не ле́та го́род опусте́л. 3 В конце́ фи́льма герои́ня выхо́дит за́муж. 4 Для ча́сти гру́ппы экза́мен бу́дет тру́дным. 5 В нача́ле игры́ сильне́е вы́глядела на́ша кома́нда.

Chains of nouns in the genitive

39

1 На собра́нии акционе́ров вы́ступил председа́тель сове́та директоро́в. 2 Из-за непого́ды бы́ло отло́жено нача́ло сбо́ра урожа́я. 3 Давно́ пора́ по-серьёзному заня́ться пробле́мой утилиза́ции отхо́дов. 4 Нас всех пригласи́ли на откры́тие вы́ставки импрессиони́стов. 5 Мы получи́ли грант на публика́цию материа́лов конфере́нции. 6 Меня́ о́чень интересу́ют воспомина́ния ветера́нов войны́. 7 Наш профе́ссор уже́ мно́го лет изуча́ет леге́нды наро́дов Се́вера. 8 Приня́то реше́ние публикова́ть дохо́ды чле́нов парла́мента. 9 Начина́ем на́шу переда́чу с обзо́ра собы́тий неде́ли.

The genitive used to indicate the performer of an action

40

1 игра́ пиани́ста 2 плач ребёнка 3 враще́ние земли́ 4 рабо́та насо́са 5 шум мо́ря 6 рису́нок де́вочки 7 вопро́с учи́теля 8 лай соба́ки 9 скрип две́ри 10 консульта́ция профе́ссора 11 звон колоколо́в 12 пе́ние птиц

The genitive used to indicate the object of an action

41

1 чте́ние ме́стных газе́т 2 исполне́ние о́перной а́рии 3 приме́рка я́ркого костю́ма 4 рису́нок трёхэта́жного до́ма 5 фотогра́фия далёкой звезды́ 6 строи́тельство олимпи́йского стадио́на 7 перево́д ва́жной ре́чи 8 ограбле́ние кру́пного ба́нка 9 аре́ст опа́сных престу́пников 10 испыта́ние ла́зерного ору́жия

The use of the genitive in quantity expressions

42 (a) ча́шка ко́фе; мешо́к карто́шки; пучо́к укро́па (b) буты́лка вина́; па́чка сигаре́т; коро́бка конфе́т (c) деся́ток яи́ц; лист бума́ги; голо́вка чеснока́ (чесноку́) (d) па́ра носко́в; набо́р инструме́нтов; горсть оре́хов

43 1 В столо́вой бы́ло мно́го студе́нтов, и я реши́л перекуси́ть в ба́ре. 2 Сего́дня я отве́тил на не́сколько пи́сем. 3 Э́та маши́на когда́-то сто́ила ку́чу де́нег. 4 О́коло стадио́на собрала́сь толпа́ боле́льщиков. 5 У нас течёт труба́ на ку́хне: за́ ночь набира́ется це́лое ведро́ воды́.

6 На столе́ лежа́ла сто́пка нау́чных журна́лов. 7 Мо́жно я возьму́ ещё кусо́к я́блочного пирога́? 8 Сади́тесь, пожа́луйста. Хоти́те ча́шку горя́чего ча́я? 9 Разреши́те предложи́ть вам бока́л сухо́го вина́. 10 Купи́, пожа́луйста буха́нку ржано́го хлеба, ба́нку тёмного мёда, па́чку сла́дкого пече́нья и паке́тик солёных оре́шков.

Verbs that take an object in the genitive

44 1 Я совсе́м не бою́сь темноты́. 2 Ра́зве ты не бои́шься ядови́тых змей? 3 Поздравля́ем с рожде́нием до́чери! Жела́ем малы́шке кре́пкого здоро́вья, регуля́рного сна́, хоро́шего аппети́та. 4 Поздравля́ем с оконча́нием университе́та! Жела́ем снача́ла хоро́шего о́тдыха, а пото́м интере́сной рабо́ты, высо́кой зарпла́ты, фантасти́ческой карье́ры. 5 Мы писа́ли им не́сколько раз и, наконе́ц, доби́лись официа́льного отве́та. 6 К ве́черу мы дости́гли верши́ны горы́. 7 Вес ка́рпа в э́том пруду́ достига́ет пяти́ килогра́ммов. 8 В результа́те автомоби́льной ава́рии она́ лиши́лась ле́вой ноги́. 9 Я не оплати́л сего́дня парко́вку, но ка́к-то избежа́л штра́фа. 10 Сквозь сон он почу́вствовал, как кто́-то косну́лся его́ пра́вой руки́.

45 1 За э́ти го́ды кома́нда доби́лась высо́ких результа́тов. 2 Поздравля́ем вас с бракосочета́нием. Жела́ем вам благополу́чия, любви́, кре́пкой и дру́жной семьи́. 3 Я не знал, что ты так бои́шься пауко́в. 4 Благодаря́ отли́чной игре́ вратаря́ мы избежа́ли пораже́ния. 5 Она́ лиши́лась роди́телей в ра́ннем во́зрасте. 6 Температу́ра во́здуха здесь достига́ет сорока́ гра́дусов в тени́. 7 На́ши поли́тики говоря́т, что мы не должны́ боя́ться экономи́ческого кри́зиса. 8 Извини́, но тебя́ э́то не каса́ется. 9 Совреме́нные раке́ты достига́ют це́ли в любо́й то́чке плане́ты. 10 В разгово́ре с ней я прошу́ вас не каса́ться э́той те́мы.

Prepositions followed by the genitive

46 1 У на́ших друзе́й есть соба́ка. 2 Нельзя́ свари́ть щи без воды́, со́ли, мя́са и овоще́й. 3 Он вы́шел из до́ма без зо́нта, ша́пки и перча́ток. 4 Она́ купи́ла пода́рки для му́жа, ма́тери и до́чери. 5 Э́ти де́ньги для опла́ты счето́в. 6 Сок де́лают из овоще́й и фру́ктов. 7 Э́та ба́нка из-под варе́нья и́ли компо́та. 8 Рейс отмени́ли из-за густо́го тума́на. 9 Мы опозда́ли из-за Фёдора и Евге́ния. 10 Она́ оста́вила рабо́ту ра́ди дете́й. 11 Они́ голосу́ют про́тив э́того кандида́та. 12 Э́та демонстра́ция про́тив ра́совой дискримина́ции. 13 Он не добежа́л до фи́ниша. 14 Они́ получи́ли кру́пный зака́з от изве́стной фи́рмы. 15 Он отказа́лся от на́шего предложе́ния. 16 На́до хорошо́ отдохну́ть по́сле тяжёлой рабо́ты. 17 Он ест почти́ всё, кро́ме свини́ны и креве́ток. 18 Сего́дня вме́сто больно́го профе́ссора ле́кцию нам чита́л незнако́мый преподава́тель.

47 1 До нача́ла спекта́кля ещё полчаса́ — мы успе́ем вы́пить по ча́шке ко́фе. 2 Ле́на сли́шком до́лго де́лала макия́ж, и из-за неё мы опозда́ли к нача́лу спекта́кля. 3 Я сде́лал э́ту фотогра́фию, когда́ мы проезжа́ли ми́мо о́зера. 4 Она́ замени́ла в ку́хне полоте́нце для рук. 5 На юбиле́й де́душки прие́хали все ро́дственники, кро́ме больно́й тёти. 6 Како́е-то вре́мя авто́бус е́хал вдоль желе́зной доро́ги. 7 Внутри́ пусто́го до́ма бы́ло темно́ и сы́ро. 8 У нас заня́тия по ру́сскому языку́ четы́ре дня в неде́лю: ка́ждый день, кро́ме среды́. 9 Мы получи́ли вчера́ письмо́ из Австра́лии от ста́рых па́пиных друзе́й. 10 От Москвы́ до Санкт-Петербу́рга приме́рно 650 киломе́тров. 11 Среди́ одноклáссников он выделя́лся высо́ким ро́стом. 12 В лаборато́рии он всегда́ серьёзен и молчали́в, но вне университе́та он постоя́нно смеётся и шути́т.

The genitive case: miscellaneous forms and uses

48 Золота́я ры́бка

На берегу́ о́зера жил мужи́к. Изба́ у него была́ плоха́я, де́нег не́ было, жены́ то́же. Пришла́ зима́. О́зеро замёрзло. У мужика́ не оста́лось никако́й еды́. Он сде́лал про́рубь во льду и стал лови́ть ры́бу. Че́рез пять мину́т на крючо́к попа́ла золота́я ры́бка. Мужи́к о́чень удиви́лся. Он ещё бо́льше удиви́лся, когда́ услы́шал от золото́й ры́бки таки́е слова́:

— Отпусти́ меня́, мужичо́к. За э́то я испо́лню три жела́ния. Како́е твоё пе́рвое жела́ние?

Мужи́к поду́мал и сказа́л:

— Мо́жно попроси́ть но́вый дом вме́сто ста́рого?

И тут же у са́мого бе́рега недалеко́ от избы́ вы́росли сте́ны большо́го краси́вого до́ма.

— Како́е бу́дет твоё второ́е жела́ние? — обрати́лась к нему́ золота́я ры́бка ла́сковым го́лосом.

Мужи́к обалде́л от тако́го чу́да и произнёс скро́мно:

— А сто грамм во́дки мо́жно?

В ту же мину́ту перед ним появи́лся стол, а на столе́ рю́мка его́ люби́мого напи́тка.

— Нет ли у тебя́ ещё како́го-нибудь жела́ния? — спроси́ла ры́бка. — То́лько ду́май бы́стро! У тебя́ оста́лось де́сять секу́нд!

Мужи́к почеса́л заты́лок и объяви́л:

— Хочу́ заку́ску из золото́й ры́бки!

И в то же мгнове́ние всё исче́зло. Не оста́лось ничего́, кро́ме бе́лого сне́га, тёмного ле́са и его́ бе́дной избу́шки.

Лу́чшая заку́ска — марино́ванные грибы́!

The dative

The dative used to indicate the direct object or the recipient of an action: nouns

49 1 Нет, я купи́л э́тот журна́л жене́. 2 Нет, он сейча́с звони́т Серге́ю. 3 Нет, она́ дала́ кни́гу студе́нтке. 4 Нет, мы посла́ли/я посла́л(а) откры́тку де́душке и ба́бушке. 5 Нет, он подари́л цветы́ ма́тери. 6 Нет, она́ оста́вила еду́ ко́шке и соба́ке. 7 Нет, она́ улыбну́лась Анато́лию. 8 Нет, они́ жа́ловались прокуро́ру. 9 Нет, он переда́л приве́т Ли́дии Бори́совне. 10 Нет, я отпра́вила приглаше́ние Та́не У́ткиной.

50 1 Я рассказа́л о конфли́кте адвока́ту. 2 Мы сообщи́ли/я сообщи́л(а) о кра́же милиционе́ру. 3 Я показа́л текст профе́ссору. 4 Врач не рекоменду́ет кури́ть пацие́нту. 5 Библиотека́рь вы́дал кни́гу чита́телю. 6 Писа́тель завеща́л свой архи́в музе́ю. 7 Она́ объясня́ет но́вые пра́вила студе́нтам. 8 Брат подари́л соба́ку де́тям. 9 Студе́нты отвеча́ют на экза́мене преподава́телям. 10 Ка́ждый ме́сяц она́ посыла́ет посы́лки роди́телям. 11 Спортсме́ны даю́т авто́графы боле́льщикам. 12 А́втор посвяща́ет свою́ кни́гу ветера́нам.

The dative used to indicate the direct object or the recipient of an action: nouns with qualifiers

51 1 Он верну́л кни́гу росси́йскому колле́ге. 2 Она́ дала́ интервью́ начина́ющему журнали́сту. 3 Золоту́ю меда́ль вручи́ли кита́йской спортсме́нке. 4 Худо́жник подари́л свои́ карти́ны городско́й галере́е. 5 Мы пока́зывали Ло́ндон на́шему ру́сскому го́стю. 6 Вот э́тому пацие́нту предстои́т сло́жная опера́ция. 7 Ба́бушка подари́ла свой пе́рстень ста́ршей вну́чке. 8 Мы о́тдали ключ от но́мера го́рничной. 9 В понеде́льник они́ отпра́вили това́р япо́нским партнёрам. 10 Э́ту ка́меру производи́тель рекоменду́ет профессиона́льным фото́графам. 11 Она́ посыла́ет откры́тки всем да́льним ро́дственникам. 12 Не показыва́йте ва́шу креди́тную ка́рточку посторо́нним лю́дям. 13 Я сказа́л твои́м но́вым знако́мым, что сле́дующий конце́рт бу́дет че́рез неде́лю. 14 К сожале́нию, мы не мо́жем разреши́ть иностра́нным колле́гам беспла́тно по́льзоваться э́той ба́зой да́нных. 15 Я покажу́ э́тот текст одно́й мое́й знако́мой: наде́юсь, она́ смо́жет его́ перевести́.

The dative used to indicate the direct object or the recipient of an action: surnames

52

Спле́тни

Ивано́в сообщи́л но́вость Си́дорову, Си́доров сказа́л Па́ниной, Па́нина шепну́ла Што́кману, Што́кман переда́л Соколо́вской, Соколо́вская позвони́ла Петре́нко, Петре́нко рассказа́л по секре́ту Ивано́ву. Ивано́в не пове́рил!

The use of the dative to denote the logical subject in impersonal constructions

53 1 Мне ка́жется, мы заблуди́лись. 2 Сейча́с два часа́ но́чи, но мне почему́-то не спи́тся. 3 Вчера́ ей удало́сь купи́ть одну́ кни́гу, кото́рую она́ иска́ла полго́да. 4 Ей о́чень хо́чется попро́бовать себя́ в но́вой ро́ли. 5 Мы совсе́м не спеши́м домо́й — у мо́ря нам о́чень хорошо́. 6 Ему́ присни́лось, бу́дто он лета́ет как пти́ца. 7 Извини́, что тебе́ пришло́сь ждать: я до́лго иска́ла ну́жную кни́гу. 8 На́шему преподава́телю не везёт в семе́йной жи́зни: он жени́лся и разводи́лся пять раз. 9 Е́сли вам там не о́чень удо́бно, мо́жно пересе́сть в друго́е кре́сло. 10 Почему́ ты пи́шешь на ста́рых конве́ртах? Тебе́ жа́лко бума́ги?

54 1 Гали́не на́до учи́ться в университе́те ещё год. 2 Мне ну́жно сро́чно позвони́ть домо́й. 3 Тебе́ не сле́дует беспоко́иться; ничего́ стра́шного не случи́тся. 4 Мое́й жене́ прихо́дится полтора́ часа́ добира́ться до ме́ста рабо́ты. 5 Студе́нтам запреща́ется по́льзоваться словарём во вре́мя экза́мена. 6 На́шим сотру́дникам запрещено́ выноси́ть докуме́нты из зда́ния. 7 Нам посчастли́вилось попа́сть в Большо́й теа́тр на «Лебеди́ное о́зеро». 8 Им всем надое́ло слу́шать э́ти ста́рые анекдо́ты. 9 Лю́дям обы́чно не нра́вится, когда́ их критику́ют. 10 Ра́зве вам всё равно́, кто победи́т на предстоя́щих вы́борах?

Verbs that take an object in the dative

55 1 Она́ ве́рит ма́тери и отцу́. 2 В автошко́ле он научи́лся вожде́нию. 3 Они́ ра́дуются побе́де. 4 Су́мма э́тих чи́сел равня́ется нулю́. 5 И́нна не доверя́ет молчали́вым мужчи́нам. 6 В по́езде Ива́н помо́г молодо́й же́нщине. 7 Све́жая зе́лень спосо́бствует пищеваре́нию. 8 Они́ удивля́ются на́шим достиже́ниям. 9 Их маши́на меша́ет пешехо́дам. 10 Э́тот заво́д принадлежи́т одно́й о́чень изве́стной иностра́нной фи́рме.

56 1 На после́днем ку́рсе у студе́нтов есть возмо́жность учи́ться синхро́нному перево́ду. 2 Кури́льщики вредя́т не то́лько себе́, но и окружа́ющим. 3 Де́вушка, вы не могли́ бы помо́чь мне перейти́ у́лицу? Я пло́хо ви́жу. 4 Он обеща́л бро́сить пить, но я ему́ не ве́рю. 5 Что э́то за рекла́мные проспе́кты? Им нельзя́ доверя́ть. 6 Мы успе́ли привы́кнуть ко всему́ — бо́льше ничему́ не удивля́емся. 7 При мно́гих боле́знях све́жий во́здух спосо́бствует выздоровле́нию. 8 Наде́емся, что стро́гий каранти́н бу́дет препя́тствовать распростране́нию боле́зни. 9 В не́которых места́х э́тот перево́д не соотве́тствует оригина́лу. 10 Мно́гие экспе́рты счита́ют, что но́вый зако́н противоре́чит конститу́ции.

Prepositions followed by the dative

57 1 В зоопа́рке не подходи́те бли́зко к живо́тным. 2 Моя́ сестра́ хо́дит то́лько к э́тому парикма́херу. 3 Они́ на́няли для до́чери репети́тора. Снача́ла она́ ходи́ла к нему́ по пя́тницам, но тепе́рь он прихо́дит к ней ка́ждую суббо́ту. 4 Брита́нская ви́лка не подхо́дит к континента́льной розе́тке, поэ́тому на́до покупа́ть переходни́к. 5 Э́ти това́ры отлича́ются по цене́, но не по ка́честву. 6 Мы вы́играли э́тот матч, потому́ что ча́ще би́ли по воро́там. 7 Хоти́те купи́ть подро́бный спра́вочник по ру́сскому языку́? «Совреме́нная ру́сская грамма́тика» Да́нна и Ха́йрова уже́ в прода́же. 8 Благодаря́ ва́шей по́мощи мы смогли́ доби́ться высо́ких результа́тов. 9 Вопреки́ сове́ту подру́ги она́ всё же вы́шла за него́ за́муж. 10 Согла́сно стати́стике то́лько че́тверть взро́слого населе́ния э́той о́бласти выезжа́ла когда́-либо за грани́цу.

58 1 Э́тот га́лстук прекра́сно подхо́дит к моє́й но́вой си́ней руба́шке. 2 Иди́те по коридо́ру, пото́м спусти́тесь по ле́стнице на второ́й эта́ж. 3 Как вы отно́ситесь к совреме́нному иску́сству? 4 Вопреки́ запре́там враче́й он продолжа́л кури́ть. 5 Благодаря́ твоему́ дру́гу мы смогли́ попа́сть на презента́цию прое́кта. 6 Согла́сно опро́су обще́ственного мне́ния лю́ди бо́льше интересу́ются ме́стными собы́тиями, чем пробле́мами мирово́го масшта́ба. 7 Навстре́чу на́шему кораблю́ двига́лось како́е-то судно́. 8 Пожа́луйста, купи́ по доро́ге домо́й что́-нибудь к ча́ю. 9 Он слу́жит в отде́ле по борьбе́ с экономи́ческими преступле́ниями. 10 Говоря́т, что по происхожде́нию он из дина́стии Рома́новых.

The preposition по used with the dative

59 1 По свои́м взгля́дам э́тот поли́тик бли́зок к либера́лам. 2 В суббо́ту звони́те мне по э́тому но́меру. 3 У тебя́ есть до́ма интерне́т? Тогда́ бу́дем держа́ть связь по электро́нной по́чте. 4 По э́тому мосту́ нельзя́ ходи́ть, мо́жно то́лько е́здить. 5 За́втра у меня́ экза́мен по англи́йской литерату́ре. 6 По образова́нию я фило́лог-слави́ст, хотя́ тепе́рь я рабо́таю совсе́м в друго́й сфе́ре. 7 Сего́дня начина́ется чемпиона́т ми́ра по фигу́рному ката́нию. 8 У вас нет случа́йно путеводи́теля по Петербу́ргу? 9 По моему́ мне́нию, в э́той статье́ не хвата́ет фа́ктов. 10 Не стучи́, пожа́луйста, па́льцами по столу́ — э́то меня́ раздража́ет.

Miscellaneous uses of the dative

60 1 Кристи́на по профе́ссии — врач; Мари́я — домохозя́йка; Ште́фи по профе́ссии — стюарде́сса; А́ртур — пенсионе́р; Джек по профе́ссии — полице́йский. 2 А́ртуру тру́дно чита́ть. 3 Дже́ку нра́вится Ште́фи. 4 Мари́я и Ште́фи хо́дят в го́сти к Кристи́не. 5 Мари́и на́до быть до́ма в де́вять часо́в. 6 Ште́фи и Дже́ку не удаётся посеща́ть заня́тия регуля́рно. 7 Кристи́не со́рок лет. 8 Нет, Кристи́не не прихо́дится пропуска́ть заня́тия из-за рабо́ты.

The instrumental

The use of the instrumental to indicate the instrument or means by which something is carried out

61 1 Мы ре́жем хлеб ножо́м. 2 Мы еди́м суп ло́жкой. 3 Мы забива́ем гвоздь молотко́м. 4 Мы чи́стим оде́жду и о́бувь щёткой. 5 Рыбаки́ ло́вят ры́бу се́тью. 6 Мы мо́ем во́лосы шампу́нем. 7 Мы вытира́ем лицо́ полоте́нцем. 8 Мы открыва́ем буты́лку што́пором. 9 Мы открыва́ем дверь ключо́м. 10 Мы полива́ем цветы́ водо́й.

62 1 Э́ти ковры́ не рекоменду́ется чи́стить пылесо́сом. 2 Она́ погрози́ла ма́льчику па́льцем. 3 В Росси́и избира́тельные бюллете́ни не заполня́ются карандашо́м. 4 Соедини́те, пожа́луйста, э́ти страни́цы скре́пкой. 5 Сове́тую закле́ить э́ту цара́пину пла́стырем. 6 Поли́ция разгоня́ла демонстра́нтов дуби́нками. 7 Он откуси́л ни́тку зуба́ми. 8 Ме́стные жи́тели едя́т плов па́льцами.

9 Мы протира́ем очки́ мя́гкой тка́нью. 10 Мы чи́стим зубы́ зубно́й щёткой. 11 Э́ти сни́мки я сде́лал цифрово́й ка́мерой. 12 Ра́ну на́до обрабо́тать медици́нским спи́ртом. 13 Э́ту я́зву мо́жно вы́лечить специа́льной ма́зью. 14 Я пишу́ си́ней ру́чкой, а Ива́н пи́шет просты́м карандашо́м. 15 Она́ угоща́ла нас горя́чими пирожка́ми. 16 Мы отра́вились ядови́тыми гриба́ми.

The use of the instrumental to indicate the agent in a passive construction

63 1 Ева́нгелие впервы́е бы́ло переведено́ на славя́нский язы́к Кири́ллом и Мефо́дием. 2 Фильм «Бронено́сец Потёмкин» был снят Серге́ем Эйзенште́йном. 3 Бале́т «Лебеди́ное о́зеро» был со́здан Петро́м Ильичо́м Чайко́вским. 4 Рома́н «Архипела́г ГУЛА́Г» был напи́сан Алекса́ндром Солжени́цыным. 5 Росси́йская акаде́мия наук была́ осно́вана Екатери́ной Пе́рвой. 6 Перестро́йка в СССР была́ начата́ Михаи́лом Горбачёвым. 7 Се́рия детекти́вов об Анастаси́и Каме́нской была́ напи́сана Алекса́ндрой Мари́ниной. 8 Пе́рвый шаг на Луне́ был сде́лан Ни́лом А́рмстронгом. 9 Электри́ческая ла́мпочка была́ изобретена́ Джо́зефом Уи́лсоном Суо́ном. 10 Периоди́ческая табли́ца хими́ческих элеме́нтов была́ соста́влена Дми́трием Менделе́евым. 11 Пе́рвый полёт в ко́смос был совершён Ю́рием Гага́риным. 12 Радиоакти́вный элеме́нт ра́дий был откры́т Мари́ей Склодо́вской-Кюри́.

The use of the instrumental to indicate the complement

64 1 Её ли́чная жизнь остаётся для нас та́йной. 2 Она́ отказа́лась выходи́ть за него́ за́муж: он оказа́лся негодя́ем. 3 Ты не уме́ешь счита́ть де́ньги, поэ́тому ты никогда́ не ста́нешь миллионе́ром. 4 Ва́цлав Га́вел явля́ется почётным до́ктором на́шего университе́та.

5 Твой друг показа́лся нам интере́сным собесе́дником. 6 Э́тот слова́рь бу́дет лу́чшей награ́дой тому́, кто переведёт э́то стихотворе́ние. 7 Ра́ньше э́та часть го́рода была́ опа́сной и гря́зной, но за после́дние три го́да она ста́ла прия́тной и чи́стой. 8 Тогда́ она́ показа́лась мне весёлой и привлека́тельной, но тепе́рь она́ вы́глядит мра́чной и некраси́вой.

The use of the instrumental to indicate a predicate with a transitive verb, to indicate a state or capacity and in adverbial functions

65 1 У неё филологи́ческое образова́ние, и она́ тепе́рь рабо́тает перево́дчицей. 2 Меня́ вы́брали председа́телем на́шего фотоклу́ба. 3 Что Вы чу́вствовали, когда́ Вас избра́ли депута́том парла́мента? 4 Его́ назна́чили посло́м в одну́ из африка́нских стран. 5 Моего́ дя́дю назна́чили гла́вным судьёй на фина́льный матч. 6 Э́ту певи́цу называ́ют короле́вой джа́за. 7 Она́ называ́ла му́жа за́йчиком, а он называ́л жену́ мы́шкой. 8 В а́рмию он ушёл совсе́м мальчи́шкой, а верну́лся уже́ взро́слым мужчи́ной. 9 Ста́рший брат служи́л для меня́ приме́ром во всём. 10 Настоя́щим а́втором кни́ги «Маркси́зм и филосо́фия языка́» счита́ют Михаи́ла Бахтина́.

Verbs that take an object in the instrumental

66 1 В свобо́дное вре́мя я занима́юсь составле́нием кроссво́рдов. 2 При опла́те поку́пок в суперма́ркете я по́льзуюсь креди́тной ка́рточкой. 3 Когда́ я де́лаю перево́ды, я по́льзуюсь са́мыми совреме́нными словаря́ми. 4 Э́тот бизнесме́н владе́ет кру́пной се́тью оте́лей. 5 Он располага́ет огро́мными су́ммами де́нег. 6 Я увлека́юсь рок-му́зыкой. 7 Моя́ дочь интересу́ется дре́вней исто́рией. 8 Я бо́льше всего́ восхища́юсь Пу́шкиным и Достое́вским. 9 На́ша фи́рма торгу́ет превосхо́дными францу́зскими ви́нами. 10 Здесь па́хнет бензи́ном.

67 1 Ру́сский писа́тель Набо́ков владе́л уника́льной колле́кцией ба́бочек. 2 Я не доверя́ю компью́терам и никогда́ не по́льзуюсь электро́нной по́чтой. 3 Чино́вников критику́ют за то, что они́ злоупотребля́ют служе́бным положе́нием. 4 Я поступи́ла на филологи́ческий факульте́т, потому́ что о́чень интересу́юсь совреме́нной литерату́рой. 5 Мы о́чень горди́мся все́ми на́шими достиже́ниями. 6 Он ничего́ не сказа́л, но кивну́л голово́й в знак согла́сия. 7 На́шей организа́цией руково́дит челове́к с больши́м о́пытом рабо́ты в Росси́и. 8 Хорошо́ бы́ло бы организова́ть встре́чу, на кото́рой мы могли́ бы обменя́ться о́пытом. 9 Никто́ не име́ет пра́ва пренебрега́ть пра́вилами безопа́сности на рабо́те. 10 Во вре́мя собесе́дования с бу́дущим нача́льником не сле́дует пожима́ть плеча́ми, а рекоменду́ется ве́жливо отвеча́ть на все вопро́сы.

Prepositions followed by the instrumental

68 1 Она́ е́здила в Ло́ндон с до́черью. 2 Прошу́ не разгова́ривать со мной таки́м то́ном. 3 За́втра у меня́ бу́дет встре́ча с профе́ссором Попо́вым. 4 Ме́жду ста́нцией и музе́ем есть небольшо́й парк. 5 Э́ту карти́ну я хочу́ пове́сить над пи́сьменным столо́м. 6 В э́том до́ме произошёл взрыв га́за. К сча́стью, никто́ не поги́б под обло́мками. 7 За э́тим забо́ром нахо́дится психиатри́ческая кли́ника. 8 Дава́йте зайдём пе́ред спекта́клем в бар. 9 Над тобо́й нет нача́льников, потому́ что ты уже́ на пе́нсии! 10 Мари́ны сейча́с нет. За ней зае́хал друг на мотоци́кле, и они́ куда́-то уе́хали.

69 1 Ка́ждую пя́тницу она́ хо́дит в кафе́ со ста́рыми подру́гами. 2 Дава́йте встре́тимся ро́вно в семь пе́ред теа́тром. 3 Мы опя́ть не могли́ спать: за стено́й всю ночь кто́-то игра́л на гита́ре. 4 Я не сове́тую оставля́ть ключ под ко́вриком. 5 Над гла́вными доро́гами патрули́ровали вертолёты. 6 Ме́жду боле́льщиками э́тих кома́нд ча́сто быва́ют дра́ки. 7 Э́тот музе́й нахо́дится под Москво́й. 8 Она́ всегда́ о́чень волну́ется пе́ред экза́менами. 9 За пе́рвым фо́кусом после́довал второ́й, тре́тий, а пото́м фо́кусник вдруг исче́з сам! 10 Они́ зайду́т за на́ми в де́сять часо́в, и мы вме́сте пойдём на вы́ставку.

The use of с(о) with the instrumental

70 1 Мы еди́м ка́шу ло́жкой. 2 Я люблю́ чёрный хлеб с со́лью. 3 Мно́гие хотя́т поговори́ть с президе́нтом. 4 Мы пое́дем в Москву́ по́ездом. 5 Мне тру́дно дыша́ть но́сом. 6 Сего́дня шёл снег с дождём. 7 Он вы́пил во́дку одни́м глотко́м. 8 Он пригото́вил макаро́ны с сы́ром. 9 Э́то откры́тие сде́лано профе́ссором Петро́вым. 10 Почему́ вы не посове́товались со мной?

Miscellaneous uses of the instrumental

71 1 Тре́нер назна́чил меня́ капита́ном кома́нды. 2 Его́ де́ти ста́вили спекта́кли, когда́ бы́ли шко́льниками. 3 Ка́ннский фестива́ль явля́ется крупне́йшим собы́тием в жи́зни мирово́го кинемато́графа. 4 Мой брат ра́ньше служи́л в а́рмии, а тепе́рь рабо́тает води́телем тролле́йбуса. 5 Вы хорошо́ владе́ете испа́нским языко́м? 6 По доро́ге на стадио́н мы зашли́ за Ива́ном: он уже́ был гото́в. 7 Пе́рвой же́нщиной, соверши́вшей полёт в ко́смос, была́ Валенти́на Терешко́ва. 8 Таки́е докуме́нты подпи́сываются то́лько заве́дующей. 9 У нас есть маши́на, но в го́роде мы обы́чно по́льзуемся обще́ственным тра́нспортом. 10 Я хочу́ сказа́ть вам что́-то о́чень ва́жное, но э́то должно́ оста́ться ме́жду на́ми.

4 Verbs

Verbs in the past tense

72

	он	она́	оно́	мы, вы, они́
бить	бил	би́ла	би́ло	би́ли
брать	брал	брала́	бра́ло	бра́ли
быть	был	была́	бы́ло	бы́ли
дава́ть	дава́л	дава́ла	дава́ло	дава́ли
ду́мать	ду́мал	ду́мала	ду́мало	ду́мали
есть	ел	е́ла	е́ло	е́ли
жить	жил	жила́	жи́ло	жи́ли
знать	знал	зна́ла	зна́ло	зна́ли
интересова́ть	интересова́л	интересова́ла	интересова́ло	интересова́ли
называ́ть	называ́л	называ́ла	называ́ло	называ́ли

находи́ть	находи́л	находи́ла	находи́ло	находи́ли
смотре́ть	смотре́л	смотре́ла	смотре́ло	смотре́ли
сто́ить	сто́ил	сто́ила	сто́ило	сто́или
шить	шил	ши́ла	ши́ло	ши́ли

73 1 Часы́ на ба́шне би́ли в по́лдень. 2 А́нна обы́чно бра́ла зонт. 3 Де́ти е́ли моро́женое. 4 Мои́ роди́тели жи́ли в дере́вне. 5 Бори́с хорошо́ знал матема́тику. 6 Мы смо́трели но́вости. 7 Э́ти брю́ки сто́или два́дцать до́лларов. 8 Ма́ма ши́ла ю́бку.

74 1 Мы у́жинали, смотре́ли телевизор, игра́ли в ша́хматы, пи́ли чай, звони́ли друзья́м. 2 Она́ посеща́ла ку́рсы ру́сского языка́, ходи́ла на вы́ставки, уча́ствовала в ко́нкурсе, осма́тривала музе́и, гуля́ла по го́роду. 3 Он загора́л, лови́л ры́бу, собира́л грибы́, кра́сил дом, стро́ил ба́ню.

75 1 Она́ помогла́ де́душке. 2 Он у́мер на ро́дине. 3 Они́ принесли́ торт. 4 Она́ привезла́ дочь. 5 Он зале́з на де́рево. 6 Она́ исче́зла из го́рода. 7 Мы шли пешко́м. 8 Она́ пришла́ с му́жем. 9 Он вошёл в ко́мнату. 10 Она́ испекла́ пиро́г. 11 Вы провели́ фестива́ль. 12 Он не замёрз. 13 Она́ зажгла́ свечу́. 14 Он зажёг фона́рь.

76 Мой шко́льный друг

В де́тстве у меня́ был хоро́ший друг. Его́ зва́ли И́горь Кузнецо́в. Мы жи́ли в одно́м до́ме и ходи́ли в одну́ шко́лу. На́ши отцы́ рабо́тали на одно́м заво́де. Мы о́ба мно́го чита́ли. И́горь непло́хо знал матема́тику, а я хорошо́ писа́л сочине́ния. Мы ча́сто помога́ли друг дру́гу. По́сле шко́лы мы игра́ли в футбо́л или бе́гали в па́рке, а ве́чером смотре́ли телеви́зор. Так проходи́ло на́ше де́тство. Когда́ мы ста́ли ста́рше, мы вме́сте слу́шали рок-му́зыку и гуля́ли с девчо́нками из сосе́днего кла́сса. По́сле шко́лы я поступи́л в университе́т, а И́горь служи́л в а́рмии. Пото́м я уже́ не ви́дел И́горя. Одна́ знако́мая сказа́ла мне, что он уе́хал в Казахста́н. Я посла́л ему́ письмо́, но оно́ пришло́ обра́тно.

The conjugation of verbs in the non-past (present and future perfective)

77

я	ты	он/она́/оно́	мы	вы	они́
рабо́таю	рабо́таешь	рабо́тает	рабо́таем	рабо́таете	рабо́тают
зна́ю	зна́ешь	зна́ет	зна́ем	зна́ете	зна́ют
изуча́ю	изуча́ешь	изуча́ет	изуча́ем	изуча́ете	изуча́ют
гуля́ю	гуля́ешь	гуля́ет	гуля́ем	гуля́ете	гуля́ют
стреля́ю	стреля́ешь	стреля́ет	стреля́ем	стреля́ете	стреля́ют
ка́шляю	ка́шляешь	ка́шляет	ка́шляем	ка́шляете	ка́шляют
боле́ю	боле́ешь	боле́ет	боле́ем	боле́ете	боле́ют
уме́ю	уме́ешь	уме́ет	уме́ем	уме́ете	уме́ют
поте́ю	поте́ешь	поте́ет	поте́ем	поте́ете	поте́ют

78

я	ты	он/она́/оно́	мы	вы	они́
рису́ю	рису́ешь	рису́ет	рису́ем	рису́ете	рису́ют
копи́рую	копи́руешь	копи́рует	копи́руем	копи́руете	копи́руют
ворую	вору́ешь	вору́ет	вору́ем	вору́ете	вору́ют
ночу́ю	ночу́ешь	ночу́ет	ночу́ем	ночу́ете	ночу́ют
танцу́ю	танцу́ешь	танцу́ет	танцу́ем	танцу́ете	танцу́ют
вою́ю	вою́ешь	вою́ет	вою́ем	вою́ете	вою́ют
плюю́	плюёшь	плюёт	плюём	плюёте	плюю́т
клюю́	клюёшь	клюёт	клюём	клюёте	клюю́т
жую́	жуёшь	жуёт	жуём	жуёте	жую́т
ка́пну	ка́пнешь	ка́пнет	ка́пнем	ка́пнете	ка́пнут
блесну́	блеснёшь	блеснёт	блеснём	блеснёте	блесну́т
рискну́	рискнёшь	рискнёт	рискнём	рискнёте	рискну́т
поверну́	повернёшь	повернёт	повернём	повернёте	поверну́т

79

я	ты	он/она́/оно́	мы	вы	они́
курю́	ку́ришь	ку́рит	ку́рим	ку́рите	ку́рят
звоню́	звони́шь	звони́т	звони́м	звони́те	звоня́т
ношу́	но́сишь	но́сит	но́сим	но́сите	но́сят
вожу́	во́зишь	во́зит	во́зим	во́зите	во́зят
плачу́	пла́тишь	пла́тит	пла́тим	пла́тите	пла́тят
по́рчу	по́ртишь	по́ртит	по́ртим	по́ртите	по́ртят
прощу́	прости́шь	прости́т	прости́м	прости́те	простя́т
бужу́	бу́дишь	бу́дит	бу́дим	бу́дите	бу́дят
куплю́	ку́пишь	ку́пит	ку́пим	ку́пите	ку́пят
гра́блю	гра́бишь	гра́бит	гра́бим	гра́бите	гра́бят
давлю́	да́вишь	да́вит	да́вим	да́вите	да́вят
кормлю́	ко́рмишь	ко́рмит	ко́рмим	ко́рмите	ко́рмят

80

я	ты	он/она́/оно́	мы	вы	они́
пишу́	пи́шешь	пи́шет	пи́шем	пи́шете	пи́шут
скажу́	ска́жешь	ска́жет	ска́жем	ска́жете	ска́жут
пла́чу	пла́чешь	пла́чет	пла́чем	пла́чете	пла́чут
ма́жу	ма́жешь	ма́жет	ма́жем	ма́жете	ма́жут
ищу́	и́щешь	и́щет	и́щем	и́щете	и́щут
насы́плю	насы́плешь	насы́плет	насы́плем	насы́плете	насы́плют
пришлю́	пришлёшь	пришлёт	пришлём	пришлёте	пришлю́т

81

я	ты	он/она́/оно́	мы	вы	они́
начну́	начнёшь	начнёт	начнём	начнёте	начну́т
возьму́	возьмёшь	возьмёт	возьмём	возьмёте	возьму́т
пойму́	поймёшь	поймёт	поймём	поймёте	пойму́т
займу́	займёшь	займёт	займём	займёте	займу́т
сниму́	сни́мешь	сни́мет	сни́мем	сни́мете	сни́мут
приму́	при́мешь	при́мет	при́мем	при́мете	при́мут

82

я	ты	он/она́/оно́	мы	вы	они́
вру	врёшь	врёт	врём	врёте	врут
жду	ждёшь	ждёт	ждём	ждёте	ждут
соберу́	соберёшь	соберёт	соберём	соберёте	соберу́т
вы́беру	вы́берешь	вы́берет	вы́берем	вы́берете	вы́берут
назову́	назовёшь	назовёт	назовём	назовёте	назову́т
порву́	порвёшь	порвёт	порвём	порвёте	порву́т

83

я	ты	он/она́/оно́	мы	вы	они́
продаю́	продаёшь	продаёт	продаём	продаёте	продаю́т
устаю́	устаёшь	устаёт	устаём	устаёте	устаю́т
узнаю́	узнаёшь	узнаёт	узнаём	узнаёте	узнаю́т
се́ю	се́ешь	се́ет	се́ем	се́ете	се́ют
пью	пьёшь	пьёт	пьём	пьёте	пьют
мо́ю	мо́ешь	мо́ет	мо́ем	мо́ете	мо́ют

84

я	ты	он/она́/оно́	мы	вы	они́
обу́ю	обу́ешь	обу́ет	обу́ем	обу́ете	обу́ют
разу́ю	разу́ешь	разу́ет	разу́ем	разу́ете	разу́ют
наду́ю	наду́ешь	наду́ет	наду́ем	наду́ете	наду́ют
полю́	по́лешь	по́лет	по́лем	по́лете	по́лют
протру́	протрёшь	протрёт	протрём	протрёте	протру́т
исче́зну	исче́знешь	исче́знет	исче́знем	исче́знете	исче́знут
умру́	умрёшь	умрёт	умрём	умрёте	умру́т

85

я	ты	он/она́/оно́	мы	вы	они́
проживу́	проживёшь	проживёт	проживём	проживёте	проживу́т
грызу́	грызёшь	грызёт	грызём	грызёте	грызу́т
несу́	несёшь	несёт	несём	несёте	несу́т
везу́	везёшь	везёт	везём	везёте	везу́т
веду́	ведёшь	ведёт	ведём	ведёте	веду́т
кладу́	кладёшь	кладёт	кладём	кладёте	кладу́т

86

я	ты	он/она́/оно́	мы	вы	они́
смогу́	смо́жешь	смо́жет	смо́жем	смо́жете	смо́гут
зажгу́	зажжёшь	зажжёт	зажжём	зажжёте	зажгу́т
испеку́	испечёшь	испечёт	испечём	испечёте	испеку́т
истеку́	истечёшь	истечёт	истечём	истечёте	истеку́т
зайду́	зайдёшь	зайдёт	зайдём	зайдёте	зайду́т
прие́ду	прие́дешь	прие́дет	прие́дем	прие́дете	прие́дут
ушибу́	ушибёшь	ушибёт	ушибём	ушибёте	ушибу́т

87

я	ты	он/она́/оно́	мы	вы	они́
ненави́жу	ненави́дишь	ненави́дит	ненави́дим	ненави́дите	ненави́дят
зави́шу	зави́сишь	зави́сит	зави́сим	зави́сите	зави́сят
посмотрю́	посмо́тришь	посмо́трит	посмо́трим	посмо́трите	посмо́трят
посплю́	поспи́шь	поспи́т	поспи́м	поспи́те	поспя́т
вы́держу	вы́держишь	вы́держит	вы́держим	вы́держите	вы́держат
состою́	состои́шь	состои́т	состои́м	состои́те	состоя́т

88

я	ты	он/она́/оно́	мы	вы	они́
захочу́	захо́чешь	захо́чет	захоти́м	захоти́те	захотя́т
убегу́	убежи́шь	убежи́т	убежи́м	убежи́те	убегу́т
прода́м	прода́шь	прода́ст	продади́м	продади́те	продаду́т
созда́м	созда́шь	созда́ст	создади́м	создади́те	создаду́т
съем	съешь	съест	съеди́м	съеди́те	съедя́т

89 1 Я чита́ю кни́гу. Ты чита́ешь газе́ту. Студе́нт чита́ет текст. 2 Мы слу́шаем му́зыку. Вы слу́шаете но́вости. Студе́нты слу́шают преподава́теля. 3 Ты хорошо́ зна́ешь го́род? Вы пло́хо зна́ете но́вые слова́. Они́ хорошо́ зна́ют грамма́тику. 4 Преподава́тель спра́шивает, а студе́нты отвеча́ют. 5 Мы повторя́ем грамма́тику ка́ждый день. Студе́нт повторя́ет но́вые слова́. 6 Ты проверя́ешь оконча́ния по табли́це? Они́ проверя́ют упражне́ние в кла́ссе. 7 Мы пи́шем дикта́нт. Вы пи́шете в тетра́ди. Они́ пи́шут но́вые слова́. 8 Я уме́ю то́лько чита́ть, а ты уже́ уме́ешь писа́ть по-ру́сски. Мы пло́хо уме́ем по́льзоваться словарём. 9 Вы поёте до́ма ру́сские пе́сни? Я пою́ пло́хо, а моя́ ма́ма поёт о́чень хорошо́. 10 Я рису́ю план го́рода. Ты о́чень хорошо́ рису́ешь карикату́ры! Почему́ вы не рису́ете граммати́ческую табли́цу? 11 Он отвеча́ет на вопро́с. Они́ отвеча́ют пра́вильно, а вы отвеча́ете непра́вильно. 12 Я сижу́ на сту́ле. Ты сиди́шь за столо́м. Мы сиди́м в кла́ссе. Вы сиди́те в библиоте́ке. Они́ сидя́т у окна́. 13 Я немно́го говорю́ по-ру́сски. Ты говори́шь по-англи́йски? Она́ мно́го говори́т по телефо́ну. 14 Я перевожу́ с англи́йского на ру́сский. Он перево́дит со словарём. Мы ча́сто перево́дим слова́ на уро́ке. Студе́нты перево́дят текст.

90 1 Я е́ду на по́езде и ем бутербро́д. 2 Ты е́дешь на такси́ и ешь пече́нье. 3 Она́ е́дет на электри́чке и ест я́блоко. 4 Мы е́дем на авто́бусе и еди́м шокола́д. 5 Вы е́дете на тролле́йбусе и еди́те конфе́ты. 6 Они́ е́дут на маши́не и едя́т моро́женое. 7 Куда́ вы е́дете? 8 Что вы еди́те на за́втрак? 9 Куда́ ты е́дешь сле́дующим ле́том? 10 Что ты обы́чно ешь по́сле трениро́вки?

The present tense of imperfective verbs (productive classes)

91 1 Что ты де́лаешь? 2 Я реша́ю кроссво́рд в вече́рней газе́те. 3 Она́ никому́ не позволя́ет разгова́ривать с ней таки́м то́ном. 4 Все студе́нты в э́той гру́ппе прекра́сно говоря́т по-ру́сски. 5 Мы организу́ем конфере́нцию на э́ту те́му. 6 Почему́ вы всегда́

но́сите джи́нсы? 7 Я по́лностью разделя́ю ва́ше мне́ние по э́тому вопро́су. 8 Мой брат боле́ет за «Спарта́к». А вы боле́ете за «Спарта́к» или за «Зени́т»? 9 У вас така́я сло́жная жизнь: похо́же, что вы ре́дко ночу́ете до́ма. Он рабо́тает на ра́дио и, ка́жется, совсе́м не ночу́ет до́ма. 10 Все на́ши де́ти уже́ уме́ют пла́вать.

Conjugation of the -овать/-евать verbs

92

1 Сейча́с мы анализи́руем результа́ты экспериме́нта. 2 В это́й стране́ идёт гражда́нская война́: прави́тельственные войска́ вою́ют про́тив повста́нцев. 3 Мы с жено́й ча́сто дискути́руем на полити́ческие те́мы. 4 Почему́ ты игнори́руешь мои́ замеча́ния? 5 Э́тот кру́пный бизнесме́н почему́-то не инвести́рует капита́л в оте́чественные прое́кты. 6 Ка́ждое ле́то я оди́н или два ра́за ночу́ю в пала́тке на берегу́ о́зера. 7 Мно́гие се́мьи в Росси́и приватизи́руют свои́ кварти́ры. 8 Сино́птики прогнози́руют си́льные снегопа́ды. 9 Мой брат программи́рует автома́ты по прода́же напи́тков и чи́псов. 10 К сожале́нию, его́ боле́знь прогресси́рует: тепе́рь ему́ нужна́ опера́ция. 11 У нас небольшо́е рекла́мное аге́нтство: мы реклами́руем косме́тику. 12 Почему́ ва́ши ученики́ рису́ют портре́ты, а вы рису́ете пейза́жи? 13 Вы прекра́сно танцу́ете, а я, к сожале́нию, танцу́ю пло́хо. 14 Вертолёты эвакуи́руют люде́й из зо́ны бе́дствия.

The present tense of imperfective verbs (unproductive classes and irregular verbs)

93

1 Когда́ я раздаю конфе́ты, моя́ дочь всегда́ берёт три. Я беру́ у студе́нтов сочине́ния в пя́тницу, а моя́ ассисте́нтка раздаёт их в понеде́льник. 2 Куда́ ты идёшь? 3 Когда́ мы не успева́ем на после́днюю электри́чку, е́дем домо́й на такси́. Из теа́тра я обы́чно е́ду домо́й на такси́. 4 Мои́ роди́тели написа́ли жа́лобу в мэ́рию два ме́сяца наза́д, но всё ещё ждут отве́та. 5 Соба́ка у на́ших сосе́дей всё вре́мя ла́ет. 6 Моя́ подру́га живёт в общежи́тии МГУ на пятна́дцатом этаже́. 7 Неуже́ли вы совсе́м не пьёте во́дки? В А́нглии студе́нты пьют во́дку с апельси́новым со́ком. 8 Что э́то за пе́сня, кото́рую они́ сейча́с пою́т? А мы поём до́ма ру́сские пе́сни. 9 Куда́ ведёт э́та доро́га? 10 Дру́жба ме́жду на́шими города́ми постоя́нно кре́пнет. 11 Я о́чень ре́дко смотрю́ телеви́зор. 12 Почему́ все молча́т? Ра́зве никто́ не зна́ет отве́та? 13 Мно́гие на́ши знако́мые не едя́т мя́са. 14 Мы хоти́м услы́шать от вас что́-то но́вое. 15 Я бегу́ домо́й: че́рез де́сять мину́т по телеви́зору футбо́л.

The present tense of imperfective verbs (verbs with a consonant alternation)

94

1 Я обы́чно хожу́ на рабо́ту пешко́м. 2 Я люблю́ по суббо́там гуля́ть в па́рке. 3 Что случи́лось? Почему́ ты пла́чешь? 4 Они́ и́щут кварти́ру где́-нибудь в це́нтре го́рода. 5 Вы мо́жете оста́вить свои́ ве́щи у меня́ до́ма. 6 Ка́ждый год ма́ма печёт к моему́ дню рожде́ния торт. 7 Э́ти ре́ки теку́т с се́вера на юг. 8 Вы должны́ извини́ться — я здесь не ви́жу друго́го вы́хода. 9 По́сле часово́й прогу́лки я всегда́ хорошо́ сплю.

The future tense of perfective verbs

95

1 Когда́ вы, наконе́ц, начнёте рабо́ту над но́вым прое́ктом? 2 Вы не возьмёте с собо́й мою́ вну́чку? Она́ ещё не была́ в зоопа́рке. 3 Я сейча́с расскажу́ тебе́ све́жий анекдо́т — ты умрёшь со́ смеху! 4 Я не зна́ю, где туале́т — сейча́с спрошу́ у кого́-нибудь.

5 Когда́ я вы́йду на пе́нсию, я куплю́ себе́ до́мик в дере́вне. 6 Не́которые ви́ды живо́тных, к сожале́нию, ско́ро исче́знут. 7 Сего́дня о́чень хо́лодно: е́сли ты не наде́нешь пальто́, ты замёрзнешь. 8 Предлага́ем обме́н: за э́ту маши́ну мы дади́м вам два мотоци́кла.

96

Мои́ пла́ны

В сле́дующем году́ я обяза́тельно начну́ изуча́ть италья́нский, рискну́ сыгра́ть в казино́, посмотрю́ все фи́льмы Тарко́вского, займу́ пе́рвое ме́сто в ша́хматном турни́ре, прода́м ста́рую маши́ну, протру́ свои́ кни́жные по́лки, испеку́ большо́й я́блочный пиро́г и соберу́ друзе́й на свой юбиле́й.

Ива́н и Ли́за мечта́ют

Мы переéдем в небольшо́й го́род на берегу́ мо́ря, сни́мем кварти́ру, а пото́м вы́берем ме́сто для но́вого до́ма. Мы возьмём креди́т в ба́нке, создади́м центр во́дного спо́рта и пошлём рекла́мные проспе́кты всем бу́дущим клие́нтам. А когда́ мы вернём креди́т, мы продади́м фи́рму, ку́пим я́хту и назовём её «Мечта́». Мо́жет быть, мы захоти́м отпра́виться на ней вокру́г све́та.

The imperative

Second person singular

97 1 Ты не за́нят? Принеси́, пожа́луйста, чи́стый стака́н из ку́хни. 2 Ты меша́ешь мне чита́ть. Пожа́луйста, не стой у окна́, возьми́ стул и сядь. 3 Почему́ ты пла́чешь? Не плачь. Сядь и расскажи́ обо всём по поря́дку. 4 Ты идёшь в магази́н? Будь добра́, вы́неси заодно́ му́сор. 5 Не дава́й сейча́с ребёнку ничего́ ки́слого, а чере́з неде́лю уже́ мо́жешь дава́ть лимо́н или грейпфру́т. 6 Ма́льчик, не лезь на э́то де́рево — ты его́ слома́ешь!

Second person plural

98 1 Друзья́, ка́ждый день де́лайте граммати́ческие упражне́ния из э́той кни́ги. 2 Сде́лайте мне маникю́р. 3 Переда́йте, пожа́луйста, соль. 4 Оста́вьте, пожа́луйста, ключи́ у администра́тора. 5 Бу́дьте добры́, упаку́йте вот э́ту бандеро́ль. 6 Пе́йте натура́льные со́ки и е́шьте све́жие фру́кты! 7 Принима́йте э́то лека́рство по одно́й столо́вой ло́жке три ра́за в день. 8 Скажи́те, пожа́луйста, как пройти́ к Эрмита́жу. 9 Лари́са Ива́новна, помоги́те, пожа́луйста, Та́не. 10 Не открыва́йте дверь посторо́нним!

Past passive participles

99 1 (a) запи́санный а́дрес (b) а́дрес запи́сан 2 (a) организо́ванный пике́т (b) пике́т организо́ван 3 (a) со́рванный плака́т (b) плака́т со́рван 4 (a) вы́несенные сту́лья (b) сту́лья вы́несены 5 (a) проведённые опро́сы (b) опро́сы проведены́ 6 (a) про́йденная те́ма (b) те́ма про́йдена 7 (a) испо́рченная анке́та (b) анке́та испо́рчена 8 (a) побеждённый сопе́рник (b) сопе́рник побеждён 9 (a) взя́тые кни́ги (b) кни́ги взя́ты 10 (a) стёртые следы́ (b) следы́ стёрты 11 (a) откры́тое окно́ (b) окно́ откры́то 12 (a) привя́занная соба́ка (b) соба́ка привя́зана 13 (a) наде́тое пла́тье (b) пла́тье наде́то 14 (a) уби́тая кры́са (b) кры́са уби́та

100 1 Организо́ванный ко́нкурс мы сня́ли на видеока́меру. 2 Со́рванную раси́стскую листо́вку она́ бро́сила в му́сорницу. 3 Проведённые экспериме́нты они́ описа́ли в статье́. 4 Взя́тые кни́ги он положи́л в су́мку. 5 Прочи́танные журна́лы мы оста́вили на столе́. 6 Пога́шенный оку́рок я бро́сил в пе́пельницу. 7 Из вы́ращенной клубни́ки мы свари́ли варе́нье. 8 На ку́пленном велосипе́де она́ ста́ла е́здить на рабо́ту.

101 1 Да, вся ме́бель вы́несена. 2 Да, все стака́ны протёрты. 3 Да, вся посу́да вы́мыта. 4 Да, э́ти те́мы изу́чены. 5 Да, ну́жные рефо́рмы проведены́. 6 Да, все о́кна покра́шены. 7 Да, э́тот счёт опла́чен. 8 Да, э́то ме́сто за́нято. 9 Да, вся пи́цца съе́дена. 10 Да, де́ти нако́рмлены.

Reflexive verbs

Reflexive verbs in the present tense

102 1 Мне ка́жется, здесь до́лжен быть вы́ход. 2 Скажи́те, пожа́луйста, где нахо́дится ботани́ческий сад? 3 Мы ложи́мся спать в оди́ннадцать часо́в. 4 Моя́ жена́ ре́дко со мной соглаша́ется, но я соглаша́юсь с ней всегда́. 5 В ци́рке де́ти мно́го смею́тся. 6 Наш оте́ц се́рдится, когда́ мы с ним спо́рим. 7 У вхо́да в музе́й продаю́тся сувени́ры. 8 В э́том году́ на на́шем факульте́те начина́ется преподава́ние слова́цкого языка́. 9 На да́че у нас есть своя́ ба́ня, где мы мо́емся по́сле рабо́ты и́ли рыба́лки. 10 В э́тот парк весно́й прихо́дят влюблённые — они́ здесь обнима́ются и целу́ются.

Reflexive verbs in the past tense

103 1 Населе́ние не интересова́лось поли́тикой. 2 Их кора́бль называ́лся «Бигль». 3 Э́то кафе́ находи́лось недалеко́ от вокза́ла. 4 Что он тебе́ сказа́л? Почему́ ты рассерди́лся/рассерди́лась? 5 Сосе́дская соба́ка и на́ша при встре́че всегда́ драли́сь. 6 За стено́й всю ночь кто́-то гро́мко смея́лся. 7 Э́той но́чью мы опя́ть не вы́спались. 8 Я пошла́ по э́той тропи́нке и оказа́лась на берегу́ ма́ленького пруда́. 9 Мне о́чень понра́вились ва́ши пирожки́ с капу́стой. 10 Моя́ подру́га Мари́на учи́лась на филологи́ческом факульте́те.

Reflexive verbs in context

104 Письмо́ ба́бушке

Ми́лая ба́бушка,

Прости́, я давно́ не писа́ла тебе́, и ты, наве́рное, обижа́ешься.

Ма́ма мне сказа́ла, что де́душка был бо́лен, но от опера́ции отказа́лся. Наде́юсь, что он поправля́ется. А как ты себя́ чу́вствуешь? Чем вы с де́душкой занима́етесь сейча́с, когда́ рабо́ты в саду́ уже́ нет? Я зна́ю, что вы беспоко́итесь обо мне. У меня́ всё хорошо́. Я уже́ тре́тий ме́сяц учу́сь в университе́те. Наш факульте́т нахо́дится на окра́ине го́рода. Мы встаём в семь часо́в, одева́емся, за́втракаем и отправля́емся на учёбу. Заня́тия начина́ются в де́вять и конча́ются в два. Мно́гие студе́нты остаю́тся по́сле ле́кций в библиоте́ке, но не́которые гото́вятся к заня́тиям до́ма. Я стара́юсь повторя́ть материа́л сра́зу по́сле ле́кций. А ещё, ми́лая ба́бушка, я поделю́сь с тобо́й свои́м секре́том. Я встреча́юсь с одни́м молоды́м челове́ком. Он спортсме́н, занима́ется бо́ксом, мно́го трениру́ется. Но он та́кже интересу́ется иску́сством, и ему́ нра́вится класси́ческая му́зыка. Мы познако́мились с ним ме́сяц наза́д на конце́рте. Он си́льный и у́мный. Ба́бушка, мне ка́жется, я уже́ влюби́лась. Ты, наве́рное, сейча́с, улыба́ешься.

Вы ско́ро познако́митесь с ним. Ведь мы собира́емся прие́хать к вам вме́сте зимо́й во вре́мя кани́кул.
Обнима́ю вас обо́их,
твоя́ вну́чка Да́ша.

Reflexive and transitive verbs

105 1 Когда́ начало́сь изуче́ние ру́сского языка́ в ва́шей стране́? 2 Когда́ вы на́чали изуча́ть ру́сский язы́к? 3 Мы на́чали рабо́ту над но́вой моде́лью по́сле Ново́го го́да. 4 По́сле переры́ва спекта́кль продолжа́лся. 5 Он не обраща́л внима́ния на шум и продолжа́л говори́ть по телефо́ну. 6 Телефо́нный разгово́р продолжа́лся полчаса́. 7 Студе́нт ко́нчил чита́ть и посмотре́л на преподава́теля. 8 Когда́ уро́к ко́нчился, мы пошли́ в кафе́. 9 Строи́тели ко́нчили рабо́ту и пошли́ в душ. 10 Вчера́ я слома́л свой но́вый зонт. 11 Вчера́ был си́льный ве́тер, и мой зонт слома́лся. 12 Почему́ ты его́ не пригласи́ла? Ка́жется, он оби́делся. 13 Мне ка́жется, его́ оби́дели твои́ слова́. 14 Ли́за познако́милась с Ива́ном в про́шлом году́. 15 В про́шлую суббо́ту Ли́за познако́мила меня́ с Ива́ном.

106 1 На́ши сочине́ния проверя́ются преподава́телем. 2 Пригово́ры по уголо́вным дела́м выно́сятся судо́м. 3 Оконча́тельное реше́ние принима́ется коми́ссией. 4 Все фина́нсовые докуме́нты подпи́сываются гла́вным бухга́лтером. 5 О́коло па́рка стро́ится стадио́н. 6 Че́рез ме́сяц в го́роде откро́ется но́вый кинотеа́тр. 7 Здесь организу́ются экску́рсии в ста́рый за́мок. 8 Стати́стика изуча́ется на второ́м ку́рсе.

5 Aspects of the verb

Pairs of imperfective and perfective verbs

107 взять, бро́сить, дать, съесть, записа́ть, ко́нчить, нача́ть, вы́пить, прода́ть, продо́лжить, спроси́ть, прочита́ть

108 выбра́сывать, доверя́ть, жени́ться, хоте́ть, печь, исчеза́ть, покупа́ть, стро́ить, пуска́ть, говори́ть

Situations where there is no choice of aspect

109 1 Мы ко́нчили чита́ть текст. 2 Студе́нты ста́ли переводи́ть незнако́мые слова́. 3 Все э́ти го́ды она́ не перестава́ла де́лать гимна́стику. 4 Наш заво́д давно́ уже́ прекрати́л выпуска́ть э́ту моде́ль. 5 Пожа́луйста, продолжа́йте писа́ть. 6 Пого́да начала́ по́ртиться. 7 Он бро́сил пить и стал занима́ться спо́ртом. 8 Нам не́зачем е́хать на э́ту конфере́нцию: у нас друго́й про́филь. 9 Нам здесь не на́до заде́рживаться: у нас мно́го дел. 10 Я ду́маю, не сто́ит отка́зываться от э́того предложе́ния. 11 Повторя́ть одни́ и те же слова́ про́сто нет смы́сла. 12 Нача́льник запрети́л нам по́льзоваться интерне́том на рабо́чем ме́сте. 13 А́нна уме́ет отли́чно гото́вить борщ и пельме́ни. 14 В ста́рших кла́ссах ученики́ у́чатся собира́ть компью́теры. 15 Ната́ша, наве́рное, вы́шла позвони́ть. А мо́жет быть, она зашла́ поболта́ть к сосе́дке. 16 Ну как, вам удало́сь получи́ть грант для э́того прое́кта? 17 К сожале́нию, нет: мы не успе́ли во́время пода́ть зая́вку. 18 А ты суме́ешь найти́ доро́гу?

Some general principles: incomplete actions; focusing on the process; repetition; focusing on completion

110 1 Я чи́стил карто́шку, когда́ в дверь позвони́ли. 2 Мы опа́здывали на конце́рт, но к сча́стью, бы́ло свобо́дное такси́, и мы всё же успе́ли к нача́лу! 3 Курс а́кций э́той компа́нии па́дал в тече́ние после́дних двух неде́ль и, наконе́ц, упа́л до минима́льной отме́тки. 4 — Я звони́л тебе́ в семь часо́в ве́чера, но телефо́н не отвеча́л. — Извини́, в э́то вре́мя я принима́ла ва́нну. 5 — Вы не могли́ бы дать небольшо́е интервью на́шей програ́мме в четве́рг у́тром? — Нет, в четве́рг я бу́ду выбира́ть но́вый костю́м. 6 — А что е́сли в суббо́ту в три? – Нет, в э́то вре́мя я бу́ду выступа́ть на сце́не. 7 Вчера́ мы весь ве́чер игра́ли с сы́ном в ша́хматы. 8 Э́тот суп я бу́ду вари́ть приме́рно пятна́дцать мину́т. 9 Сего́дня э́тот файл открыва́лся три мину́ты, но в про́шлый раз он откры́лся за полторы́ секу́нды. 10 Я постара́юсь объясни́ть вам, в чём пробле́ма. 11 В про́шлом сезо́не Са́ймон о́чень ре́дко пропуска́л ма́тчи свое́й кома́нды, но я по́мню, что он пропусти́л одну́ ва́жную игру́, потому́ что гото́вился к экза́мену. 12 Ра́ньше мы ча́сто находи́ли здесь мно́го грибо́в, но в э́тот раз не нашли́ ни одного́. 13 До́ктор, до вас меня́ лечи́ли мно́гие врачи́, но вы́лечили и́менно Вы. 14 Мы реша́ли таки́е зада́чи и ра́ньше, вот почему́ мы реши́ли э́ту зада́чу так бы́стро. 15 Я по́мню, что мои́ роди́тели до́лго угова́ривали сестру́ верну́ться домо́й по́сле оконча́ния университе́та, но не уговори́ли.

Single events in the past

111 1 Ты ра́ньше ви́дела их дочь? 2 Нет, я уви́дела её то́лько сейча́с, на у́лице пе́ред их до́мом. 3 В по́езде он мину́т два́дцать почита́л кни́гу, немно́го поспа́л и поболта́л мину́т де́сять по телефо́ну с до́черью. 4 За́втра я не свобо́ден: моя́ сестра́ прие́хала из дере́вни на па́ру дней, и я обеща́л показа́ть ей достопримеча́тельности го́рода. 5 На про́шлой неде́ле я вообще́ не ходи́л в университе́т: моя́ сестра́ приезжа́ла из дере́вни на па́ру дней, и я до́лжен был показа́ть ей достопримеча́тельности го́рода. 6 До́брый ве́чер, я зашёл поздра́вить тебя́ с днём рожде́ния. 7 Извини́, что я так опозда́л: по доро́ге сюда́ я заходи́л к бра́ту поздра́вить его́ с днём рожде́ния. 8 В про́шлом году́ це́ны на биле́ты возросли́ на де́сять проце́нтов. 9 Вчера́ я был весь день в о́фисе: я никуда́ не уходи́л. 10 В одно́й из свои́х поэ́м Евтуше́нко писа́л: «Поэ́т в Росси́и — бо́льше, чем поэ́т.»

6 Adjectives

Declension of adjectives

112 *Masculine singular*

Nom.	бе́лый	ди́кий	све́жий	большо́й	после́дний	во́лчий
Gen.	бе́лого	ди́кого	све́жего	большо́го	после́днего	во́лчьего
Dat.	бе́лому	ди́кому	све́жему	большо́му	после́днему	во́лчьему
Acc.	бе́лый бе́лого	ди́кий ди́кого	све́жий све́жего	большо́й большо́го	после́дний после́днего	во́лчий во́лчьего
Instr.	бе́лым	ди́ким	све́жим	больши́м	после́дним	во́лчьим
Prep.	бе́лом	ди́ком	све́жем	большо́м	после́днем	во́лчьем

Feminine singular

Nom.	бе́лая	ди́кая	све́жая	больша́я	после́дняя	во́лчья
Gen.	бе́лой	ди́кой	све́жей	большо́й	после́дней	во́лчьей
Dat.	бе́лой	ди́кой	све́жей	большо́й	после́дней	во́лчьей
Acc.	бе́лую	ди́кую	све́жую	большу́ю	после́днюю	во́лчью
Instr.	бе́лой	ди́кой	све́жей	большо́й	после́дней	во́лчьей
Prep.	бе́лой	ди́кой	све́жей	большо́й	после́дней	во́лчьей

Neuter singular

Nom.	бе́лое	ди́кое	све́жее	большо́е	после́днее	во́лчье
Gen.	бе́лого	ди́кого	све́жего	большо́го	после́днего	во́лчьего
Dat.	бе́лому	ди́кому	све́жему	большо́му	после́днему	во́лчьему
Acc.	бе́лое	ди́кое	све́жее	большо́е	после́днее	во́лчье
Instr.	бе́лым	ди́ким	све́жим	больши́м	после́дним	во́лчьим
Prep.	бе́лом	ди́ком	све́жем	большо́м	после́днем	во́лчьем

Plural

Nom.	бе́лые	ди́кие	све́жие	больши́е	после́дние	во́лчьи
Gen.	бе́лых	ди́ких	све́жих	больши́х	после́дних	во́лчьих
Dat.	бе́лым	ди́ким	све́жим	больши́м	после́дним	во́лчьим
Acc.	бе́лые бе́лых	ди́кие ди́ких	све́жие све́жих	больши́е больши́х	после́дние после́дних	во́лчьи во́лчьих
Instr.	бе́лыми	ди́кими	све́жими	больши́ми	после́дними	во́лчьими
Prep.	бе́лых	ди́ких	све́жих	больши́х	после́дних	во́лчьих

113 1 Тру́дно пове́рить, что то́лько четы́ре часа́ наза́д мы лете́ли над Ти́хим океа́ном. 2 Мы договори́лись встре́титься за́втра на Кра́сной пло́щади. 3 К концу́ ле́тних кани́кул я уже́ ста́ла скуча́ть по университе́ту и по ле́кциям о ру́сской литерату́ре. 4 Я хоте́л бы нача́ть свой докла́д с кра́ткого расска́за об одно́й о́чень хоро́шей кни́ге, кото́рую я чита́л на про́шлой неде́ле. 5 В после́днее вре́мя у нас бы́ли серьёзные пробле́мы с до́ступом к интерне́ту. 6 Мно́гие из его́ ро́дственников живу́т в Сре́дней А́зии. 7 Скажи́те, кто э́тот высо́кий мужчи́на с ры́жими волоса́ми? 8 А ты не хо́чешь приня́ть уча́стия в на́шем о́бщем де́ле? 9 Спаси́бо, но мне не нужна́ твоя́ по́мощь: в про́шлый раз ты оказа́л мне настоя́щую медве́жью услу́гу. 10 Когда́ я нахожу́сь в чужо́м до́ме, я всегда́ стара́юсь вести́ себя́ поаккура́тнее.

Nouns that decline like adjectives

114 1 Рабо́ту по специа́льности она́ не нашла́ и о́коло го́да рабо́тала го́рничной в гости́нице. 2 Лев Ви́кторович сейча́с в столо́вой: у него́ обе́денный переры́в. 3 В конце́ предложе́ния ста́вим то́чку, а ме́жду частя́ми сло́жного предложе́ния ста́вим запяту́ю. 4 Мы составля́ем электро́нные ба́зы да́нных для библиоте́к. 5 По́сле войны́ труд военнопле́нных испо́льзовался для восстановле́ния разру́шенных городо́в. 6 К чемпиона́ту Евро́пы росси́йскую сбо́рную по футбо́лу гото́вил голла́ндец Гус Хи́ддинк. 7 Не бу́дем стро́ить пла́нов на воскресе́нье — съеди́м по по́рции моро́женого и погуля́ем по на́бережной. 8 Во́дку я, к сожале́нию, не пью. А шампа́нского у вас нет? 9 Наш знако́мый стал ветерина́ром, потому́ что с де́тства люби́л живо́тных. 10 Че́рез день по́сле опера́ции больна́я уже́ могла́ ходи́ть.

The short forms of adjectives

115 1 Муж голо́ден. 2 Му́зыка краси́ва. 3 План хоро́ш. 4 Разгово́р неприя́тен. 5 Приро́да бога́та. 6 Ре́ки глубо́ки́. 7 Движе́ния ре́зки́. 8 Моро́з кре́пок. 9 Страна́ вели́ка́. 10 Ребёнок мал.

116 1 Сосе́д был пьян. 2 Ба́бушка была́ больна́. 3 Де́душка был бо́лен. 4 Пода́рок был до́рог. 5 Аргуме́нты бы́ли убеди́тельны. 6 Чай был сла́док. 7 Таре́лки бы́ли чи́сты́. 8 У́лицы бы́ли пу́сты́. 9 Пальто́ бы́ло велико́. 10 Креди́ты бы́ли ма́лы́.

117 1 Пироги́ бу́дут вку́сны́. 2 Усло́вия бу́дут тяжелы́. 3 Па́узы бу́дут ре́дки́. 4 Води́тель бу́дет трезв. 5 Звёзды бу́дут близки́. 6 Официа́нт бу́дет ве́жлив. 7 Вы́бор бу́дет бога́т. 8 Мо́ре бу́дет споко́йно. 9 Де́ти бу́дут здоро́вы. 10 Наде́жды бу́дут велики́.

Possessive adjectives

118 1 Там на столе́ лежа́т па́пины очки́, а он, ка́жется, уже́ ушёл на рабо́ту. 2 Та́ня, ты не знако́ма с Га́линой до́черью? 3 Прочти́ Ва́нино письмо́: там мно́го интере́сного о его́ приключе́ниях в А́нглии. 4 В де́тстве мы с сестро́й люби́ли слу́шать ба́бушкины ска́зки. 5 Я покажу́ тебе́ де́душкину меда́ль. Он нам никогда́ не расска́зывал, за что он её получи́л. 6 Смотри́, что там под столо́м? Э́то не Ната́шин зонт? 7 На́до поду́мать, что мы мо́жем сде́лать, что́бы Ди́мина мечта́ сбыла́сь.

Short comparative forms

119 1 За́яц быстре́е, чем черепа́ха. 2 Сок поле́знее, чем лимона́д. 3 Испа́нский язы́к ле́гче, чем япо́нский 4 Ри́мская цивилиза́ция моло́же, чем кита́йская. 5 Вашингто́н ме́ньше, чем Нью-Йо́рк. 6 Байка́л глу́бже, чем Жене́вское о́зеро.

7 Шу́ба тепле́е ку́ртки. 8 Луна́ бли́же Ма́рса. 9 Мета́лл кре́пче пла́стика. 10 Зо́лото доро́же серебра́. 11 Муж обы́чно ста́рше жены́. 12 Мёд гу́ще молока́.

13 В Москве́ це́ны вы́ше, чем в прови́нции. 14 По́сле бе́га пульс ча́ще, чем по́сле сна. 15 В лесу́ во́здух чи́ще, чем в го́роде. 16 В мо́лодости моё здоро́вье бы́ло лу́чше. 17 С года́ми мои́ во́лосы ста́ли ре́же. 18 С года́ми моё зре́ние ста́ло ху́же.

Long comparatives

120 1 Нам ну́жен бо́лее совреме́нный диза́йн. 2 Нам нужны́ бо́лее мо́щные компью́теры. 3 Нам нужны́ бо́лее о́пытные специали́сты. 4 Нам ну́жен бо́лее реалисти́чный план. 5 Нам нужна́ бо́лее прогресси́вная идеоло́гия. 6 Нам ну́жно бо́лее ги́бкое расписа́ние. 7 Нам нужна́ бо́лее эффекти́вная систе́ма.

Superlatives of adjectives (using са́мый)

121 1 Са́мые дли́нные ре́ки ми́ра — Нил и Амазо́нка. 2 Са́мый большо́й о́стров — Гренла́ндия. 3 Са́мое глубо́кое о́зеро — Байка́л. 4 Са́мые больши́е по чи́сленности населе́ния стра́ны — Кита́й и И́ндия. 5 Са́мая ма́ленькая страна́ — Ватика́н. 6 Са́мый жа́ркий кли́мат в Эфио́пии. 7 Са́мая ни́зкая среднегодова́я температу́ра в Антаркти́де. 8 Са́мое бы́строе живо́тное — гепа́рд. 9 Са́мое тяжёлое млекопита́ющее — кит. 10 Са́мая лёгкая пти́ца — коли́бри.

Other forms of the superlative

122 1 Гене́тика ста́вит перед учёными интере́снейшие зада́чи. 2 Причи́на на́шего пораже́ния — грубе́йшая оши́бка вратаря́. 3 Поли́ция арестова́ла опа́снейшего престу́пника. 4 А́льберт Эйнште́йн был крупне́йшим фи́зиком двадца́того ве́ка. 5 Фотогра́фии с орби́ты Ма́рса даю́т ценне́йшую информа́цию об э́той плане́те. 6 Мале́йшая оши́бка в я́дерных техноло́гиях мо́жет привести́ к катастро́фе. 7 На э́том о́строве встреча́ются редча́йшие ви́ды живо́тных. 8 Соста́в ко́ка-ко́лы де́ржится в строжа́йшем секре́те. 9 Глоба́льное потепле́ние — э́то велича́йшая опа́сность для мирово́й цивилиза́ции. 10 Ива́н Петро́вич — э́то миле́йший челове́к!

7 Pronouns

Personal pronouns

Personal pronouns in the nominative

123 1 Ива́н купи́л но́вую ку́ртку. Она́ тёплая и практи́чная. 2 Ты до́лжен ча́ще есть о́вощи и фру́кты. Они́ о́чень поле́зные. 3 У окна́ стои́т кре́сло. Оно́ ста́рое, но удо́бное. 4 Наш сосе́д лю́бит о́перу. Иногда́ он сам гро́мко поёт. 5 По суббо́там я быва́ю у друзе́й. Мы игра́ем в ка́рты и слу́шаем му́зыку. 6 Профе́ссор, что вы ду́маете по э́тому по́воду? 7 В на́шей гру́ппе три америка́нки. Они́ все из Нью-Йо́рка. 8 Приве́т, Та́ня, куда́ ты бежи́шь? 9 Не сове́тую покупа́ть дешёвые часы́. Они́ бы́стро слома́ются. 10 Ты и́щешь свой телефо́н? Вот он под газе́той!

Declension of personal pronouns

124 1 В воскресе́нье мы повезём их на экску́рсию. 2 Он чи́нит его́ уже́ втору́ю неде́лю. 3 Её зову́т Баги́ра. 4 Я люблю́ его́ с де́тства. 5 Ско́лько ты заплати́л за него́? 6 Мы на́чали собра́ние без него́. 7 Вот лека́рство от неё. 8 Их на столе́ нет. 9 У неё есть маши́на. 10 Я купи́л пода́рки для них. 11 Ей во́семьдесят лет. 12 Степа́н звони́т ей ка́ждый день. 13 Тама́ра помога́ет им. 14 Дени́с игра́л в те́ннис с ней. 15 Оте́ц горди́тся ей/е́ю. 16 Светла́на встреча́ется с ним. 17 Газе́та лежи́т под ни́ми. 18 О них пи́шут газе́ты. 19 На ней ничего́ не растёт. 20 В нём мы храни́м ста́рые фотогра́фии.

21 Нас тут все зна́ют. 22 Вас иска́ла кака́я-то же́нщина. 23 Вам на́до учи́ть слова́. 24 Нам ча́сто пи́шут ста́рые друзья́. 25 Мы зайдём за ва́ми в де́сять часо́в. 26 Он уже́ разгова́ривал с на́ми. 27 Как прия́тно, что вы по́мните о нас. 28 Я не мог сказа́ть э́то при вас.

125

1 Я пенсионе́рка. Меня́ зову́т Евдоки́я Митрофа́новна. Мне девяно́сто лет. У меня́ была́ дли́нная и тру́дная жизнь. Ко мне ка́ждый день прихо́дит пра́внук. Он разгова́ривает со мной и всё запи́сывает. Он говори́т, что хо́чет написа́ть кни́гу обо мне. 2 Ты бу́дешь приходи́ть на рабо́ту в во́семь часо́в. У тебя́ бу́дет стол, компью́тер и телефо́н. Тебе́ ча́сто бу́дут звони́ть клие́нты. Иногда́ тебя́ бу́дет вызыва́ть нача́льник. За́втра он поговори́т с тобо́й. Я расскажу́ о тебе́ колле́гам. 3 Ки́ран, Шо́на и я — мы прие́хали в Москву́ из Ду́блина изуча́ть ру́сский язы́к. Нам нра́вится жить в Москве́. У нас уже́ есть ру́сские друзья́. Они́ ча́сто прихо́дят к нам в общежи́тие. Иногда́ они́ хо́дят с на́ми в кафе́. Сего́дня они́ пригласи́ли нас на экску́рсию в Кремль. 4 Дороги́е ма́ма и па́па, Как вы пожива́ете? Я так давно́ не ви́дела вас! Я хочу́ прие́хать к вам на зи́мние кани́кулы. Я бу́ду с ва́ми гуля́ть и украша́ть ёлку. Я уже́ купи́ла вам пода́рки. Я ка́ждый день ду́маю о вас. 5 Мой оте́ц — профессиона́льный музыка́нт. Он игра́ет в симфони́ческом орке́стре. Когда орке́стр выступа́ет за грани́цей, его́ нет до́ма две-три неде́ли. В таки́е дни мы все скуча́ем без него́, потому́ что с ним всегда́ ве́село и интере́сно. Но ему́ нра́вится путеше́ствовать с орке́стром. 6 Моя́ ма́ма преподаёт тео́рию му́зыки в музыка́льном учи́лище. Ей о́чень нра́вится её рабо́та. А ещё она́ даёт уро́ки игры́ на пиани́но. Мно́гие счита́ют её лу́чшим ча́стным учи́телем му́зыки в го́роде. К ней иногда́ прихо́дят на ча́шку ко́фе подру́ги, но они́ никогда́ не говоря́т с ней о му́зыке. В ней сто́лько эне́ргии и энтузиа́зма, что все ей зави́дуют. 7 Мои́ роди́тели пожени́лись в 1987 году́ — они́ тогда́ бы́ли ещё студе́нтами. Любо́вь к му́зыке у меня́ от них. Я люблю́ говори́ть с ни́ми о жи́зни, я расска́зываю им о пробле́мах. Все выходны́е дни и кани́кулы я провожу́ до́ма с ни́ми. Я их о́чень люблю́ и всегда́ ду́маю о них.

The reflexive pronoun себя́

126

1 Ива́н Анто́нович, зайди́те, пожа́луйста за́втра ко мне в кабине́т. Я бу́ду у себя́ по́сле десяти́. 2 Она́ отпра́вила ему́ электро́нное сообще́ние, а ко́пию посла́ла себе́. 3 Они́ ви́дят себя́ в зе́ркале. 4 Сего́дня я недово́лен собо́й. 5 Не забу́дь запере́ть за собо́й дверь. 6 Э́тот экземпля́р вы мо́жете взять себе́. 7 В теа́тре я обы́чно беру́ два бино́кля: оди́н для жены́ и оди́н для себя́. 8 Он лю́бит говори́ть то́лько о себе́.

Possessive pronouns

The declension and use of possessive pronouns

127

1 Я хочу́ сдать докуме́нты на ви́зу. Вот моя́ анке́та, мой па́спорт, мои́ фотогра́фии. 2 Разреши́те познако́мить вас с мое́й жено́й. 3 Я не писа́л э́то письмо́. Э́то письмо́ не моё! Под ним нет мое́й по́дписи! 4 Я был в зоопа́рке с до́черью и сы́ном. Мое́й до́чери де́сять лет, а моему́ сы́ну во́семь. 5 У меня́ от ма́мы нет секре́тов. Она́ хорошо́ зна́ет всех мои́х друзе́й. 6 Мне ка́жется, кто́-то по́льзовался мое́й бри́твой и вытира́лся мои́м полоте́нцем. 7 Брат о́чень спеши́л, и я разреши́л ему́ уе́хать на моём велосипе́де.

8 Извини́, э́то твоя́ су́мка? И зонт то́же твой? А э́то твоё пиро́жное? 9 Спаси́бо тебе́ за приглаше́ние, но у нас нет твоего́ а́дреса. 10 Е́сли ты не возража́ешь, я включу́ твою́

статью́ в спи́сок литерату́ры. 11 Мы ви́дели тебя́ в ба́ре с твое́й но́вой подру́гой. 12 Ты познако́мишь меня́ с ма́мой и па́пой? Я ви́дел твои́х роди́телей то́лько на фотогра́фии. 13 Скажи́, что э́то за значо́к на твоём плаще́? 14 Мы реши́ли пожени́ться и хоте́ли бы зарегистри́ровать наш брак. Вот на́ши докуме́нты. 15 На на́шей сва́дьбе бы́ло мно́го то́стов за на́ше здоро́вье и за здоро́вье на́ших роди́телей. 16 К на́шему удивле́нию нас не пригласи́ли на откры́тие вы́ставки. 17 Мы прекра́сно всё по́мним: ведь э́то произошло́ на на́ших глаза́х.

18 Вы бу́дете уча́ствовать в обсужде́нии? Все хотя́т услы́шать ва́ше мне́ние. 19 Я до́лжен вам сказа́ть, что в ва́шей статье́ есть серьёзная оши́бка. 20 Я хоте́л бы зада́ть вам вопро́с: де́ло в том, что в ва́шем докла́де есть одно́ непоня́тное мне ме́сто. 21 Е́сли бы вы бо́льше публикова́ли, то с ва́шими спосо́бностями вы бы́ли бы уже́ профессо́ром.

22 Э́то моя́ жена́, э́то моя́ сестра́ а э́то её муж. 23 На э́той ста́рой фотогра́фии мой оте́ц, а ря́дом его́ ло́шадь. 24 Когда́ А́нна пришла́ на рабо́ту, она́ обнару́жила, что на её столе́ нет монито́ра. 25 Профе́ссор Пота́пов о́чень рассе́янный. Студе́нты опя́ть нашли́ в буфе́те его́ слова́рь и его́ очки́. 26 Я слы́шал, что ты познако́мился с роди́телями О́льги. Она́ сказа́ла, что вы бы́ли на их да́че. 27 Э́тот писа́тель написа́л всего́ три рома́на, но о его́ рома́нах напи́саны деся́тки книг. 28 За́втра на факульте́те бу́дет встре́ча с гру́ппой молоды́х писа́телей, и у вас бу́дет возмо́жность зада́ть им вопро́сы об их произведе́ниях.

The use of the possessive pronoun свой

128 1 У Ма́ши нет зонта́. Андре́й дал ей свой. 2 Ма́ма сказа́ла тебе́, где лежи́т её су́мочка? 3 Сантéхник вчера́ почини́л кран, но забы́л у нас свой блокно́т. 4 При аре́сте полице́йский объясни́л аресто́ванному его́ права́. 5 Преподава́тель объясни́л студе́нтам их оши́бки. 6 Профе́ссор подари́л аспира́нту свою́ кни́гу. 7 Пётр неда́вно жени́лся. Он о́чень лю́бит свою́ жену́. 8 Пётр о́чень ревни́вый. Он о́чень не лю́бит, когда́ кто́-нибудь танцу́ет с его́ жено́й. 9 Она́ совсе́м не зна́ет исто́рию свое́й семьи́. 10 Колле́га сообщи́л мне, что его́ дочь поступи́ла в университе́т. 11 Мои́ сосе́ди лю́бят свой сад. 12 Сосе́ди счита́ют, что их сад са́мый краси́вый на на́шей у́лице. 13 Мы ви́дели Ната́шу на дискоте́ке с её но́вым па́рнем. 14 Здесь в дере́вне мы почти́ не хо́дим в магази́н: у нас свои́ о́вощи, своё молоко́ и да́же свой сыр. 15 Дела́ у него́ шли хорошо́. К тридцати́ года́м у него́ уже́ была́ своя́ фи́рма и свой дом.

Demonstrative pronouns

Declension of э́тот and тот

129 1 Тебя́ иска́ла не э́та де́вушка, а та, в чёрной ку́ртке. 2 Я говори́л не об э́той статье́, а о той, в журна́ле. 3 Я дам вам вот э́тот зонт, а себе́ возьму́ вон тот. 4 Э́ти я́блоки ма́ленькие, но сла́дкие, а те — больши́е, но ки́слые. 5 Мы реши́ли купи́ть не э́ту кни́гу, а ту, с иллюстра́циями. 6 Ты до́лжен сфотографи́ровать не э́того музыка́нта, а того́, в очка́х. 7 Ни́на вы́брала э́то моро́женое, а я вы́брал то, с оре́хами. 8 Э́тим по́ездом доéдешь быстре́е, но с переса́дкой, а тем бу́дешь е́хать до́льше, но без переса́дки. 9 С э́тими студе́нтами интере́сно рабо́тать, а с те́ми бы́ло не о́чень. 10 На э́той ло́дке мо́жно пла́вать, а на той нельзя́: в ней есть ды́рка.

The use of э́тот and э́то

130

Фотоальбо́м

— Что э́то?
— Э́то альбо́м с фотогра́фиями. Э́ти фотогра́фии я сде́лал ле́том.
— Кто э́то на большо́м сни́мке?
— Э́то семья́ моего́ дру́га. Э́та семья́ живёт в Росси́и. Э́то их дом. Э́тот дом они́ постро́или са́ми. А э́то их соба́ка. Э́та соба́ка о́чень у́мная. А э́то их велосипе́ды. Они́ е́здят на э́тих велосипе́дах на рабо́ту.
— А что на э́той фотогра́фии?
— Э́то фрукто́вый сад. В э́том саду́ расту́т я́блони и гру́ши. А э́то гру́ша из э́того са́да. А э́то я — ем э́ту гру́шу.

Тако́й and так

131

1 В таки́х рестора́нах обе́дают то́лько богачи́. 2 С тако́й температу́рой ты до́лжен лежа́ть в посте́ли. 3 Он сказа́л э́то так ти́хо, что никто́ не услы́шал. 4 Така́я реши́тельная же́нщина вполне́ мо́жет стать президе́нтом. 5 Так мно́го я никогда́ не рабо́тал. 6 Где ты научи́лась гото́вить таки́е вку́сные щи? 7 Я не могу́ рабо́тать при тако́м шу́ме. 8 Не на́до е́хать так бы́стро. 9 С тако́й ма́ленькой зарпла́той тру́дно соде́ржать семью́. 10 Ей ста́ло так гру́стно, что она́ запла́кала.

Interrogative pronouns

Кто, что and чей

132

1 Кого́ не́ было вчера́ на уро́ке? 2 Чем она́ по́льзуется? 3 С кем вы обе́дали? 4 К чему́ она́ подошла́? 5 Кто у́чится в университе́те? 6 Чья подру́га у́чится в университе́те? 7 Кого́ он лю́бит? 8 Кому́ сказа́ли о на́шем предложе́нии? 9 О чём им сказа́ли? 10 О чьём предложении им сказа́ли?

Relative pronouns

The use of кото́рый

133

Фотогра́фии из Росси́и

1 Хо́чешь посмотре́ть фотогра́фии, кото́рые мы сде́лали в Росси́и? 2 Вот самолёт, на кото́ром мы лете́ли. 3 Э́то гости́ница, в кото́рой мы жи́ли пе́рвые три дня. 4 Э́то кафе́, в кото́ром мы за́втракали. 5 Э́то ру́сская семья́, с кото́рой мы познако́мились в Москве́. 6 Э́то Царь-пу́шка, кото́рая никогда́ не стреля́ла. 7 Э́то пожила́я же́нщина, кото́рой Джон помога́ет переходи́ть у́лицу. 8 Э́то худо́жник, у кото́рого Джон купи́л карти́ну. 9 А э́то его́ оте́ц, кото́рому Джон подари́л буты́лку ви́ски. 10 А вот фотоаппара́т, кото́рым я сде́лала все э́ти фотогра́фии.

134

Фотогра́фии из А́нглии

1 В э́той коро́бке лежа́т фотогра́фии, кото́рые мы сде́лали в А́нглии. 2 Э́то наш англи́йский друг, кото́рый встреча́л нас в аэропорту́. 3 Э́то небольша́я прия́тная гости́ница, кото́рую мы заказа́ли по интерне́ту. 4 Э́то кра́сный двухэта́жный авто́бус, на кото́ром мы е́здили в центр го́рода. 5 Э́то знамени́тое колесо́ обозре́ния, с кото́рого мо́жно уви́деть весь Ло́ндон. 6 Э́то Музе́й совреме́нного иску́сства, в кото́ром мы

провели́ це́лый день. 7 Э́то боле́льщики «Арсена́ла», с кото́рыми мы познако́мились на стадио́не. 8 Э́то совсе́м ю́ный боле́льщик, кото́рому Ива́н подари́л шарф «Спартака́». 9 Я хочу́ купи́ть цветы́ для де́вушки, с кото́рой я познако́мился вчера́. 10 Мы е́здили в го́ры на маши́не, кото́рую постро́ил мой брат.

The use of тот with кото́рый

135 1 Каку́ю су́мку ты берёшь в доро́гу? Ту, с кото́рой ты е́здил в Бо́стон? 2 Те студе́нты, кото́рые выступа́ли на семина́ре, освобожда́ются от зачёта. 3 Ту зада́чу, кото́рую ты приду́мал, не смог реши́ть да́же наш преподава́тель. 4 В э́ту па́пку мы кладём то́лько те фотогра́фии, кото́рые мо́жно испо́льзовать в на́шей статье́. 5 Како́й га́лстук ты и́щешь? Тот, кото́рый тебе́ подари́ла ма́ма?

The use of кто, что, чей and како́й as relative pronouns

136 1 На по́хороны пришли́ не то́лько те, кто знал его́ ли́чно. 2 Все, кто ви́дел э́тот спекта́кль, бы́ли восхищены́ её игро́й. 3 Мы рекоменду́ем э́то лека́рство тем, кто страда́ет а́стмой. 4 Есть среди́ вас кто́-нибудь, кто уме́ет игра́ть на гита́ре? 5 Она́ ве́жлива со все́ми, кто ста́рше её по во́зрасту или по до́лжности. 6 Не верь тому́, что он сейча́с бу́дет говори́ть. 7 На обе́д жена́ дала́ мне то, что не ста́ли есть де́ти. 8 То, чем ты так восхища́ешься, всего́ лишь дешёвая ко́пия. 9 То, о чём я говорю́, чи́стая пра́вда. 10 Я легко́ могу́ прожи́ть без всего́, что есть в э́той ко́мнате. 11 В э́тот прию́т приво́дят соба́к, чьи хозя́ева отказа́лись от них. 12 Жильцы́, в чьих кварти́рах пога́с свет, неме́дленно ста́ли звони́ть в авари́йную слу́жбу. 13 Ме́жду про́чим, я зна́ю де́вушку, чей портре́т ты пове́сил над столо́м, — она́ моя́ племя́нница. 14 Э́то был тако́й спекта́кль, како́й зри́тели по́мнят пото́м всю жизнь. 15 В те дни стоя́ли таки́е си́льные моро́зы, каки́е быва́ют здесь то́лько в середи́не января́. 16 В день своего́ рожде́ния он был таки́м весёлым и разгово́рчивым, каки́ми быва́ют то́лько счастли́вые лю́ди.

Indefinite pronouns

The four series of indefinite pronouns

137 1 Кого́-то она́ мне напомина́ет, но кого́? 2 Ва́шей подру́ге кто́-нибудь звони́л на про́шлой неде́ле? 3 Да, ей кто́-то звони́л не́сколько раз, ка́жется, како́й-то знако́мый. 4 Мы не име́ем пра́ва вноси́ть в э́тот текст каки́е-либо измене́ния. 5 Я до́лжен сказа́ть тебе́ по секре́ту ещё кòе-что́. 6 Я не по́мню, что́бы кто́-либо отзыва́лся о ней отрица́тельно. 7 У вы́хода её ждал како́й-то немолодо́й мужчи́на. 8 Гава́нские сига́ры я люблю́ бо́льше, чем каки́е-либо други́е. 9 По́сле сме́рти ба́бушка оста́вила нам кварти́ру и кòе-каки́е драгоце́нности. 10 Наве́рное, кому́-то ну́жно бы́ло, что́бы э́то произошло́.

Choosing between the -то and the -нибудь series

138 1 В сосе́дней ко́мнате кто́-то всю ночь игра́л на гита́ре. 2 Бою́сь, за́втра опя́ть кто́-нибудь придёт жа́ловаться. 3 Не зна́ю, где остано́вка, — придётся спроси́ть у кого́-нибудь. 4 Я кому́-то дал а́нгло-ру́сский слова́рь, но забы́л, кому́. 5 Привези́ мне из А́фрики како́й-нибудь необы́чный музыка́льный инструме́нт. 6 Ната́ша,

подойди́ к телефо́ну. Тебя́ спра́шивает кака́я-то же́нщина. 7 У э́того пи́ва како́й-то стра́нный вкус. 8 У вас есть в го́роде каки́е-нибудь ро́дственники? 9 Вы замеча́ли что́-нибудь подозри́тельное в поведе́нии ва́шей подру́ги? 10 Да, действи́тельно, в после́днее вре́мя в её поведе́нии бы́ло что́-то необы́чное: она́ почти́ не разгова́ривала.

Pronouns relating to totality

The pronoun весь

139 1 Э́того челове́ка зна́ет весь го́род. 2 Из всего́ кла́сса то́лько дво́е написа́ли дикта́нт без оши́бок. 3 Я хочу́ путеше́ствовать по всему́ ми́ру. 4 Всей семье́ он привёз из Москвы́ пода́рки. 5 Друзья́, у всех есть вино́ в бока́лах? Я хочу́ сказа́ть тост! 6 То, о чём я сообщи́л ей по секре́ту, она рассказа́ла всем знако́мым. 7 Она́ всё обо всех зна́ет. 8 Нам нра́вится тако́е обслу́живание, мы дово́льны абсолю́тно всем. 9 Ти́хая му́зыка, све́чи на столе́, два бока́ла и буты́лка шампа́нского — всё говори́ло о том, что ве́чер бу́дет осо́бенный. 10 На́до сказа́ть, что не со все́ми пу́нктами догово́ра мы согла́сны.

Other pronouns

The pronouns сам and са́мый

140 1 Бо́льше всего́ он забо́тился то́лько о себе́ само́м. 2 Э́то са́мый ску́чный фильм, кото́рый я когда́-либо ви́дела. 3 Я в са́мом де́ле не понима́ю, заче́м снима́ют таки́е фи́льмы. 4 Само́й короле́ве не удало́сь приобрести́ э́ту карти́ну. 5 И са́ми не мо́жем поня́ть, как э́то могло́ случи́ться! 6 С са́мого нача́ла я был уве́рен, что нам не говоря́т всю пра́вду. 7 Ей само́й не нра́вилась её но́вая причёска. 8 Ты про́сто обма́нываешь самого́/саму́ себя́. *Or* Ты про́сто обма́нываешь сам/сама́ себя́. 9 С э́той мину́ты они́ должны́ рассчи́тывать то́лько на сами́х себя́. 10 Он опозда́л на электри́чку и в ито́ге пришёл то́лько к са́мому концу́ ле́кции.

Miscellaneous pronouns

141 1 Они́ развели́сь два го́да наза́д, но и сейча́с продолжа́ют обсужда́ть друг с дру́гом пробле́мы воспита́ния до́чери. 2 Э́ту информа́цию мо́жно найти́ в любо́м справо́чнике по ру́сской грамма́тике. 3 Университе́тская библиоте́ка рабо́тает ка́ждый день, кро́ме воскресе́нья. 4 Чита́тельский биле́т мо́жно получи́ть без вся́ких пробле́м. 5 К сожале́нию, мы ви́димся ре́дко и ещё ре́же друг дру́гу звони́м. 6 В э́том рестора́не всегда́ мо́жно попро́бовать вся́кие экзоти́ческие блю́да. 7 Мо́жешь заходи́ть в любо́е вре́мя: я всегда́ здесь. 8 Но е́сли я уйду́, я зара́нее тебе́ сообщу́, на вся́кий слу́чай.

8 Numerals and other quantity words

Cardinal numerals

Writing out numbers

142 1 оди́ннадцать; сто де́сять; оди́ннадцать ты́сяч сто; (одна́) ты́сяча оди́н. 2 де́вять; двена́дцать; девятна́дцать; девяно́сто де́вять; девятьсо́т де́вять; девятьсо́т девятна́дцать; (одна́) ты́сяча девятьсо́т. 3 четы́ре; четы́рнадцать; со́рок четы́ре; четы́реста; четы́реста четы́ре; четы́ре ты́сячи четы́ре. 4 пятна́дцать; пятьдеся́т пять; пятьсо́т пять; пять ты́сяч пятьсо́т; пятьдеся́т ты́сяч. 5 во́семьдесят во́семь; восемна́дцать; восемьсо́т; девятьсо́т во́семьдесят во́семь; во́семьдесят оди́н; во́семьдесят одна́ ты́сяча. 6 три́дцать; три́ста три; сто трина́дцать; семьсо́т три́дцать три; трина́дцать ты́сяч сто три. 7 две́сти шестьдеся́т семь; семьсо́т шестьдеся́т два; два́дцать семь; две ты́сячи шестьсо́т се́мьдесят; семь ты́сяч шестьсо́т шестьдеся́т. 8 две́сти; три́ста; семьсо́т; два́дцать; шестна́дцать; се́мьдесят. 9 сто пятьдеся́т ты́сяч; три миллио́на; двена́дцать миллио́нов; (оди́н) миллиа́рд.

143 1 Высота́ горы́ Эвере́ст — во́семь ты́сяч восемьсо́т со́рок во́семь ме́тров, и́ли два́дцать де́вять ты́сяч два́дцать во́семь фу́тов. 2 Длина́ реки́ Нил — шесть ты́сяч шестьсо́т девяно́сто пять киломе́тров, и́ли четы́ре ты́сячи сто шестьдеся́т миль. 3 Длина́ Амазо́нки — шесть ты́сяч пятьсо́т шестна́дцать киломе́тров, и́ли четы́ре ты́сячи со́рок де́вять миль. 4 Пло́щадь о́строва Гренла́ндия — два миллио́на сто се́мьдесят пять ты́сяч шестьсо́т квадра́тных киломе́тров. 5 О́бщая пло́щадь всей Земли́ — пятьсо́т де́вять миллио́нов четы́реста пятьдеся́т ты́сяч квадра́тных киломе́тров. 6 Са́мое большо́е о́зеро — э́то Каспи́йское мо́ре. Его́ пло́щадь — три́ста се́мьдесят одна́ ты́сяча квадра́тных киломе́тров. 7 Са́мые больши́е стра́ны по пло́щади — э́то Росси́я и Кана́да. Пло́щадь Росси́и — семна́дцать миллио́нов се́мьдесят пять ты́сяч четы́реста квадра́тных киломе́тров. 8 На второ́м ме́сте — Кана́да. Пло́щадь э́той страны́ — де́вять миллио́нов девятьсо́т се́мьдесят ты́сяч шестьсо́т де́сять квадра́тных киломе́тров.

The cases used with cardinal numerals

144 1 В ма́е три́дцать оди́н день. 2 В феврале́ два́дцать во́семь и́ли два́дцать де́вять дней. 3 В году́ пятьдеся́т две неде́ли. 4 В су́тках два́дцать четы́ре часа́. 5 В одно́м ме́тре сто сантиме́тров. 6 В одно́м я́рде три фу́та. 7 Во рту у взро́слого челове́ка должно́ быть три́дцать два зу́ба. 8 На одно́й ноге́ пять па́льцев. 9 У паука́ во́семь ног. 10 У верблю́да четы́ре ноги́. 11 У Земли́ оди́н есте́ственный спу́тник. 12 В Со́лнечной систе́ме де́вять плане́т. 13 В соне́те четы́рнадцать строк. 14 В ру́сской а́збуке три́дцать три бу́квы. 15 В одно́м киломе́тре ты́сяча ме́тров. 16 В одно́й ми́ле ты́сяча семьсо́т шестьдеся́т я́рдов. 17 В одно́м килоба́йте ты́сяча два́дцать четы́ре ба́йта.

The use of **ты́сяча** and **миллио́н**

145 1 У База́рова ты́сяча до́лларов 2 У Плю́шкина три ты́сячи е́вро 3 У Коро́бочки четы́рнадцать ты́сяч до́лларов 4 У Рого́жина пятьсо́т ты́сяч рубле́й

5 У Коре́йко миллио́н фу́нтов 6 У Бе́ндера пять миллио́нов рубле́й 7 У Панико́вского двена́дцать миллио́нов до́лларов 8 У Бигба́ева три́дцать два миллио́на е́вро

9 У Купцо́вой три миллио́на шестьсо́т ты́сяч рубле́й 10 У Кня́зевой шесть миллио́нов сто два́дцать ты́сяч до́лларов 11 У Царёвой сто оди́н миллио́н две́сти одна́ ты́сяча е́вро 12 У Банду́риной две́сти три́дцать шесть миллио́нов семьсо́т три́дцать две ты́сячи рубле́й

The declension and use of оди́н

146 1 У Вале́рия оди́н сын и одна́ дочь. 2 В э́той ко́мнате одно́ окно́, одна́ крова́ть и оди́н стол. 3 В э́том за́ле никого́ нет, то́лько я и ты: мы здесь одни́. 4 В э́том сло́ве не хвата́ет одно́й бу́квы. 5 Закро́й оди́н глаз и подними́ одну́ ру́ку. 6 Я не могу́ чита́ть ле́кцию то́лько одному́ студе́нту. 7 Как до́лго ты мо́жешь стоя́ть на одно́й ноге́? 8 Всё в э́том контра́кте нас устра́ивает, кро́ме одного́ пу́нкта. 9 Мы слы́шим от него́ одни́ обеща́ния. 10 Не на́до держа́ть все де́ньги и докуме́нты в одно́м ме́сте. 11 У меня́ то́лько одни́ очки́ для чте́ния. 12 Ва́ша статья́ постро́ена на одни́х предположе́ниях. А где фа́кты?

The declension and use of два

147 1 Вот идёт а́втор двух рома́нов. 2 У Ни́ны два сы́на и две до́чери. 3 Друзья́ прие́хали на двух маши́нах. 4 Она́ помога́ет двум бе́женцам. 5 Я уже́ сдала́ экза́мены по двум предме́там. 6 Поли́ция арестова́ла двух престу́пников. 7 Нельзя́ сиде́ть одновре́менно на двух сту́льях. 8 К двум де́вушкам подошли́ два солда́та.

The declension of other numerals

148 1 На столе́ четы́ре стака́на и три буты́лки лимона́да. 2 Нам показа́ли фрагме́нты из оди́ннадцати фи́льмов. 3 Рыба́к пошёл на рыба́лку с тремя́ у́дочками. 4 Я до́лжен ба́нку су́мму с четырьмя́ нуля́ми. 5 Я купи́л ку́ртку с пятью́ карма́нами. 6 Вчера́ я танцева́л с шестью́ де́вушками. 7 Мари́я звони́т пяти́ подру́гам. 8 Она́ говори́т на семи́ языка́х. 9 Мой друг сде́лал маши́ну на восьми́ колёсах. 10 А вы чита́ли э́тот рома́н о трёх сёстрах?

11 За шесть ме́сяцев я получи́л три́дцать пи́сем, сто откры́ток и пятьсо́т электро́нных сообще́ний. 12 Дире́ктор вручи́л пре́мии сорока́ сотру́дникам. 13 Он а́втор двадцати́ пе́сен. 14 На́ша семья́ прие́хала в Ло́ндон с десятью́ чемода́нами. 15 Гео́логи нашли́ нефть на девяно́ста острова́х. 16 Медсестра́ сде́лала приви́вку пяти́десяти студе́нтам. 17 В э́том посёлке о́коло восьмисо́т жи́телей. 18 У неё нет пятисо́т до́лларов на авиабиле́т. 19 Семиста́м пенсионе́рам городски́е вла́сти замени́ли бо́йлеры. 20 Он получи́л от колле́г откры́тку с пятью́десятью по́дписями.

The cases used after numerals

149 1 В на́шей кома́нде оди́н врата́рь, четы́ре защи́тника и шесть фо́рвардов. 2 В гараже́ два́дцать одна́ маши́на, оди́ннадцать мотоци́клов и два тра́ктора. 3 В го́роде два стадио́на, оди́н вокза́л и два теа́тра. 4 В саду́ четы́рнадцать я́блонь, четы́ре гру́ши и оди́н оре́х. 5 В зоопа́рке оди́н слон, три ти́гра и шесть львов. 6 На э́той у́лице четы́ре рестора́на, одна́ пиццери́я и оди́н бар. 7 В его́ колле́кции со́рок одна́ карти́на, пятьдеся́т плака́тов и три́дцать две фотогра́фии. 8 У меня́ на столе́ четы́ре карандаша́, де́сять ру́чек и одна́ тетра́дь.

150 1 На день рожде́ния мне подари́ли два мяча́, пять компа́кт-ди́сков и пятьдеся́т до́лларов. 2 У меня́ в бума́жнике пятна́дцать фу́нтов, пятьдеся́т шве́дских кро́н и ты́сяча рубле́й. 3 У неё в э́том го́роде оди́н де́душка, две тёти и три двою́родные/двою́родных сестры́. 4 На э́той неде́ле у нас пять ле́кций, два семина́ра и два практи́ческих заня́тия. 5 За про́шлый год моя́ жена́ потеря́ла три но́вых зонта́, два моби́льных телефо́на и, наве́рное, два́дцать ру́чек. 6 У меня́ в шкафу́ двена́дцать футбо́лок, три сви́тера и четы́ре полоте́нца. 7 У нас в гру́ппе пять англича́нок, четы́ре францу́за и оди́ннадцать шотла́ндцев. 8 Я купи́л одну́ вече́рнюю газе́ту, три иностра́нных журна́ла и два́дцать две тетра́ди.

151 1 Жена́ пригласи́ла двух подру́г. 2 Я купи́л пять журна́лов. 3 Я чита́ю на шести́ языка́х. 4 Мой колле́га перево́дит с четырёх языко́в. 5 Я по́льзовался информа́цией из двух исто́чников. 6 У неё нет десяти́ ты́сяч рубле́й на но́вый компью́тер. 7 Она́ хо́дит в парк с тремя́ соба́ками. 8 В после́дней главе́ кни́ги три́дцать две страни́цы.

Declension of complex numerals

152 1 К середи́не э́того столе́тия чи́сленность населе́ния плане́ты прибли́зится к девяти́ миллиа́рдам. 2 Населе́ние Евро́пы сократи́тся с семисо́т двадцати́ девяти́ миллио́нов до шестисо́т тридцати́ миллио́нов. 3 Населе́ние А́зии увели́чится с четырёх миллиа́рдов до пяти́ миллиа́рдов. 4 В То́кио бу́дет прожива́ть бо́лее тридцати́ одного́ миллио́на челове́к.

Collective numerals

153 1 У моей ба́бушки по матери́нской ли́нии бы́ло че́тверо дете́й. 2 Ты не зна́ешь, кто э́ти дво́е в ко́жаных ку́ртках? 3 А вы чита́ли кни́гу Джеро́ма К. Джеро́ма «Тро́е в ло́дке, не счита́я соба́ки»? 4 В пала́те нас бы́ло пя́теро, и все — по́сле опера́ции на позвоно́чнике. 5 Тро́е студе́нтов помога́ли разбира́ть архи́в поко́йного профе́ссора. 6 Ива́н Петро́вич, для встре́чи брита́нских экспе́ртов нам нужны́ две маши́ны — их в гру́ппе ше́стеро. 7 У меня́ всегда́ с собо́й дво́е очко́в, на вся́кий слу́чай. 8 В о́тпуск я обы́чно беру́ тро́е брюк, не бо́льше.

Ordinal numerals

The formation of ordinal numerals

154 1 пе́рвая ка́сса 2 второ́й подъе́зд 3 шеста́я пала́та 4 седьмо́й по́езд 5 тре́тий ваго́н 6 оди́ннадцатый авто́бус 7 пя́тое зада́ние 8 двена́дцатое упражне́ние 9 пятьдеся́т пе́рвая ко́мната 10 пятьсо́т два́дцать шеста́я страни́ца

Declension of ordinal numerals

155 1 Почему́ тебя́ не́ было на пе́рвом уро́ке? 2 О́чень до́лго не́ было со́рок седьмо́го авто́буса, поэ́тому я успе́л то́лько ко второ́му уро́ку. 3 А ты не хо́чешь пойти́ в кафете́рий на шесто́м этаже́ по́сле тре́тьего уро́ка? 4 Откро́йте ва́ши уче́бники на четы́рнадцатой страни́це, мы бу́дем де́лать пе́рвое зада́ние. 5 В тре́тьей строке́ четвёртого абза́ца есть смешна́я опеча́тка. 6 До́ма вы должны́ сде́лать седьмо́е упражне́ние на два́дцать пе́рвой страни́це. 7 Ко мне мо́жно е́хать на шестна́дцатом авто́бусе и́ли на три́дцать девя́том тролле́йбусе. 8 Выходи́те на тре́тьей остано́вке; вам на́до пройти́ под второ́й а́ркой к четвёртому подъе́зду. 9 Пото́м поднима́йтесь на девя́тый эта́ж и звони́те в три́дцать шесту́ю кварти́ру. 10 Мой сын сдал экза́мен по вожде́нию с пе́рвой попы́тки, мой колле́га со второ́й попы́тки, а я наде́юсь сдать с тре́тьей.

Ordinal and cardinal numerals combined

156 1 На второ́м ме́сте с шестна́дцатью очка́ми Шапи́ро. 2 На тре́тьем ме́сте с пятна́дцатью очка́ми Петрося́н. 3 На восьмо́м ме́сте с оди́ннадцатью очка́ми Мани́лов. 4 На деся́том ме́сте с десятью́ очка́ми Дубро́вский. 5 На трина́дцатом ме́сте с восемью́/восьмью́ очка́ми Карама́зов. 6 На четы́рнадцатом ме́сте с семью́ очка́ми Чи́чиков. 7 На пятна́дцатом ме́сте с четырьмя́ очка́ми Собаке́вич. 8 На девятна́дцатом ме́сте с двумя́ очка́ми Закидо́нов. 9 На двадца́том ме́сте с одни́м очко́м Му́дрый.

157 1 У него́ три до́чери от пе́рвого бра́ка и два сы́на от второ́го бра́ка. 2 На восьмо́й эта́ж я поднима́юсь пешко́м за три мину́ты, а на четы́рнадцатый за во́семь. 3 В пя́том ряду́ двена́дцать сту́льев, а в пятна́дцатом — пятна́дцать. 4 На второ́м эта́пе ко́нкурса бы́ло четы́рнадцать кандида́тов, а на тре́тьем оста́лось всего́ лишь три. 5 Из шесто́го то́ма я сде́лал два́дцать одну́ вы́писку, а из двена́дцатого всего́ одну́.

158

Немно́го о футбо́ле

В декабре́ две ты́сячи девя́того го́да капита́н «Манче́стер Юна́йтед» Ра́йан Гиггз заби́л свой сто пяти́десятый гол за э́тот клуб. А врата́рь «По́ртсмута» Дэ́вид Джеймс стал рекордсме́ном англи́йской премье́р-ли́ги по коли́честву сы́гранных игр: он провёл свой пятьсо́т три́дцать шесто́й матч, кото́рый зако́нчился со счётом два-ноль в по́льзу его́ кома́нды.

Чемпио́ном премье́р-ли́ги по коли́честву заби́тых голо́в остаётся А́лан Ши́рер — он заби́л две́сти шестьдеся́т голо́в. В ты́сяча девятьсо́т девяно́сто второ́м году́ клуб «Блэ́кберн Ро́верс» купи́л Ши́рера за три миллио́на шестьсо́т ты́сяч фу́нтов, а че́рез четы́ре го́да Ши́рер был про́дан «Ньюка́слу» за пятна́дцать миллио́нов. А́лан игра́л в э́той кома́нде до две ты́сячи шесто́го го́да. Ши́рер — оди́н из четырёх футболи́стов в исто́рии англи́йской премье́р-ли́ги, заби́вших пять мяче́й в одно́м ма́тче. За сбо́рную А́нглии Ши́рер сыгра́л шестьдеся́т ма́тчей и заби́л три́дцать голо́в. В ты́сяча девятьсо́т девяно́сто шесто́м году́ А́лан был при́знан тре́тьим футболи́стом ми́ра по ве́рсии ФИФА́.

Fractions

Ordinary fractions

159

1 $\frac{1}{2}$ 3 $\frac{2}{3}$ 5 $\frac{3}{7}$ 7 $2\frac{3}{8}$
2 $\frac{3}{4}$ 4 $\frac{1}{5}$ 6 $4\frac{5}{6}$ 8 $3\frac{5}{9}$

160 1 одна́ пя́тая 2 две пя́тых 3 одна́ двадца́тая 4 пять восьмы́х 5 две и семь девя́тых 6 три и три четвёртых 7 де́вять и две тре́тьих 8 шесть и пять двена́дцатых

Decimals

161

1 0,5 3 2,07 5 20,015
2 1,7 4 6,24

162 1 ноль це́лых, четы́ре деся́тых 2 одна́ це́лая, де́вять деся́тых *or* одна́ и де́вять деся́тых 3 четы́ре це́лых, две деся́тых *or* четы́ре и две деся́тых 4 пять це́лых, одна́ деся́тая *or* пять и одна́ деся́тая 5 восемна́дцать це́лых, три деся́тых *or* восемна́дцать и три деся́тых 6 де́сять це́лых, пять со́тых *or* де́сять и пять со́тых 7 шестьдеся́т две це́лых, пятьдеся́т во́семь со́тых *or* шестьдеся́т две и пятьдеся́т во́семь со́тых 8 пятна́дцать це́лых, пятьдеся́т одна́ ты́сячная *or* пятна́дцать и пятьдеся́т одна́ ты́сячная

163 Едини́цы измере́ния

1 В одно́й у́нции два́дцать во́семь и шесть деся́тых гра́мма. 2 В одно́м фу́нте ноль це́лых, со́рок пять со́тых килогра́мма. 3 В одно́м дю́йме два и пятьдеся́т четы́ре со́тых сантиме́тра. 4 В одно́м я́рде ноль це́лых, девяно́сто одна́ со́тая ме́тра. 5 В одно́м фу́те ноль це́лых, три деся́тых ме́тра. 6 В одно́й ми́ле оди́н и шесть деся́тых киломе́тра. 7 В одно́й морско́й ми́ле оди́н и во́семьдесят пять со́тых киломе́тра. 8 В одно́м галло́не че́тыре и пятьсо́т со́рок шесть ты́сячных ли́тра.

Fractions in context

164 1 Пе́ред сме́ртью де́душка завеща́л две пя́тых своего́ состоя́ния ба́бушке, две пя́тых — о́бществу защи́ты живо́тных и одну́ пя́тую — мне. 2 Диа́метр э́того отве́рстия — всего́ ноль це́лых, две деся́тых миллиме́тра. 3 Росси́я занима́ет бо́льше одно́й деся́той всей су́ши. 4 В про́шлом году́ Усэ́йн Болт установи́л свой тре́тий мирово́й реко́рд — он пробежа́л сто ме́тров за де́вять и пятьдеся́т во́семь со́тых секу́нды. 5 Са́мая высо́кая температу́ра в тени́ была́ зафикси́рована в Ли́вии — пятьдеся́т семь и во́семь деся́тых гра́дуса по Це́льсию. 6 Мирово́й реко́рд в эстафе́те четы́ре по пятьдеся́т ме́тров ко́мплексным пла́ванием на коро́ткой воде́ — одна́ мину́та, три́дцать две и девяно́сто одна́ со́тая секу́нды. 7 Э́тот фильм дли́тся приме́рно полтора́ часа́. 8 Де́сять лет наза́д э́та маши́на сто́ила пятна́дцать ты́сяч до́лларов, а в э́том году́ я купи́л её за полторы́ ты́сячи. 9 Что́бы запо́мнить э́тот текст, мне ну́жно полторы́ мину́ты.

Other quantity words

Nouns formed from numerals

165 1 В це́нтре квадра́та нарису́йте большу́ю кра́сную едини́цу, а по угла́м — си́нюю дво́йку, жёлтую тро́йку, кори́чневую четвёрку и зелёную пятёрку. 2 В моём но́мере телефо́на две едини́цы, два нол́я, три семёрки и одна́ тро́йка. 3 В шко́ле я обы́чно получа́л твёрдые четвёрки и пятёрки, но иногда́ приноси́л домо́й и ре́дкие дво́йки и да́же ужа́сные едини́цы. 4 В моём бума́жнике сле́дующие купю́ры: пять деся́ток, три двадца́тки и четы́ре со́тни. 5 Ка́ждые два-три ме́сяца она́ покупа́ет па́ру ту́фель. У неё в шкафу́ уже́ два́дцать пар.

О́ба; и то и друго́е

166 1 Её ста́ршему сы́ну три́дцать, мла́дшему два́дцать семь. Они́ о́ба инжене́ры. 2 У неё две сестры́, и о́бе живу́т в Ло́ндоне. 3 Джон заказа́л минера́льную во́ду, Мари́ заказа́ла ко́фе, а я попроси́л и то и друго́е. 4 У меня́ два компью́тера, и о́ба не рабо́тают. 5 Мы рассмотре́ли и ваш прое́кт и ва́шу зая́вку. К сожале́нию, и то и друго́е нужда́ется в дорабо́тке. 6 Са́ша предлага́ет устро́ить новогодний конце́рт, а Да́ша новогоднюю виктори́ну. А я предлага́ю объедини́ть и то и друго́е.

9 Uninflected parts of speech

Adverbs

Choosing between adjectives and adverbs

167 1 (a) Он — хоро́ший баскетболи́ст. (b) Он хорошо́ игра́ет в баскетбо́л. 2 (a) На́ша кофева́рка рабо́тает пло́хо. (b) У нас плоха́я кофева́рка. 3 (a) Он про́дал свою́ ста́рую маши́ну о́чень дёшево. (b) В э́том магази́не продаю́тся дешёвые ве́щи. 4 (a) Наш самолёт сейча́с лети́т о́чень высоко́. (b) В ко́мнату вошёл о́чень высо́кий мужчи́на. 5 (a) У него́ о́чень гро́мкий го́лос. (b) До́ма он лю́бит гро́мко петь. 6 (a) Почему́ у пингви́нов таки́е неуклю́жие движе́ния? (b) Пингви́ны дви́гаются неуклю́же, но то́лько на су́ше. 7 (a) Он говори́л и́скренне. (b) Приими́те на́ши и́скренние соболе́знования. 8 (a) Вы хорошо́ говори́те по-ру́сски? (b) Вы хорошо́ зна́ете ру́сский язы́к? (c) Ру́сский язы́к о́чень тру́дный. (d) Она́ чуть-чу́ть понима́ет по-ру́сски. (e) Кре́пкие напи́тки он пил по-ру́сски. (f) Мне о́чень нра́вится ру́сская зима́. 9 (a) Я чита́ю по-англи́йски со словарём. (b) Та́ня изуча́ет англи́йский уже́ три го́да. (c) Как по-англи́йски «до свида́ния»? (d) Йорк — это ста́рый англи́йский го́род. 10 (a) Она́ подари́ла му́жу францу́зский конья́к. (b) Он подари́л жене́ францу́зские духи́. (c) Пу́шкин писа́л друзья́м пи́сьма по-францу́зски. (d) В За́падной и Се́верной А́фрике мно́гие говоря́т по-францу́зски. 11 (a) Она́ покупа́ет то́лько неме́цкие маши́ны. (b) В э́той о́пере пою́т по-неме́цки. (c) Он рабо́тал о́чень аккура́тно, по-неме́цки. (d) У меня́ есть ста́рый неме́цкий фотоаппара́т. 12 (a) Они́ обменя́лись дру́жескими рукопожа́тиями. (b) Я дам тебе́ оди́н дру́жеский сове́т. (c) Да, он мой нача́льник, но по́сле рабо́ты мы обща́емся по-дру́жески, как ра́вный с ра́вным.

Adverbs of time

168 Како́й сего́дня день?

1 Позавчера́ бы́ло воскресе́нье; 2 Вчера́ был понеде́льник; 3 За́втра бу́дет среда́; 4 Послеза́втра бу́дет четве́рг; 5 Тогда́ сего́дня вто́рник!

169 1 (a) Вчера́ у́тром мы ходи́ли в бассе́йн. (b) Я обы́чно встаю́ в семь часо́в утра́. (c) Сего́дня бы́ло прекра́сное солне́чное у́тро. 2 (a) Мы обе́даем в два часа́ дня. (b) Позвони́ мне днём, вот мой рабо́чий телефо́н. (c) За́втра бу́дет о́чень тру́дный день. 3 (a) Я провёл прекра́сный ве́чер с друзья́ми. (b) Матч начина́ется в во́семь часо́в ве́чера. (c) Сего́дня ве́чером мы идём в теа́тр. 4 (a) Ночь была́ я́сная, на не́бе бы́ло мно́го звёзд. (b) Лиса́ выхо́дит на охо́ту но́чью. (c) В два часа́ но́чи у сосе́дей гро́мко зала́яла соба́ка. 5 (a) Весна́ — люби́мое вре́мя го́да молодёжи. (b) Весно́й я не о́чень хорошо́ себя́ чу́вствую. 6 (a) Ле́то я провожу́ на да́че. (b) Ле́том мы е́здили отдыха́ть в Хорва́тию. 7 (a) О́сенью я люблю́ ходи́ть в лес. (b) О́сень на Се́вере холо́дная и дождли́вая. 8 (a) В э́том году́ у нас осо́бенно сне́жная зима́. (b) Мно́гие беру́т о́тпуск зимо́й, что́бы ката́ться на лы́жах.

Choosing between уже́ and ещё

170 1 — Прости́те, вам уже́ не ну́жен э́тот слова́рь?
— К сожале́нию, ещё ну́жен.
2 — Ты уже́ посмотре́л э́тот фильм?
— Нет, ещё не посмотре́л.

3 — Ва́ша дочь уже́ за́мужем?
— Ещё нет, но собира́ется.
4 — Ты ещё гото́вишься к экза́менам?
— Нет, я уже́ свобо́дна. После́дний экза́мен я сдала́ в четве́рг.
5 — Ваш сын ещё занима́ется бо́ксом?
— К сча́стью, уже́ не занима́ется.

Choosing between adverbs of location and adverbs of direction

171 1 (a) Извини́те, но я должна́ идти́ домо́й. (b) Э́той кни́ги нет в на́шей библиоте́ке, но она́ есть у меня́ до́ма. 2 (a) Не ходи́те туда́! (b) Там зла́я соба́ка! 3 (a) — Посмотри́ наве́рх — ты ви́дишь бе́лку? (b) — Наверху́ нет бе́лки, тебе́ показа́лось. 4 (a) Твоя́ кни́га внизу́, на пе́рвой по́лке. (b) Мы должны́ спусти́ться вниз в доли́ну. 5 (a) Никто́ не зна́ет, что нас ждёт впереди́. (b) Но мы должны́ идти́ то́лько вперёд. 6 (a) По́сле светофо́ра поверни́те напра́во. (b) Э́та маши́на появи́лась спра́ва. 7 (a) Вот наш факульте́т, а сле́ва от него́ библиоте́ка. (b) Поворо́т нале́во тут запрещён.

Indefinite adverbs

172 1 Ма́ши нет до́ма, она́ куда́-то ушла́ с Андре́ем. 2 Давай уе́дем куда́-нибудь далеко́-далеко́! 3 Она́ куда́-нибудь выходи́ла из о́фиса в тот день? 4 Да, она́ куда́-то выходи́ла о́коло оди́ннадцати. Я поду́мала, на по́чту. 5 Она́ когда́-нибудь е́здила за грани́цу? 6 Да, она́ говори́ла, что когда́-то была́ в Ита́лии. 7 Пого́да на террито́рии всей страны́ бу́дет я́сная, но ко̀е-где́ пройду́т грозовы́е дожди́. 8 Когда́-то я непло́хо игра́л в ша́хматы. 9 Он живёт где́-то недалеко́ от универститéта, но то́чного а́дреса я не зна́ю. 10 Я де́лаю всё по инстру́кции, но пылесо́с почему́-то не включа́ется. 11 Ко́шка ка́к-то смогла́ откры́ть мою́ су́мку и доста́ть колбасу́. 12 Сро́чно найди́те где́-нибудь перево́дчика с узбе́кского: нам ну́жно перевести́ э́тот докуме́нт до конца́ неде́ли. 13 Мой друг заче́м-то побри́л себе́ го́лову. 14 Когда́-нибудь ты узна́ешь, почему́ я так поступи́л. 15 Я сейча́с расскажу́ тебе́ са́мый смешно́й анекдо́т, кото́рый я когда́-либо слы́шал. 16 Зарпла́та у меня́ скро́мная, но мы ко̀е-ка́к выжива́ем.

Choosing between то́же and та́кже

173 1 Здесь продаётся худо́жественная литерату́ра, а та́кже разли́чные альбо́мы и календари́. 2 Вы говори́те, что жи́ли в общежи́тии Петербу́ргского университе́та? Я то́же там жил! 3 Э́тот компью́тер не рабо́тает. И тот то́же сло́ман. 4 Он преподава́л в университе́тах Росси́и, Ирла́ндии, Слова́кии, а та́кже рабо́тал не́которое вре́мя перево́дчиком. 5 — У нас в го́роде есть метро́. — У нас то́же есть метро́. Но у нас та́кже есть и скоростно́й трамва́й. 6 — На́ша дочь игра́ет на пиани́но и на скри́пке. — Наш сын то́же игра́ет на э́тих инструме́нтах. Но он та́кже игра́ет на саксофо́не и на фле́йте.

Conjunctions

The conjunctions и, а and но

174 1 У́тром я чищу́ зу́бы и принима́ю душ. 2 Мой друг лю́бит игра́ть на гита́ре, но игра́ет он пло́хо. 3 Её ста́ршие сыновья́ музыка́нты, а мла́дший стал полице́йским.

4 Она́ сде́лала макия́ж, он почи́стил боти́нки, и ро́вно в семь ве́чера они́ вы́шли из до́ма. 5 Ты всё перепу́тала: у меня́ девя́тый кабине́т, а не девятна́дцатый! 6 Его́ лечи́ли лу́чшие врачи́, он принима́л са́мые дороги́е лека́рства, но ничего́ не помогло́. 7 Её пе́рвые две кни́ги — о жи́зни иммигра́нтов, а тре́тья — о Мо́царте. 8 Мне нра́вится э́та су́мочка, но я не могу́ её купи́ть. 9 Сверкну́ла мо́лния, уда́рил гром, и начался́ настоя́щий ли́вень. 10 В суббо́ту я обы́чно игра́ю в бадминто́н, а в воскресе́нье лежу́ с газе́той на дива́не. 11 Моя́ соба́ка всё понима́ет, но, к сожале́нию, не говори́т. 12 У нас в семье́ у́жин обы́чно гото́вит жена́, а мы с сы́ном мо́ем посу́ду.

Matching adverbs and conjunctions

175

1 Но́вый теа́тр постро́или там, где ра́ньше был ры́нок. 2 Он уе́хал туда́, куда́ давно́ хоте́л уе́хать. 3 Ты мо́жешь укра́сить торт так, как э́то де́лала ба́бушка? 4 Возьми́те сто́лько, ско́лько мо́жете съесть. 5 Он стоя́л насто́лько глубоко́ в воде́, наско́лько позволя́ло тече́ние. 6 Я прошу́ её помо́чь то́лько тогда́, когда́ други́х возмо́жностей нет. 7 Э́та блестя́щая иде́я пришла́ отту́да, откуда́ пришли́ все други́е мои́ иде́и — от жены́! 8 Я всё де́лал так, как напи́сано в инстру́кции. 9 Я то́же хочу́ пойти́ туда́, куда́ пошёл Ива́н! 10 Мы отпра́вили вам сто́лько дета́лей, ско́лько вы заказа́ли.

Prepositional phrases with conjunctions

176

1 Он рассчи́тывает на то, что це́ны на кварти́ры упаду́т. 2 Они́ договори́лись о том, что таки́е семина́ры бу́дут проводи́ться ка́ждый ме́сяц. 3 Она́ начала́ свой докла́д с того́, что поблагодари́ла организа́торов за приглаше́ние. 4 Они́ попроси́ли о том, что́бы их никто́ не беспоко́ил. 5 Она́ боро́лась за то, что́бы же́нщины име́ли ра́вные с мужчи́нами права́. 6 Они́ наблюда́ют за тем, как глоба́льное потепле́ние влия́ет на жизнь аркти́ческих живо́тных. 7 Мо́жно получи́ть интере́сные вы́воды из того́, как меня́ется отноше́ние к сме́шанным бра́кам. 8 Он рассужда́л о том, почему́ распа́лся СССР.

10 Word formation

The formation of nouns

Diminutives and augmentatives

177

На́ша любо́вь к ма́леньким де́тям отража́ется в том, как мы говори́м о них. Мы ча́сто говори́м: не глаза́, а глазки́, не рот, а ро́тик, не щёки, а щёчки, не нос, а но́сик, не у́ши, а у́шки, не ру́ки, а ру́чки, не но́ги, а но́жки, не живо́т, а живо́тик. Э́то распространя́ется и на их ве́щи, оде́жду, игру́шки. Мы говори́м: не ша́пка, а ша́почка, не ку́ртка, а ку́рточка, не носки́, а носо́чки, не сапоги́, а сапо́жки, не крова́ть, а крова́тка, не стул, а сту́льчик, не стака́н, а стака́нчик, не мяч, а мя́чик, не лопа́та, а лопа́тка, не ведро́, а ведёрко, не маши́на, а маши́нка, не кора́бль, а кора́блик.

178

	(a)	(b)	(c)
1	хо́лод	холодо́к	холоди́на
2	ве́тер	ветеро́к	ветри́ще
3	пау́к	паучо́к	паучи́ще
4	ды́ра	ды́рочка	дыри́ща
5	ко́гти	коготки́	когти́щи
6	глаза́	гла́зки	глази́щи
7	ры́ба	ры́бка	ры́бина
8	нос	но́сик	носи́ще
9	то́чка	то́чечка	
10	ни́тка	ни́точка	

179 1 Мое́й до́чке пять лет. Она́ лю́бит рисова́ть и пока́зывать мне свои́ рису́нки: вот со́лнышко, вот пти́чка, вот до́мик, вот цвето́чек. 2 — А кто живёт в до́мике? — За́йчик, мы́шка и бе́лочка. 3 — А что они́ едя́т? — Морко́вку и хле́бушек. 4 — А что они́ пьют? — Молочко́ и води́чку. 5 — А э́то кто тако́й стра́шный? — Э́то злой волчи́ще!

180 1 Он бы́стро доста́л пла́стырь и аккура́тно закле́ил большу́ю цара́пину на щеке́. 2 Когда́ ребёнок усну́л, она́ погла́дила его́ по голове́, попра́вила одея́ло и ти́хо вы́шла из ко́мнаты. 3 Я спроси́л жену́: «Каку́ю маши́ну ты хо́чешь?». Она отве́тила: «Си́нюю!» 4 Кто́-то позвони́л в дверь. Я откры́л: на ле́стничной кле́тке стоя́ла худа́я де́вочка лет десяти́ и держа́ла в рука́х како́е-то живо́е существо́. «Дя́дя, возьми́те котёнка! Смотри́те, како́й он хоро́ший! На́ша ко́шка родила́ четверы́х, и все чёрные. Мне мама́ разреши́ла оста́вить то́лько одного́, са́мого пуши́стого, с бе́лыми ла́пами.»

Nouns indicating a person who carries out an action

181 (a) 1 води́тель 2 замести́тель, замести́тельница 3 защи́тник, защи́тница 4 перево́дчик, перево́дчица 5 писа́тель, писа́тельница 6 помо́щник, помо́щница 7 преподава́тель, преподава́тельница 8 слу́шатель, слу́шательница 9 строи́тель 10 учи́тель, учи́тельница 11 учени́к, учени́ца 12 чита́тель, чита́тельница

(b) 1 вахтёр, вахтёрша 2 гру́зчик 3 дворни́к 4 касси́р, касси́рша 5 мясни́к 6 разве́дчик, разве́дчица 7 сапо́жник 8 скрипа́ч, скрипа́чка 9 уча́стник, уча́стница 10 хоккеи́ст, хоккеи́стка

Nouns, adjectives and adverbs relating to nationality

182 1 Её роди́тели — не́мцы. Она́ не́мка. Она́ говори́т по-неме́цки. У неё неме́цкая маши́на. 2 Она́ родила́сь во Фра́нции. Она́ францу́женка. Она́ говори́т по-францу́зски. У неё францу́зское гражда́нство. Её жени́х то́же францу́з. 3 Он датча́нин. Все его́ ро́дственники датча́не. Его́ жена́ то́же датча́нка. Все они́ говоря́т по-да́тски. Они́ живу́т в Да́нии. 4 Я родила́сь и живу́ в Испа́нии. У меня́ испа́нский па́спорт. Я свобо́дно говорю́ и пишу́ по-испа́нски. 5 Мой оте́ц чех. Моя́ ма́ма то́же че́шка. У нас че́шская фами́лия — Яна́чек. Мы говори́м по-че́шски. 6 На́ша страна́ — Украи́на. Я украи́нец, и моя́ жена́ то́же украи́нка. Она́ прекра́сно гото́вит украи́нский борщ. До́ма мы говори́м то́лько по-украи́нски. 7 Мы живём в Пеки́не. Все на́ши друзья́ — кита́йцы. Нам нра́вится кита́йская ку́хня. Мы еди́м рис по-кита́йски, па́лочками. 8 Моя́ фами́лия Смит. Моя́ ба́бушка и мой де́душка родили́сь в А́нглии. Они́ англича́не. Они́ говоря́т то́лько по-англи́йски. Им нра́вится англи́йская пого́да. 9 Меня́ зову́т Бори́с Ивано́в. Я ру́сский. Моя́ подру́га Ната́ша то́же ру́сская. Наш родно́й язы́к — ру́сский. Когда́ мы до́ма в Росси́и, мы говори́м по-ру́сски. 10 Торо́нто нахо́дится в Кана́де. Там живёт Росс. Он кана́дец. Все кана́дцы лю́бят спорт, осо́бенно хокке́й. Кана́дские хоккеисты — олимпи́йские чемпио́ны. В Кана́де говоря́т по-англи́йски и по-францу́зски.

Making one noun out of two

183 1 До поступле́ния в университе́т я два го́да рабо́тала медсестро́й в одно́й из городски́х больни́ц. 2 Моя́ креди́тка опя́ть заблоки́рована, так что придётся плати́ть нали́чными. 3 Скажи́, куда́ я должна́ звони́ть — тебе́ домо́й и́ли на твой моби́льник? 4 Во Влади́мир мо́жно е́хать на авто́бусе. Дава́йте встре́тимся на автовокза́ле. 5 Наш шеф — челове́к прямо́й и не о́чень делика́тный: как бу́дто и не слы́шал никогда́ о политкорре́ктности. 6 Я попа́л в кра́йне неприя́тную ситуа́цию: потеря́л свой загранпа́спорт и не зна́ю, к кому́ обрати́ться. 7 Их сын слу́жит в спецна́зе и по поня́тным причи́нам никогда́ не расска́зывает о свое́й слу́жбе. 8 Е́сли хо́чешь пить, в холоди́льнике должно́ быть не́сколько буты́лок минера́лки.

The formation of adjectives

184 1 Мы реши́ли е́хать в Петербу́рг ночны́м по́ездом. 2 Зде́шние це́ны на проду́кты ни́же, чем столи́чные. 3 Ты случа́йно не купи́л сегодня́шнюю газе́ту? 4 Моя́ ба́бушка уме́ла гада́ть на кофе́йной гу́ще. 5 У меня́ в саду́ есть не́сколько дальневосто́чных расте́ний. 6 Она́ вы́шла за́муж не́сколько лет наза́д, у неё есть пятиле́тняя дочь. 7 Я бы о́чень хоте́ла учи́ться в университе́те с мирово́й репута́цией. 8 Воло́дя Полика́рпов передаёт тебе́ друже́ский приве́т из Воро́нежа. 9 В Казахста́не я впервы́е попро́бовал верблю́жье молоко́. 10 При университе́те есть отде́л, кото́рый помога́ет иностра́нным студе́нтам реша́ть разли́чные бытовы́е пробле́мы.

Verbal prefixes

185 1 Мне сро́чно нужна́ позавчера́шняя газе́та. Наде́юсь, ты ещё не вы́бросила её. 2 Дава́й включи́м телеви́зор и посмо́трим после́дние ново́сти. 3 Прости́те, я сли́шком заговори́лся, и уже́ нет вре́мени для вопро́сов. 4 Е́сли бы ты прислу́шался к сове́там друзе́й и не прогуля́л весь семе́стр, тебе́ не пришло́сь бы пересдава́ть все экза́мены о́сенью. 5 Дава́йте созвони́мся за́втра у́тром; тогда́ и договори́мся о вре́мени встре́чи. 6 В э́тот магази́н я бо́льше не хожу́: в про́шлый раз меня́ там обсчита́ли на пятьдеся́т рубле́й. 7 Не забыва́й наро́дную му́дрость: лу́чше недосоли́ть, чем пересоли́ть. В конце́ концо́в, всегда́ мо́жно доба́вить со́ли, е́сли её не хвата́ет. 8 Ребёнок засну́л — подложи́ ему́ под го́лову поду́шку. 9 Возни́кли пробле́мы с авиабиле́том, поэ́тому пришло́сь отложи́ть ваш визи́т до сле́дующего семе́стра. 10 В де́тстве ты была́ не о́чень аккура́тной: постоя́нно разбра́сывала свои́ игру́шки, мно́го раз разлива́ла суп на ска́терть.

11 Agreement

Agreement between subject and verb

186 1 Вот сове́т для всех тех, кто ещё не реши́л, что де́лать по́сле университе́та. 2 Бы́ло двена́дцать часо́в, но я всё ещё не спал. 3 Мари́на Серге́евна, вы успе́ли прочита́ть

мою́ курсову́ю рабо́ту? 4 Мне уже́ бы́ло со́рок лет, когда́ я жени́лся. 5 Не зна́ю, когда́ вы полу́чите ва́ши командиро́вочные. Гла́вный бухга́лтер ушла́ в декре́тный о́тпуск, а нача́льник отде́ла на больни́чном. 6 Нам кру́пно повезло́: удало́сь купи́ть после́дние биле́ты на скоростно́й по́езд до Петербу́рга. 7 На мой взгляд, его́ после́дний фильм не уда́лся́: сюже́т ску́чный, а персона́жи то́же неинтере́сные. 8 В на́шем университе́те у́чится о́коло двадцати́ ты́сяч челове́к.

Part B: FUNCTIONS

12 Establishing identity

Russian names

187 Алексе́й
Валенти́н, Валенти́на
Ива́н
Влади́мир
Гали́на
Да́рья
Дми́трий
Евге́ний, Евге́ния
Миха́ил
Анастаси́я
Па́вел
Алекса́ндр, Алекса́ндра
Светла́на
Татья́на

188 И́горь Серге́евич Рыбако́в
Ви́ктор Петро́вич Москви́н
Андре́й Анато́льевич Мостово́й
Константи́н Ники́тич Ткаче́нко
Ге́рман Альфре́дович Шварц
Леони́д Па́влович Белко́вский
Лари́са Все́володовна Ивано́ва
А́нна Матве́евна Кузьмина́
Да́рья Васи́льевна Зи́нченко
Татья́на И́горевна Ковту́н
Гали́на Ильи́нична Малино́вская
Тама́ра Альфре́довна Шварц

Foreign names

189 1 По э́тому вопро́су обрати́тесь к господи́ну Джо́нсону (masc.) и́ли к госпоже́ Ферна́ндес (fem.). 2 В спи́ске почему́-то нет Ве́ры Негрисо́ли (fem.) и А́ндерса У́льссона (masc.), хотя́ они́ то́же сдава́ли де́ньги на биле́ты. 3 Президе́нт награди́л о́рденом музыка́нта Ю́рия Шевчука́ (masc.). 4 Мы смотре́ли интервью́ с чемпио́нками ми́ра — с Ка́ролин Хо́пкинс (fem.) и Окса́ной Гурко́ (fem.). 5 Э́та кни́га о вели́ких актри́сах — о Брижи́т Бардо́ (fem.), Джулье́тте Мази́не (fem.), Мэ́рил Стрип (fem.). 6 Ты слы́шал но́вость? У Жу́жы Мештерха́зи (fem.) роди́лся сын! 7 Вчера́ мы бы́ли в гостя́х у худо́жницы На́ды Га́шич (fem.), а за́втра идём на день рожде́ния к балери́не Пила́р Салга́до (fem.). 8 А в э́том сбо́рнике есть по́вести Жо́ржа Симено́на (masc.) и Ага́ты Кри́сти (fem.)?

Talking about people's ages

190 1 Мне два́дцать семь лет. 2 Мне оди́ннадцать лет. 3 На́шей до́чери пять лет. 4 Моему́ сы́ну четы́ре го́да. 5 Мое́й неве́сте два́дцать оди́н год. 6 Моему́ жениху́ три́дцать три го́да. 7 Мое́й ба́бушке девяно́сто де́вять лет. 8 Моему́ вну́ку два го́да. 9 Моему́ бра́ту пятьдеся́т шесть лет. 10 Мое́й сестре́ со́рок два го́да.

191 1 В январе́ бу́дущего го́да моему́ дя́де испо́лнится шестьдеся́т пять лет, но он не собира́ется уходи́ть на пе́нсию. 2 Он не тако́й уж молодо́й, — я бы сказа́ла, что ему́ уже́ за со́рок. 3 Ве́чером они́ всегда́ до́ма, та́к как у них трёхме́сячный ребёнок. 4 Скажи́те мне: где я, двадцатитрёхле́тняя де́вушка с вы́сшим образова́нием, найду́ рабо́ту по специа́льности? 5 Я на́чал кури́ть в шестна́дцать лет (*or* в во́зрасте шестна́дцати лет). 6 К двадцати́ пяти́ года́м у меня́ уже́ была́ жена́ и дво́е дете́й. 7 Она поступи́ла в университе́т, когда́ ей не́ было и восемна́дцати (лет) — в Шотла́ндии э́то быва́ет не так ре́дко. 8 Я впервы́е побыва́ла в Росси́и, когда мне бы́ло два́дцать два го́да.

Addresses

192 1 Новикову Андрею Максимовичу
проспект Мира, д. 194, кв. 63
Москва
129128
Россия

2 Кузнецовой Галине Владимировне
ул. Тургенева, д. 15, кв. 29
Екатеринбург
620219
Россия

3 ООО «Наша марка»
ул. Пушкина, д. 10
г. Великие Луки
Псковская обл.
182100
Россия

4 Белкиной Зинаиде Петровне (для Луиз Браун)
Гражданский проспект
д. 9, корп. 3, кв. 76
Санкт-Петербург
195220
Россия

Росси́йский or ру́сский

193 1 Ви́зу вы бу́дете получа́ть в росси́йском ко́нсульстве в Эдинбу́рге. 2 Из ру́сских писа́телей мне бо́льше всех нра́вятся Пу́шкин и Толсто́й. 3 В одно́м из кинотеа́тров го́рода дово́льно ча́сто пока́зывают ру́сские фи́льмы. 4 В после́дние го́ды росси́йские футбо́льные кома́нды ста́ли бо́лее успе́шно выступа́ть в европе́йских турни́рах.
5 На после́днем ку́рсе университе́та я заинтересова́лся ру́сским фольклóром. 6 У неё двойно́е гражда́нство — брита́нское и росси́йское. 7 Наде́емся, что на наш фо́рум прие́дет больша́я делега́ция росси́йских бизнесме́нов. 8 В про́шлом году́ мы организова́ли вы́ставку рабо́т ру́сских худо́жников XIX ве́ка. 9 Я пло́хо представля́ю себе́, как росси́йские поли́тики отно́сятся к Евросою́зу. 10 К э́тим заку́скам подхо́дит то́лько настоя́щая ру́сская во́дка.

Talking about occupations and marital status

194 1 Он мо́жет рабо́тать по́варом. 2 Он хо́чет рабо́тать учи́телем. 3 Она́ сейча́с рабо́тает реда́ктором. 4 Она́ сейча́с рабо́тает медсестро́й. 5 Он тепе́рь рабо́тает машини́стом.

195 1 Кем вы рабо́таете? 2 Кто ва́ша жена́ по профе́ссии? *or* Кака́я профе́ссия у ва́шей жены́? 3 Я гео́лог. *or* Я рабо́таю геоло́гом. 4 Я студе́нт (студе́нтка), но по́сле оконча́ния университе́та я хоте́л(а) бы рабо́тать учи́телем (учи́тельницей). 5 Моя́ жена́ рабо́тает перево́дчиком (*or* перево́дчицей) в междунаро́дной организа́ции. 6 Мой брат слу́жит в а́рмии.

7 Вы жена́ты? 8 Я ещё не жена́т (Я холостя́к), но у меня́ есть неве́ста, и я собира́юсь жени́ться на ней в бу́дущем году́. 9 В про́шлом году́ моя́ сестра́ вы́шла за́муж за врача́. 10 Мои́ друзья́ познако́мились в университе́те и пожени́лись сра́зу по́сле оконча́ния учёбы. 11 Моя тётя за́мужем за знамени́тым писа́телем. 12 Я позна́комилась с мои́м женихо́м на сва́дьбе мое́й двою́родной сестры́.

Talking about oneself

196 1 The narrator is married (for the second time). 2 She was widowed at the age of 28. 3 She is a manager in a large tour company. 4 She was the head of a department and then the chief accountant in a factory. 5 Her son is 35 and her daughter is 33. 6 Her son is a computer programmer in a large bank; her daughter owns her own business. 7 Her son is married; her daughter is unmarried, but lives with her partner. 8 Her husband was an architect. 9 He is now a pensioner. 10 They were married for 20 years. 11 She had health problems up to the age of 5. 12 The narrator's husband has grandchildren, but the narrator herself does not.

197

1 Меня́ зову́т Ви́ктор Влади́мирович Бондаре́нко. Я роди́лся пятна́дцатого октября́ ты́сяча девятьсо́т се́мьдесят пе́рвого го́да в Ро́стове-на-Дону́. Я око́нчил Моско́вский госуда́рственный университе́т и тепе́рь ра́ботаю ге́ологом на Камча́тке. По национа́льности я украинец, но явля́юсь граждани́ном Росси́йской Федера́ции. Я жени́лся на свое́й одноку́рснице Светла́не Андре́евне Но́виковой в ты́сяча девятьсо́т девяно́сто девя́том году́. У нас дво́е дете́й.

2 Я — Мари́я Ильи́нична Кузьмина́. Я родила́сь на Да́льнем Восто́ке. Мне пятьдеся́т во́семь лет, я профе́ссор Санкт-Петербу́ргского университе́та. Я вы́шла за́муж за Константи́на Алекса́ндровича Ткачука́ в ты́сяча девятьсо́т се́мьдесят второ́м году́, но мы развели́сь два́дцать пять лет наза́д. У меня́ две до́чери и два вну́ка.

3 Меня́ зову́т Джон А́ндерсон. Я роди́лся в Аберди́не в ты́сяча девятьсо́т се́мьдесят седьмо́м году́. Я учи́лся на ка́федре славя́нской филоло́гии университе́та Гла́зго. Сейча́с я рабо́таю перево́дчиком. Я о́чень хорошо́ говорю́ по-ру́сски и был в Росси́и мно́го раз. В две ты́сячи шесто́м году́ я жени́лся на ру́сской перево́дчице Та́не Бара́новой, но дете́й у нас нет.

4 Я — Эли́забет Уи́лсон. Я родила́сь в Нью-Йо́рке, мне сейча́с два́дцать оди́н год. Я студе́нтка. По́сле оконча́ния университе́та я бы хоте́ла рабо́тать журнали́стом. Я в Москве́ уже шесть неде́ль, и го́род мне о́чень нра́вится. Я не за́мужем, но у меня́ есть жени́х, кото́рого зову́т Джим.

13 Establishing contact

Greeting and addressing friends and strangers, polite enquiries, making introductions, saying goodbye

NOTE: The answers indicated for the dialogues are suggestions, and we have not given all possible correct versions.

1

O.V.S.: Госпожа́ Фи́шер?

A.F.: Да.

O.V.S.: Разреши́те представи́ться: Си́доров. Я из институ́та, мне поручи́ли вас встре́тить.

A.F.: А как вас по и́мени-о́тчеству?

O.V.S.: Оле́г Ви́кторович. Мо́жно про́сто Оле́г.

A.F.: О́чень прия́тно. А́нжела.

2

I.N.: Дава́йте познако́мимся. Меня́ зову́т Бре́да, моя́ фами́лия На́ртник. Я слове́нка. Я уже́ была́ тут в про́шлом году́. А вас как зову́т?

J.R.: Джон Ри́чардс. Я прие́хал из Великобрита́нии. Я тут пе́рвый раз. А вы из Братисла́вы?

I.N.: Нет, я живу́ не в Слова́кии, а в Слове́нии — в Любля́не.

J.R.: Извини́те, пожалу́йста.

I.N.: Ничего́, на́ши стра́ны мно́гие пу́тают. А дава́йте перейдём на «ты».

J.R.: С удово́льствием.

3

DR P.: Прости́те, вы профе́ссор Уи́лсон? Я Петро́в, из лингвисти́ческого университе́та.

PROF. W.: Здра́вствуйте, о́чень прия́тно. Чита́л ва́шу кни́гу.

DR P.: Разреши́те вам предста́вить мои́х колле́г: профе́ссор А́нна Никола́евна Голубо́вич и Вади́м Во́лков, а́вторы но́вого словаря́ иностра́нных слов.

PROF. W.: Рад познако́миться.

4

B.S.: Кристи́на, здра́вствуйте. Не узнаёте? Бори́с Столяро́в из фи́рмы «А́стра». Мы встреча́лись в Нью-Йо́рке.

C.B.: Бори́с? Как я ра́да! Мы ведь тогда́, ка́жется, перешли́ на «ты»?

B.S.: Ну да, коне́чно. Добро́ пожа́ловать к нам в Новосиби́рск! Как ты долете́ла?

5

A.K.: Серёжка, здоро́во! Кака́я встре́ча! Ты давно́ в Москве́?

Y.M.: Вы оши́блись; меня́ зову́т не Серге́й.

A.K.: Винова́т, обозна́лся. Прости́те, пожа́луйста.

Y.M.: Ничего́, быва́ет.

6

M.: Приве́т, девчо́нки. Я не опозда́л?

F.S.: Приве́т, Ми́тя. Ты о́чень во́время. Помоги́ нам нала́дить видеосвя́зь. Мы бу́дем поздравля́ть Ма́шу с рожде́нием до́чери: у них в Аме́рике сейча́с у́тро.

7

T.K.: Ко́ля, здра́вствуй.

N.P.: Приве́т.

I.B.: Как дела́, стари́к? Всё норма́льно?

N.P.: Да, всё отли́чно. А что у вас но́вого?

T.K.: Да, ничего́, всё по-ста́рому. Ме́жду про́чим, мы идём сейча́с в кафе́. Не хо́чешь пойти́ с на́ми?

N.P.: И я да́же зна́ю по како́му по́воду! С днём рожде́ния тебя́, Та́ня! Вот мой ма́ленький пода́рок.

T.K.: Како́й ты у́мница, дай я тебя́ поцелу́ю!

8

M.K.: До́брое у́тро, И́нна Петро́вна. Как ва́ше здоро́вье?

I.P.S.: Здра́вствуй, Ми́ша. Ничего́, не жа́луюсь. А как твои́ дела́ в университе́те?

M.K.: Всё норма́льно, экза́мены сдал. Вы в центр? Могу́ подвезти́.

I.P.S.: Нет, спаси́бо, я на по́чту — это ря́дом.

M.K.: Тогда́ всего́ хоро́шего.

I.P.S.: До свида́ния. Роди́телям приве́т переда́й.

9

V.V.S.: Ни́на Андре́евна, вы знако́мы с профе́ссором Губе́нко из Ми́нска?

N.A.P.: Да, мы рабо́тали вме́сте одно́ вре́мя.

V.V.S.: Вы не могли́ бы меня́ ему́ предста́вить?

N.A.P.: Я охо́тно вас познако́млю.

10

L.G.: Вот и зако́нчилась моя́ стажиро́вка. Спаси́бо вам за всё. Проща́йте, друзья́! Наде́юсь, ещё уви́димся. Счастли́во остава́ться.

FRIENDS: Счастли́вого пути́! Пиши́ нам из Австра́лии!

11

M.T.: Зна́чит, договори́лись: в пя́тницу по́сле рабо́ты идём в ба́ню.

I.R.: Да-да, в шесть три́дцать у остано́вки. А сейча́с мне на́до бежа́ть.

M.T.: Ну, будь здоро́в. Приве́т жене́.

I.R.: Пока́!

Greetings and salutations

199 1 (i) On Christmas Day. (ii) When wishing someone a happy birthday. (iii) On Victory Day (9 May). (iv) On Easter Sunday. (v) On International Women's Day (8 March). (vi) When meeting someone who has just visited a Russian bathhouse or taken a shower. (vii) On New Year's Day. (viii) On any national or other holiday. 2 (i), (iii), (v), (vii), (viii). 3 Воистину воскре́се!

Addressing strangers and writing letters

200 1 Уважа́емые телезри́тели, сего́дня в 22 часа́ вме́сто анонси́рованной програ́ммы «Городо́к» мы пока́жем вам репорта́ж о визи́те Президе́нта Росси́йской Федера́ции в США. 2 Молодо́й челове́к, здесь нельзя́ кури́ть. 3 Уважа́емый Ива́н Фёдорович, благодари́м Вас за Ва́ше письмо́ от 26 октября́. 4 Дороги́е друзья́, мы о́чень ра́ды сно́ва приве́тствовать вас в на́шем го́роде. 5 Де́вушка, принеси́те, пожа́луйста, нам

ещё буты́лку вина́. 6 Уважа́емые пассажи́ры, при вы́ходе из ваго́на не забыва́йте свои́ ве́щи. 7 Дорога́я О́ля, большо́е спаси́бо за твоё после́днее письмо́. 8 Извини́те, пожа́луйста, вы не ска́жете, как нам дойти́ до центра́льного ры́нка?

Telephoning

201 1

MAKSIM: Алло́.
CALLER: Э́то Ко́стя?
MAKSIM: Ко́сти нет до́ма. А что ему́ переда́ть?
CALLER: Спаси́бо, ничего́, а вы не ска́жете, когда́ он бу́дет до́ма?
MAKSIM: Перезвони́те по́сле десяти́.

2

MAKSIM: Алло́.
CALLER: Э́то кафе́ «Бе́лая ака́ция»?
MAKSIM: Вы не туда́ попа́ли.
CALLER: Извини́те, пожа́луйста.
MAKSIM: Ничего́, быва́ет.

3

MAKSIM: Алло́.
CALLER: Здра́вствуйте. А́нна Па́вловна до́ма?
MAKSIM: Да, а кто её спра́шивает?
CALLER: Э́то Ивано́в, её колле́га с рабо́ты.
MAKSIM: Подожди́те, пожа́луйста. Сейча́с она́ подойдёт к телефо́ну.

4

DASHA'S MOTHER: Слу́шаю вас.
MAKSIM: До́брый ве́чер. Э́то Макси́м. А Да́шу мо́жно (к телефо́ну)?
DASHA'S MOTHER: Здра́вствуй, Макси́м. К сожале́нию, её нет сейча́с, и я не зна́ю, когда́ бу́дет.
MAKSIM: Спаси́бо. В тако́м слу́чае я позвоню́ ей на моби́льник и́ли пошлю́ эсэмэ́ску.

14 Being, becoming and possession

Being: using быть and a noun

202 1 Ещё в шко́ле я твёрдо зна́ла, что я обяза́тельно бу́ду журнали́стом и что я бу́ду рабо́тать в Росси́и. 2 С ра́ннего де́тства Мари́я хоте́ла быть врачо́м. 3 Тру́дно сказа́ть, кто бу́дет премье́р-мини́стром Великобрита́нии че́рез де́сять лет. 4 В нача́ле про́шлого ве́ка Росто́в уже́ был кру́пным го́родом. 5 Познако́мься с мое́й подру́гой Та́ней: она́ студе́нтка тре́тьего ку́рса филологи́ческого факульте́та. 6 Ма́ло кто зна́ет, что основа́телями знамени́того моско́вского универма́га ЦУМ бы́ли два шотла́ндца. 7 В на́шей гру́ппе появи́лся но́вый студе́нт; говоря́т, его́ двою́родная сестра́ — знамени́тая актри́са, кото́рая ча́сто снима́ется в кино́. 8 Наш профе́ссор — а́втор мно́гих нау́чных рабо́т, но, к сожале́нию, он совсе́м не уме́ет чита́ть ле́кции. 9 Е́сли бы ты согласи́лась вы́йти за меня́ за́муж, я был бы са́мым счастли́вым челове́ком на све́те. 10 Будь дру́гом, одолжи́ мне пятьсо́т рубле́й на па́ру дней.

Being: using быть and an adjective

203 (a) 1 Друзья́ мои́, в ва́ших рабо́тах о́чень мно́го ме́лких оши́бок; вам сле́дует быть бо́лее внима́тельными. 2 Бу́дьте любе́зны, принеси́те мне стака́н воды́. 3 Уважа́емые пассажи́ры, при схо́де с эскала́тора бу́дьте осторо́жны! 4 До́чка, ты ка́к-то бле́дно вы́глядишь. Ты не больна́? 5 Э́та ю́бка мне узкова́та: придётся сесть на дие́ту. 6 Мой брат о́чень похо́ж на меня́: у него́ во́лосы то́же ры́жие. 7 Не на́до ве́рить всему́, что он говори́т: он скло́нен преувели́чивать свои́ достиже́ния. 8 Моя́ дорога́я, не будь тако́й дове́рчивой, не принима́й всерьёз э́ти комплиме́нты.

(b) 1 Он пыта́лся догна́ть ли́деров, но безуспе́шно: разры́в был сли́шком больши́м. 2 Они́ хоте́ли купи́ть э́ту карти́ну на аукцио́не, но, к сожале́нию, оконча́тельная цена́ была́ сли́шком высо́кой. 3 Три́дцать лет наза́д моё зре́ние бы́ло о́стрым, а слух чу́тким. 4 Она́ загляну́ла на ку́хню; вода́ в ча́йнике была́ ещё тёплой. 5 Когда́ он прие́хал в столи́цу, он был о́чень наи́вным и любозна́тельным. 6 Че́рез де́сять лет компью́теры бу́дут ма́ленькими, но мо́щными. 7 В мо́лодости я был/была́ дово́льно легкомы́сленным/легкомы́сленной. 8 В январе́ я перейду́ на но́вую до́лжность: зарпла́та бу́дет бо́лее высо́кой, а сама́ рабо́та бу́дет бо́лее интере́сной.

Synonyms of быть

204 (a) 1 На столе́ стои́т ла́мпа и лежа́т журна́лы. 2 Маши́на стои́т во дворе́. 3 Санкт-Петербу́рг располо́жен в де́льте Невы́. 4 Кошелёк лежи́т в карма́не пиджака́. 5 Се́рдце нахо́дится/располо́жено в ле́вой ча́сти грудно́й кле́тки. 6 В за́лах дворца́ висе́ли дороги́е ковры́. 7 Банди́ты должны́ сиде́ть в тюрьме́. 8 Кто же сиди́т до́ма в таку́ю чуде́сную пого́ду! 9 Мой друг лежи́т в больни́це: у него́ воспале́ние лёгких. 10 Э́то предложе́ние не зако́нчено: тут стои́т запята́я, а не то́чка.

(b) 1 Эдинбу́рг явля́ется столи́цей Шотла́ндии. 2 Обы́чный ска́нер представля́ет собо́й прибо́р с прозра́чной платфо́рмой, подви́жным да́тчиком и кры́шкой. 3 Подво́дные ло́дки явля́ются ва́жным компоне́нтом стратеги́ческих вооруже́ний. 4 Се́рдце явля́ется «мото́ром» на́шего органи́зма. 5 Комме́рческий успе́х э́того проду́кта аключа́ется в его́ необы́чности. 6 На́ша беда́ заключа́ется в том, что мы не зна́ем свою́ исто́рию.

(c) 1 Словари́ быва́ют ра́зные: переводны́е, толко́вые, этимологи́ческие. 2 По́сле гри́ппа ино́гда быва́ют осложне́ния. 3 Э́ти но́вые боти́нки, к сожале́нию, оказа́лись непро́чными. 4 Пе́рвыми на ме́сте происше́ствия ча́сто ока́зываются журнали́сты. 5 Ока́зывается, на́ше те́ло на во́семьдесят проце́нтов состои́т из воды́. 6 Быва́ет, роди́тели лиша́ют свои́х дете́й насле́дства. 7 Во всей кварти́ре вдруг пога́с свет: оказа́лось, сгоре́л предохрани́тель. 8 В студе́нческие го́ды мы, быва́ло, спо́рили о литерату́ре до глубо́кой ночи́.

Use of станови́ться/стать

205 1 Я беру́ уро́ки рисова́ния, потому́ что я хочу́ стать худо́жником. 2 Она поступи́ла на медици́нский факульте́т, так как хо́чет стать врачо́м. 3 Не все те, кто поступа́ет на юриди́ческий факульте́т, стано́вятся адвока́тами. 4 Сейча́с э́та часть го́рода опа́сная и гря́зная, но в тече́ние двух-трёх лет она́ ста́нет чи́стой и прия́тной. 5 Некото́рые ребя́та прихо́дят в а́рмию сла́быми и ро́бкими, но к концу́ слу́жбы всегда́ стано́вятся си́льными и уве́ренными. 6 Из-за глоба́льного потепле́ния зи́мы у нас ста́ли теплée.

206 1 Без книг и общéния он стал глýпым. 2 Нéбо над горизóнтом стáло рóзовым, и вскóре взошлó сóлнце. 3 В девянóстые гóды в Росси́и ктó-то стал богáтым, но óчень мнóгие стáли бéдными. 4 За э́ти гóды онá стáла седóй, но не потеря́ла обая́ния. 5 Ли́стья на дерéвьях стáли жёлтыми — скóро óсень. 6 Без физи́ческих упражнéний егó мы́шцы стáли слáбыми, а кровянóе давлéние стáло высóким.

Possession

207 1 У меня́ есть пéрвое издáние э́того словаря́. 2 Чéрез три гóда у тебя́ бýдет всё! 3 У негó (есть) диплóм юри́ста. 4 У неё (есть) вы́сшее образовáние. 5 У нас (есть) сын и дочь. 6 У них есть дом на берегý мóря. 7 У Леони́да есть собáка. 8 У Дми́трия есть семья́. 9 У баскетболи́стов высóкий рост. 10 У людéй есть прáво на труд. 11 У вас есть води́тельские правá? 12 У негó рóдственники за грани́цей.

208 1 У меня́ тёмные вóлосы и кáрие глазá. У меня́ двóе детéй. У меня́ тáкже есть брат и две сестры́. 2 У меня́ (у нас) рáньше былá мáленькая кварти́ра в цéнтре, но тепéрь у меня́ (у нас) большóй дом на окрáине гóрода. Дом имéет пять кóмнат, кýхню, вáнную и два туалéта. *Or* В дóме пять кóмнат, кýхня, вáнная и два туалéта. 3 У меня́ э́та кни́га есть, но у меня́ ещё (or покá) не бы́ло возмóжности её прочитáть. Обязáтельно прочитáю её, как тóлько у меня́ бýдет немнóго свобóдного врéмени. 4 Ещё не знáю, но у меня́ есть кòе-каки́е плáны. Éсли у меня́ бýдет возмóжность, я хотéл(а) бы рабóтать в Росси́и, тáк как рýсская кýльтура для меня́ имéет большóе значéние.

209 1 У Áнны 2 Есть 3 Маши́ну и дáчу 4 Áкциями предприя́тия 5 Талáнтом руководи́теля 6 Отли́чно

210 1 Онá владéет четырьмя́ языкáми. 2 Онá обладáет прекрáсным гóлосом. 3 Он владéет контрóльным пакéтом áкций. 4 Они́ обладáют прáвом телевизиóнной трансля́ции мáтчей. 5 У нас есть рóдственники в Канáде. 6 А у вас есть билéт на э́тот концéрт? 7 Э́тот актёр имéет трёх «Óскаров». 8 Мы имéем небольшóй учáсток земли́ недалекó от гóрода.

15 Negation

Simple negation

211 1 Я не читáл(а) сегодня́шнюю газéту. 2 Я не бýду звони́ть домóй сегóдня вéчером. 3 Ты не показáла мне своё нóвое плáтье. 4 Я ещё не сдал послéдний экзáмен. 5 Э́ти таблéтки емý не помогли́. 6 Э́то не послéдний автóбус. 7 Они́ не знакóмы с егó подрýгой.

Negation of sentences indicating existence, presence, location and possession

212 (a) 1 У меня́ нет билéта. 2 У нас в акадéмии нет общежи́тия. 3 У меня́ нет стáршего брáта. 4 У нас нет крáсного винá. 5 У меня́ нет большóго рýсско-англи́йского словаря́. 6 У меня́ нет сестёр. 7 У меня́ нет вопрóсов. 8 У нас нет свéжих газéт. 9 У меня́ нет зи́мних боти́нок. 10 У нас нет постоя́нных клиéнтов.

11 Вчерá нé было лéкции. 12 Во втóрник нé было репети́ции. 13 В понедéльник нé было тéста. 14 В суббóту нé было мáтча. 15 В срéду нé было собрáния. 16 В воскресéнье нé было заня́тий.

17 За́втра не бу́дет футбо́ла. 18 Послеза́втра экску́рсии не бу́дет. 19 В понеде́льник конце́рта не бу́дет. 20 В сре́ду дискоте́ки не бу́дет. 21 В четве́рг не бу́дет дождя́. 22 В воскресе́нье не бу́дет вы́боров.

(b) 1 Горя́чей воды́ нет. *Or* Нет горя́чей воды́. 2 Ми́ши нет до́ма. 3 У́тром его́ не́ было до́ма. *Or* У́тром он не́ был до́ма. 4 За́втра её не бу́дет до́ма. 5 Меня́ не́ было вчера́ на ле́кции. *Or* Я не́ был вчера́ на ле́кции. 6 Здесь си́льных моро́зов не быва́ет. 7 На́шего нача́льника не быва́ет в о́фисе по четверга́м. *Or* Наш нача́льник не быва́ет в о́фисе по четверга́м. 8 Свобо́дных мест в за́ле не оста́лось. 9 Суще́ственных переме́н в приорите́тах вне́шней поли́тики не произошло́. 10 Просты́х пра́вил употребле́ния ви́дов глаго́ла в ру́сском языке́ не существу́ет. *Or* Не существу́ет просты́х пра́вил употребле́ния ви́дов глаго́ла в ру́сском языке́.

Negative pronouns and adverbs

213 1 Я наде́юсь, мы ничего́ не забы́ли. 2 Уверя́ю тебя́, я ни с ке́м не обсужда́л твои́ пробле́мы. 3 Я сде́лаю исключе́ние то́лько для тебя́, и бо́льше ни для кого́. 4 Почему́ ты така́я эгои́стка? Почему́ ты ни о ко́м не ду́маешь? 5 Прошу́ вас никому́ не дава́ть мой а́дрес. 6 Никто́ не зна́ет, куда́ она́ ушла́. 7 Я сего́дня весь день сиде́л до́ма и никуда́ не выходи́л. 8 Она́ никогда́ ничего́ не де́лает беспла́тно. 9 Престу́пники нигде́ не оста́вили следо́в. 10 Он ничу́ть/ниско́лько не удиви́лся, когда́ мы спроси́ли его́ об э́том. 11 Мы ника́к не могли́ поня́ть, как включа́ется кондиционе́р в на́шем но́мере. 12 Ты сказа́ла, что в шкафу́ пау́к, — никако́го паука́ я тут не ви́жу. 13 Никаки́х де́нег я от вас не возьму́ — счита́йте, что э́то мой пода́рок.

214 (a) 1 Они́ ника́к не бо́рются с корру́пцией. 2 Нигде́ нельзя́ научи́ться чита́ть чужи́е мы́сли. 3 Они́ никуда́ не хо́дят в выходны́е дни. 4 Они́ ниотку́да не ждут пи́сем. 5 У нас в холоди́льнике не оста́лось никаки́х проду́ктов. 6 У меня́ в руке́ ничего́ нет. 7 Ничто́ не мо́жет нам помеша́ть. 8 Никто́ не оста́лся в авто́бусе. *Or* В авто́бусе никого́ не оста́лось. 9 Мы не по́льзовались никаки́ми словаря́ми. 10 Э́тот журна́л ниче́й. *Or* Это ниче́й журна́л. 11 Он нике́м не хо́чет стать. 12 Никто́ не мо́жет его́ обыгра́ть. 13 Мы никого́ не пригласи́ли. 14 Мы ничего́ сего́дня не е́ли.

(b) 1 Она́ ни от кого́ не зави́сит. 2 Э́тот ка́бель ни к чему́ не на́до присоединя́ть. 3 Я ни на что́ не рассчи́тываю. 4 Я ни о чём не мечта́ю. 5 Я ни за кого́ не голосова́л(а). 6 Мы не обраща́лись к ней ни с како́й про́сьбой. 7 Она́ сейча́с ни над че́м не рабо́тает. 8 Он не претенду́ет ни на каку́ю награ́ду. 9 Отве́тственность за э́то не ле́жит ни на ко́м. 10 Тут нельзя́ говори́ть ни о како́м сотру́дничестве.

Negatives of the не́чего, не́когда type

215 1 Мне тут не́ с кем игра́ть в ша́хматы. 2 Нам не́куда е́хать: да́чи нет, а к мо́рю до́рого. 3 Им не́чего обсужда́ть, всё реши́л суд. 4 Мне не́кому переда́ть колле́кцию: сейча́с никто́ не интересу́ется ма́рками. 5 Э́то пробле́ма — мне не́ с кем её оста́вить. 6 Бо́же мой! Действи́тельно, не́кого попроси́ть! 7 Здесь не́ к кому обраща́ться, надо идти́ в гла́вный термина́л. 8 Я за́нят де́лом, мне не́когда разгова́ривать. 9 По большо́му счёту, выбира́ть здесь не́ из кого. 10 Не́зачем включа́ть навига́цию — я и так зна́ю доро́гу.

16 Expressing attitudes

Expressing likes and loves

216

1 Мы бы́ли в восто́рге от его́ но́вой пе́сни. 2 В про́шлом году́ она́ влюби́лась в на́шего систе́много администра́тора, а сейча́с она́ уже́ ме́сяц влюблена́ в но́вого веб-диза́йнера. 3 Всем изве́стно, что она́ любо́вница изве́стного олига́рха. 4 Он обожа́ет свою́ жену́: ка́ждую неде́лю да́рит ей цветы́. 5 Мно́гие влюблённые встреча́ются весно́й у э́того фонта́на. 6 Мои́ сни́мки публику́ются в журна́лах, но я занима́юсь фотогра́фией то́лько в свобо́дное вре́мя, поэ́тому мо́жно сказа́ть, что я люби́тель. 7 Моя́ сестра́ — больша́я люби́тельница ко́шек.

Indicating different levels of approval

217

1 великоле́пно — 1
неплóхо — 2
вы́ше вся́ких похва́л — 1

2 не о́чень — 4
норма́льно — 2
та́к себе — 3
здо́рово — 1

3 превосхо́дные — 1
бред соба́чий — 5
та́к себе — 3

4 не ахти́ како́е — 4
не о́чень — 4

5 что на́до — 1
отли́чная — 1
неплоха́я — 2

6 ерунда́ — 5
Не выде́рживает никако́й кри́тики — 5

218

1 — Что ты ска́жешь о моём но́вом пла́тье? Я сама́ его сши́ла.
— Сама́? Я в по́лном восто́рге! Вы́ше вся́ких похва́л!

2 — Говоря́т, вы провели́ неде́лю на о́строве в пала́тке? Понра́вилось?
— Жаль, что тебя́ не́ было с на́ми! Отдохну́ли по по́лной програ́мме: купа́лись, загора́ли, сиде́ли у костра́. Лу́чше не быва́ет!

3 — Я слы́шала, ты игра́ешь в люби́тельском теа́тре? Ка́жется, у вас неда́вно был спекта́кль?
— Я бо́льше не бу́ду игра́ть! Во-пе́рвых, я забы́л слова́. Во-вторы́х, во вре́мя спекта́кля пога́с свет. Коро́че, всё бы́ло ужа́сно!

4 — Вы проси́ли каку́ю-нибудь фотогра́фию к те́ксту. Я нашла́ то́лько одну́, вот э́ту.
— Жаль, что она́ не цветна́я. Но в при́нципе, годи́тся. Мо́жно публикова́ть.

5 — Вот что рекоменду́ет коми́ссия: сократи́ть коли́чество уче́бных часо́в, объедини́ть студе́нтов в бо́лее кру́пные гру́ппы, преподава́ть в фо́рме видеоконфере́нций. Что вы ду́маете по э́тому по́воду?
— Тако́е могли́ приду́мать то́лько бюрокра́ты, кото́рые са́ми никогда́ не преподава́ли. Бред соба́чий!

6 — Ты ча́сто хо́дишь в кафе́ напро́тив. Тебе́ там нра́вится?
— Э́то, коне́чно, не пе́рвый класс. Но, во-пе́рвых, бли́зко, а во-вторы́х недо́рого. Еда́ сно́сная.

7 — Как ты ду́маешь, мо́жно оставля́ть ко́мнату в тако́м ви́де? Мо́жет быть, сто́ит прибра́ться?
— Ничего́, сойдёт. В конце́ концо́в, мы заплати́ли де́ньги.

Expressing likes, dislikes, wishes and desires

219 1 Молоды́м лю́дям нра́вится путеше́ствовать автосто́пом. 2 Но́вому преподава́телю нра́вится ходи́ть по кла́ссу. 3 Ната́ше хо́чется моро́женого. 4 Моему́ жениху́ хо́чется перее́хать в друго́й го́род. 5 Нам хо́чется поговори́ть о литерату́ре. 6 В свобо́дное вре́мя мое́й жене́ нра́вится чита́ть рома́ны, а мне нра́вится пить пи́во с друзья́ми. 7 Мои́м друзья́м нра́вится ходи́ть в теа́тр. 8 Мое́й сосе́дке све́рху хо́чется разводи́ть ро́зы. 9 Ма́ме нра́вятся телесериа́лы, а отцу́ нра́вится смотре́ть футбо́л.

220 Брита́нские студе́нты в Москве́

До́брый день.

Меня́ зову́т Ро́берт, э́то Па́трик, а э́то Джоа́нна. Мы — брита́нские студе́нты. Мы изуча́ем ру́сский язы́к в Москве́ уже́ полго́да. Мы живём в общежи́тии. На на́шем этаже́ живу́т то́лько иностра́нцы, но Джоа́нне э́то не нра́вится, потому́ что ей хо́чется бо́льше обща́ться с росси́йскими студе́нтами.

Я люблю́ спорт, мне о́чень нра́вится пла́вать и игра́ть в бадминто́н. Общежи́тие дово́льно далеко́ от университе́та, но нам нра́вится ходи́ть на заня́тия пешко́м. У нас уже́ мно́го ру́сских друзе́й: мы хо́дим вме́сте в теа́тр, на конце́рты, на дискоте́ки. Па́трик лю́бит одну́ ру́сскую де́вушку. Её зову́т Та́ня. И ка́жется, он ей то́же нра́вится. Он хо́чет пригласи́ть её в А́нглию.

Мы лю́бим Москву́, и тепе́рь нам хо́чется узна́ть её полу́чше.

Expressing attitudes and opinions

221 1
— Ты лю́бишь ходи́ть в теа́тр?
— Да, но вообще́-то я предпочита́ю кино́ теа́тру.
— А каки́е фи́льмы тебе́ бо́льше всего́ по душе́?
— Мне осо́бенно нра́вятся ру́сские фи́льмы, но то́лько с субти́трами.
— А каки́е фи́льмы ты не лю́бишь?
— Терпе́ть не могу́ мю́зиклы. Э́тот жанр я предпочита́ю смотре́ть в теа́тре.
— А америка́нские фи́льмы?
— Смотря́ каки́е. На днях смотре́ла трёхме́рный боеви́к. Эффе́кты интере́сные, а сам фильм та́к себе.

2
— Пётр Леони́дович предлага́ет провести́ семина́р в суббо́ту у него́ на да́че.
— Здо́рово! Кака́я замеча́тельная иде́я!
— А на чём пое́дем — на авто́бусе и́ли на электри́чке?
— Не зна́ю, мне всё равно́. А ты как ду́маешь?
— По-мо́ему, лу́чше на электри́чке — электри́чки хо́дят ка́ждый час, да и пробле́м с биле́тами не быва́ет.
— Ла́дно, я не возража́ю. То́лько где встре́тимся, и во ско́лько?
— Ска́жем, в во́семь часо́в на ста́нции «Октя́брьская», э́то тебя́ устра́ивает?
— Коне́чно. Зна́чит, договори́лись. До суббо́ты.

Expressing recommendations or wishes using бы

222 1 Нам бы ещё две неде́ли! 2 Ему́ бы (найти́) хоро́шего тре́нера! 3 Вам бы проконсульти́роваться с адвока́том! 4 Мне бы побы́ть день-два в тишине́! 5 Вам бы полечи́ться в санато́рии! 6 Нам бы (найти́) надёжного спо́нсора! 7 Поста́вить бы сюда́ кондиционе́р! *Or* Кондиционе́р бы сюда́! 8 Ей бы смени́ть приче́ску!

Expressing opinions, agreement and consent

223

1 Нам ка́жется, в э́том докуме́нте не хвата́ет одного́ ва́жного пу́нкта. А вы как ду́маете? 2 Я полага́ю, у нас доста́точно ресу́рсов, что́бы реши́ть э́ту пробле́му. Вам то́же так ка́жется? 3 По его́ мне́нию, мы должны́ прода́ть да́чу. А ты как счита́ешь? 4 По ва́шему мне́нию, ну́жно взять креди́т в ба́нке? Мы то́же так снача́ла ду́мали, но сейча́с мы так не счита́ем. 5 На мой взгляд, на́до подожда́ть не́сколько ме́сяцев. А по-тво́ему, что мы должны́ де́лать? 6 Она́ ду́мает, что на но́вом ме́сте пробле́м не бу́дет. Нам так не ка́жется.

The use of по-мо́ему etc. to express an opinion

224

1 По ва́шему пла́ну здесь до́лжен быть фонта́н? 2 Как по-ва́шему, э́тот прое́кт мо́жет претендова́ть на грант? 3 По твое́й ло́гике, что́бы не заболе́ть гри́ппом, на́до ходи́ть в противога́зе! 4 По твоему́ сове́ту я сде́лала приви́вку от гри́ппа в на́шей поликли́нике. 5 По-тво́ему, я преувели́чиваю опа́сность? 6 По моему́ мне́нию, рабо́ту в шко́ле на́до приравня́ть к слу́жбе в а́рмии. 7 По-мо́ему, ученики́ сейча́с сли́шком мно́го себе́ позволя́ют.

225

1 – f
2 – a
3 – d
4 – e
5 – c
6 – b
7 – g

Indicating disagreement

226

1 Уважа́емый господи́н мэр,
В связи́ с Ва́шим реше́нием повы́сить тари́ф на вы́воз му́сора мы заявля́ем: все жильцы́ на́шего до́ма реши́тельно про́тив тако́го реше́ния.

2 Уважа́емая реда́кция,
В суббо́тнем вы́пуске ва́шей газе́ты врачи́ на́шей больни́цы обвиня́ются в невнима́нии к пацие́нтам. Мы категори́чески не согла́сны с э́тими обвине́ниями!

3 — Профе́ссор, э́то пра́вда, что благодаря́ ва́шему откры́тию ско́ро исче́знут очки́ и конта́ктные ли́нзы?
— К сожале́нию, э́то не совсе́м так.

4 — Ни́на сказа́ла, что ты опя́ть кури́л о́коло шко́лы.
— Ничего́ подо́бного! Нина врёт! Ма́ма, ты же зна́ешь, что я не курю́.

5 Кто́-то разби́л стекло́ на ле́стничной кле́тке. Сосе́дка уве́рена, что опла́чивать ремо́нт должны́ мы. Как бы не так!

Expressing certainty and probability

227

1 — До́ктор, а по́сле опера́ции я смогу́ ходи́ть?
— Безусло́вно.

2 — При поса́дке в по́езд на́до пока́зывать па́спорт?
— Обяза́тельно!

3 — Ты то́чно зна́ешь, что э́то следы́ медве́дя?
— Коне́чно.

4 — Э́то пра́вда, что он лу́чший психиа́тр в го́роде?
— Вне вся́кого сомне́ния.

5 — Как по-тво́ему, «Спарта́к» вы́играет сего́дня?
— Скоре́е всего́.

6 — Кака́я за́втра бу́дет пого́да?
— По всей ви́димости, со́лнечная.

7 — Он весь день не отвеча́ет на звонки́. Наве́рное, он в командиро́вке.
— Похо́же на то.

8 — Кафе́ в на́шем до́ме почему́-то закры́ли.
— Скоре́е всего́, на ремо́нт.

Expressing uncertainty and doubt

228

1 — Неуже́ли после́дний авто́бус уже́ ушёл?
— Вряд ли/навря́д ли, в бу́дни авто́бусы хо́дят до ча́су но́чи.

2 — Он и у себя́ до́ма тако́й же молчали́вый, как на рабо́те?
— Наве́рно, хотя́, скоре́е всего́, он про́сто стесни́тельный.

3 — Возмо́жно, они ста́нут тре́бовать компенса́цию.
— Э́то маловеря́тно. Ведь това́р потеря́лся на их террито́рии.

4 — Я где́-то чита́л, что, вро́де бы, с пе́рвого января́ отме́нят обяза́тельную регистра́цию иностра́нцев в РФ.
— Сомнева́юсь, что э́то произойдёт при ны́нешнем президе́нте.

5 — Мо́жет быть, вы прие́дете в Петербу́рг на конгре́сс?
— Тру́дно сказа́ть. Но э́то не исключено́.

6 — Как ты ду́маешь, он согласи́тся стать мои́м нау́чным руководи́телем?
— Нельзя́ с уве́ренностью сказа́ть. Он сейча́с сли́шком за́нят администрати́вными дела́ми.

'It depends'

229

1 — Вы не хоти́те пое́хать в командиро́вку на неде́льку?
— Смотря́ куда́.

2 — Вы не согласи́лись бы дать мое́й до́чери не́сколько уро́ков за не́которую су́мму?
— Смотря́ за каку́ю.

3 — Вы ча́сто слу́шаете до́ма класси́ческую му́зыку?
— Смотря́ по настрое́нию.

4 — Ско́лько моро́женого вы продаёте за оди́н день?
— зави́сит от сезо́на.

5 — Как ты ду́маешь, его́ при́мут в университе́т?
— Смотря́ в како́й.

6 — Ты врач. Скажи́, а тебе́ прихо́дится де́лать опера́ции во вре́мя ночно́го дежу́рства?
— Быва́ет по-ра́зному.

17 Asking questions

Asking yes/no questions

230 1 Вы чит**а́**ете детекти́вы? 2 Ты **по́ль**зуешься интерне́том? 3 Она́ **во́**дит маши́ну? 4 Вы хоро**шо́** зна́ете Москву́? 5 Она́ полу**чи́**ла моё письмо́?

231 1 Пьёшь ли ты тёмное пи́во? 2 Зако́нчила ли она́ рабо́ту? 3 Могу́ ли я прове́рить по́чту на ва́шем компью́тере? 4 Получа́ют ли они́ на́ши сообще́ния? 5 Его́ ли э́то телефо́н? 6 Прие́хал ли он из Москвы́? 7 Из Москвы́ ли он прие́хал? 8 Давно́ ли вы из Москвы́? 9 Пра́вильно ли ты всё де́лаешь? 10 Ушёл ли он домо́й. 11 Домо́й ли он пошёл? 12 Здесь ли продаю́тся ма́рки? 13 Продаю́тся ли здесь ма́рки? 14 Не хоти́те ли ча́шку ко́фе? 15 Не подска́жете ли вы, где кабине́т ре́ктора?

232 1 (i) Э́то ме́сто **свобо́дно**? (ii) Свобо́дно ли э́то ме́сто? 2 (i) Вы уже́ **сде́лали** зака́з? (ii) Сде́лали ли вы уже́ зака́з? 3 (i) Вы **чита́ли** сего́дняшнюю газе́ту? (ii) Чита́ли ли вы сего́дняшнюю газе́ту? 4 (i) У тебя́ **есть** ру́сско-англи́йский слова́рь? (ii) Есть ли у тебя́ ру́сско-англи́йский слова́рь? 5 (i) Твои́ роди́тели уже́ **прилете́ли** в Москву́? (ii) Прилете́ли ли уже́ твои́ роди́тели в Москву́? 6 (i) Они́ прилете́ли в **Домоде́дово**? (ii) В Домоде́дово ли они́ прилете́ли? 7 (i) Их самолёт прилете́л **во́время**? (ii) Во́время ли прилете́л их самолёт? 8 (i) Она́ **всегда́** но́сит джи́нсы? (ii) Всегда́ ли она́ но́сит джи́нсы? 9 (i) Вы случа́йно не **зна́ете**, где нахо́дится гости́ница «Авро́ра»? (ii) Не зна́ете ли вы случа́йно, где нахо́дится гости́ница «Авро́ра»? 10 (i) Вы не **возража́ете**, е́сли я откро́ю окно́? (ii) Не возража́ете ли вы, е́сли я откро́ю окно́?

Negative loaded questions

233 1 Не пое́хать ли тебе́ на мо́ре? 2 Не завести́ ли вам ма́ленькую соба́чку? 3 Не сыгра́ть ли вам с Ива́ном в ша́хматы? 4 А не пригласи́ть ли Джо́на и Мари́? 5 А не сде́лать ли нам ей сюрпри́з? 6 А не пойти́ ли нам всем в рестора́н?

Asking questions using question words

234 1 Что мы бу́дем переводи́ть за́втра в кла́ссе? Что мы бу́дем де́лать за́втра в кла́ссе? Где мы бу́дем переводи́ть э́ту статью́ за́втра? Когда́ мы бу́дем переводи́ть э́ту статью́ в кла́ссе? 2 Куда́ идёт Мари́на с друзья́ми в суббо́ту? Когда́ идёт Мари́на с друзья́ми в теа́тр? Кто идёт с друзья́ми в теа́тр в суббо́ту? С кем идёт Мари́на в теа́тр в суббо́ту? 3 Кому́ он купи́л кольцо́ с бриллиа́нтом за де́сять ты́сяч до́лларов? За ско́лько он купи́л жене́ кольцо́ с бриллиа́нтом? Что он купи́л жене́ за де́сять ты́сяч

до́лларов? 4 Что они́ де́лают в саду́? Где они́ сажа́ют бе́лые ро́зы? Каки́е ро́зы они сажа́ют в саду́? 5 Как она́ пересекла́ Ти́хий океа́н? Како́й океа́н она пересекла́ в одино́чку? 6 Что они́ сде́лали с по́мощью э́той фо́рмулы? Каки́м о́бразом они́ получи́ли пра́вильный результа́т? 7 Как бу́дет говори́ть их ребёнок по-англи́йски че́рез два го́да? Че́рез како́е вре́мя их ребёнок бу́дет свобо́дно говори́ть по-англи́йски? Чей ребёнок бу́дет свобо́дно говори́ть по-англи́йски че́рез два го́да? 8 Ско́лько дней оста́лось до нача́ла фестива́ля? До нача́ла чего́ оста́лось два́дцать дней? 9 Наско́лько был уве́рен он в отве́те? В чём он был у́верен на сто проце́нтов?

235 (a) 1 Кто верну́лся с рабо́ты? 2 С кем ты познако́милась? 3 С чьим бра́том ты познако́милась? 4 Кто к ним прие́хал? 5 Отку́да к ним прие́хали го́сти? 6 Кому́ испо́лнилось шестьдеся́т лет? 7 Ско́лько лет испо́лнилось ва́шему ше́фу? 8 У кого́ укра́ли телефо́н? 9 Что укра́ли у ми́стера Джо́нсона? 10 Заче́м ты откры́л окно́? 11 Как зову́т ва́шу соба́ку?

(b) 1 Где он преподаёт ру́сский язы́к? 2 Что он преподаёт? 3 Како́й язы́к он преподаёт? 4 Как до́лго он преподаёт ру́сский язы́к? 5 Кому́ он преподаёт ру́сский язы́к? 6 Кого́ нет до́ма? 7 Что де́лает Ива́н в па́рке? 8 Где Ива́н игра́ет в футбо́л? 9 С кем Ива́н игра́ет в футбо́л? 10 Во что игра́ет Ива́н с прия́телями? 11 Почему́ они́ не смогли́ прие́хать? 12 Как называ́ется ва́ша фи́рма?

236 1 Сажи́те пожа́луйста, кото́рый час? 2 В како́м го́роде ты роди́лся? 3 Ско́лько лет на́до у вас учи́ться, чтобы получи́ть дипло́м? 4 Как называ́ется э́то блю́до? 5 Где ты купи́л э́ту ку́ртку, в Ло́ндоне? 6 Извини́, что ты сейча́с сказа́ла? 7 О чём вы бу́дете говори́ть сего́дня в свое́й ле́кции? 8 Э́то что за ерунда́ така́я? Не на́до говори́ть таки́е ве́щи. 9 Кто э́та же́нщина в чёрном пла́тье? 10 С кем ты сейча́с разгова́ривал? Я э́того челове́ка вро́де бы зна́ю, но не по́мню его́ фами́лию. 11 Скажи́, как зову́т того́ челове́ка, с кото́рым ты сейча́с разгова́ривал? 12 Отку́да ты зна́ешь об э́том? Я ведь никому́ не расска́зывал. 13 Скажи́, куда́ ты сейча́с идёшь? И почему́ так спеши́шь? 14 Не о́чень понима́ю: заче́м ты поступи́л в университе́т? Кака́я по́льза от э́того, е́сли всё равно не собира́ешься рабо́тать? 15 Кому́ вы уже́ посла́ли приглаше́ния? Ива́ну Петро́вичу то́же?

237 (a) a – 3, b – 1, c – 4, d – 6, e – 2, f – 5, g – 7

(b) a – 2, b – 1, c – 4, d – 3, e – 5, f – 6, g – 7

18 Obligation, instructions, requests, advice and permission

Expressing obligation and necessity

238 1 На́шему ста́ршему сы́ну на́до учи́ться в университе́те ещё год. 2 Мне ну́жно сро́чно позвони́ть домо́й. 3 Я должна́ позвони́ть домо́й не по́зже суббо́ты. 4 Вам сле́дует обрати́ться в поли́цию. 5 Что́бы получи́ть до́ступ к сетевы́м ресу́рсам, студе́нтам необходи́мо зарегистри́роваться. 6 Рейс отмени́ли, и пассажи́рам пришло́сь четы́ре часа́ сиде́ть в аэропорту́. 7 Им прихо́дится полтора́ часа́ добира́ться до ме́ста рабо́ты. 8 Он ушёл два часа́ наза́д, та́к что тепе́рь уже́ до́лжен быть до́ма. 9 Вы обя́заны соблюда́ть пра́вила по́льзования библиоте́кой.

239 1 В таки́х слу́чаях необяза́тельно обраща́ться в мили́цию. 2 Студе́нты не обя́заны регистри́роваться, что́бы получи́ть до́ступ к сетевы́м ресу́рсам. 3 Вы не обя́заны де́лать приви́вки пе́ред пое́здкой в Сиби́рь. 4 Е́сли вы управля́ете автомоби́лем в

Великобрита́нии, вы не обя́заны име́ть при себе́ води́тельское удостовере́ние. 5 Что́бы зарегистри́роваться на э́том са́йте, необяза́тельно сообща́ть свой а́дрес и телефо́н. 6 Вы мо́жете не отвеча́ть на пе́рвый вопро́с.

NOTE: The constructions used here are, generally speaking, interchangeable.

Instructions, requests and prohibitions

240

1	Про́сьба здесь не кури́ть.	A request
2	Пожа́луйста, не кури́те здесь.	A request or an instruction
3	Здесь не кури́ть!	An instruction
4	Лу́чше здесь не кури́ть.	A recommendation
5	Здесь не на́до кури́ть.	A recommendation or an instruction

241 1 Пе́ред сном не на́до пить кре́пкий чай. 2 Лу́чше не звони́ть ему́ по́сле десяти́. 3 В лаборато́рию нельзя́ входи́ть без хала́та. 4 На э́том перекрёстке не разреша́ется де́лать ле́вый поворо́т. 5 Не разреша́ется/нельзя́/запрещено́ заполня́ть анке́ту на англи́йском языке́.

Instructions, prohibitions and asking permission

242

— Ма́ма, на ку́хне так вку́сно па́хнет! Ты испекла́ торт? Мо́жно, я попро́бую кусо́чек?
— Ни в ко́ем слу́чае! Торт для госте́й. Пото́м попро́буешь.
— Я то́лько ма́ленький кусо́чек . . .
— Отойди́ от то́рта!
— А э́то что, пирожки́?
— Да, с яйцо́м и капу́стой. Мо́жешь взять оди́н.
— Спаси́бо. Я возьму́ ещё оди́н для Та́ни, ты не про́тив?
— Убра́л бы ты лу́чше свою́ ко́мнату! И сходи́, пожа́луйста, в магази́н: у нас ко́нчились салфе́тки.

Apologising and making one's excuses

243 (a) 1 Извини́те, я вам не помеша́ла? 2 Ты пойми́, он не хоте́л тебя́ оби́деть. Извини́ его́, пожа́луйста. 3 Извини́, у тебя́ нет ру́чки? 4 В на́шу ма́ленькую гости́ницу мы верну́лись по́здно ве́чером. Пришло́сь разбуди́ть хозя́ина. Мы извини́лись и прошли́ к себе́ в но́мер. 5 Тут запи́ска от сосе́дей: они́ прино́сят извине́ния за шум вчера́ ве́чером.

(b) 1 Прости́те, вы не профе́ссор Смит? 2 Я прошу́ проще́ния за по́здний звоно́к. Мо́жно Ива́на Петро́вича к телефо́ну? Э́то его́ колле́га Си́монов, по ва́жному де́лу. 3 Ты, наве́рное, оби́делась на меня́. Прости́, я был непра́в. 4 Ма́льчик всё рассказа́л ма́ме, и ма́ма его́ прости́ла. 5 Она́ проща́ет лю́дям оши́бки, но преда́тельство — никогда́.

Giving advice

244

— Я опя́ть пыта́лась скача́ть му́зыку с э́того порта́ла, и компью́тер опя́ть зави́с! Мо́жет быть, установи́ть каку́ю-нибудь но́вую програ́мму?
— Я не рекоменду́ю э́того де́лать: все програ́ммы рабо́тают норма́льно.

— А что е́сли попро́бовать с друго́го компью́тера?
— Не сто́ит, де́ло тут не в компью́тере.
— Что ты посове́туешь?
— Ты бы лу́чше заняла́сь че́м-то поле́зным, а не кача́ла му́зыку с подозри́тельных са́йтов! И вообще́, вре́дно сли́шком мно́го сиде́ть за компью́тером.

Asking for and giving permission

245 1 – b, 2 – d, 3 – c, 4 – e, 5 – a

Issuing instructions and prohibitions, making requests, apologising, giving advice and seeking permission

246

NOTE: The answers indicated for the dialogues are suggestions, and we have not given all possible correct versions.

1

DOCTOR: Проходи́те, сади́тесь. На что жа́луетесь?
YOU: У меня́ ка́шель, и мне тру́дно дыша́ть.
DOCTOR: Разде́ньтесь до по́яса. Я вас послу́шаю.
YOU: Изме́рьте мне, пожа́луйста, температу́ру. Меня́ немно́го зноби́т.
DOCTOR: Обя́зательно. Лёгкие чи́стые, — у вас о́стрый бронхи́т. Вот реце́пт: принима́йте э́то лека́рство по одно́й табле́тке четы́ре ра́за в день. Пе́йте бо́льше ча́я, но чай не до́лжен быть сли́шком горя́чим. И лу́чше не выходи́ть на у́лицу.
YOU: А мо́жно пить вино́?
DOCTOR: Не сове́тую.
YOU: А е́сли не ста́нет лу́чше?
DOCTOR: Тогда́ запиши́тесь опя́ть на приём.

2

YOU: Скажи́те, у вас есть э́то лека́рство?
CHEMIST: Подожди́те мину́точку, я прове́рю. К сожале́нию, сейча́с нет. Вам придётся подожда́ть день-два. Но есть подо́бное.
YOU: А я могу́ купи́ть его́ без реце́пта?
CHEMIST: Мо́жете, оно́ продаётся свобо́дно.
YOU: А что ещё вы мо́жете посове́товать при бронхи́те?
CHEMIST: Возьми́те вот э́ти натура́льные препара́ты. Они́ на трава́х. Вот э́ти два мо́жно пить как чай. Рекоменду́ю также ингаля́тор. Мно́гим помога́ет.
YOU: Да́йте мне, пожа́луйста, ещё каки́е-нибудь антибио́тики, на вся́кий слу́чай.
CHEMIST: Что каса́ется антибио́тиков, то вам лу́чше посове́товаться с врачо́м. К тому́ же, без реце́пта они́ не продаются.

3

C.O.: Пожа́луйста, положи́те ваш чемода́н на стол, откро́йте его́. Да́йте ваш па́спорт. У вас есть ста́рые кни́ги?
YOU: Нет, то́лько но́вые, а в чём де́ло?
C.O.: Де́ло в том, что нельзя́ вывози́ть ста́рые кни́ги без разреше́ния Министе́рства культу́ры. [Looks through the contents of the suitcase] А ско́лько у вас де́нег?

YOU: Двéсти дóлларов и óколо ты́сячи рублéй. А я дóлжен/должнá заполня́ть тамóженную декларáцию?

С.О.: Нет, вам декларáцию заполня́ть не нýжно. Всё в поря́дке. Мóжете закры́ть чемодáн и пройти́ на регистрáцию.

4

FRIEND: Здесь есть хорóшее чéшское пи́во. Давáй вы́пьем по крýжке.

Inside the bar.

FRIEND: Бýдьте добры́, две крýжки чéшского пи́ва.

You look around for somewhere to sit down.

YOU: Давáй ся́дем за э́тот стóлик в углý. Тебé помóчь нести́ пи́во?

FRIEND: Нет, не нýжно. Ты не мог бы взять мою́ сýмку?

YOU: У меня́ к тебé мáленькая прóсьба: мóжно позвони́ть домóй с твоегó телефóна? Мой разряди́лся. Извини́.

You sit down.

FRIEND: За что вы́пьем?

YOU: Давáй вы́пьем за здорóвье всех нáших друзéй.

5

YOU: Андрéй Алексéевич, к вам мóжно?

A.A.K.: Да, пожáлуйста, заходи́те, сади́тесь. Чем могý вам помóчь?

YOU: Я наконéц закóнчил пéрвую главý своéй диссертáции. Извини́те, что сдаю́ её с опоздáнием: у меня́ бы́ли проблéмы с компью́тером. Вы не могли́ бы прочитáть её?

A.A.K.: С больши́м интерéсом. Остáвьте её мне. А в цéлом, как идёт вáша рабóта?

YOU: Спаси́бо, по-мóему, нормáльно. Я уже приступи́л ко вторóй главé. Андрéй Алексéевич, а каки́е кни́ги по э́той тéме вы рекомендýете прочитáть?

A.A.K.: Вот спи́сок литератýры. Пéрвую кни́гу в спи́ске читáть не обязáтельно, лýчше начáть со вторóй. Две кни́ги на немéцком — их читáть не нáдо.

YOU: Большóе спаси́бо. Мóжно я придý опя́ть гдé-то чéрез недéлю?

A.A.K.: Да, конéчно. У меня́ есть врéмя в слéдующую пя́тницу в три часá. Вам удóбно? Бýдем обсуждáть пéрвую главý, поэ́тому ничегó нóвого покá приноси́ть не нáдо.

YOU: Бóльшое спаси́бо. С вáшего разрешéния, я напóмню о себé в четвéрг по электрóнной пóчте.

A.A.K.: На вся́кий слýчай лýчше позвони́те мне в пя́тницу ýтром.

19 Using numbers: talking about times, dates and quantities

Simple arithmetic

247 1 Шесть плюс четы́ре равнó/равня́ется десяти́. *Or* К шести́ прибáвить четы́ре бýдет/ полýчится дéсять. 2 Двáдцать семь плюс пятнáдцать равнó/равня́ется сорокá двум. *Or* К двадцати́ семи́ прибáвить пятнáдцать бýдет/полýчится сóрок два. 3 Семь ми́нус пять равнó/равня́ется двум. *Or* Из семи́ вы́честь пять бýдет/полýчится два. 4 Сто шестьдеся́т три ми́нус сéмьдесят семь равнó/равня́ется восьми́десяти шести́. *Or* Из ста шести́десяти трёх вы́честь сéмьдесят семь бýдет/полýчится вóсемьдесят шесть. 5 Пять, умнóженное на три, равнó/равня́ется пятнáдцати. *Or* Пять умнóжить на три бýдет/полýчится пятнáдцать. 6 Двáдцать семь, умнóженное на дéсять, равнó/равня́ется двумстáм семи́десяти. *Or* Двáдцать семь умнóжить на дéсять бýдет/полýчится двéсти

се́мьдесят. 7 Восемна́дцать, делённое на три, равно́/равня́ется шести́. *Or* Восемна́дцать раздели́ть на три бу́дет/полу́чится шесть. 8 Три́ста шестьдеся́т, делённое на пятна́дцать, равно́/равня́ется двадцати́ четырём. *Or* Три́ста шестьдеся́т раздели́ть на пятна́дцать бу́дет/полу́чится два́дцать четы́ре.

248 1 Три́жды три — де́вять. 2 Четы́режды четы́ре — шестна́дцать. 3 Пя́тью пять — два́дцать пять. 4 Ше́стью шесть — три́дцать шесть. 5 Се́мью семь — со́рок де́вять. 6 Во́семью во́семь — шестьдеся́т четы́ре. 7 Де́вятью де́вять — во́семьдесят оди́н.

249 1 Журнали́сты три́жды задава́ли ему́ оди́н и тот же вопро́с, и три́жды он уклоня́лся от отве́та. 2 Э́та кома́нда — четырёхкра́тный чемпио́н страны́. 3 Ему́ два ра́за де́лали опера́цию на глаза́, но зре́ние, к сожале́нию, продолжа́ет па́дать. 4 Её оте́ц три ра́за был/станови́лся олимпи́йским чемпио́ном. 5 На Па́сху среди́ правосла́вных по́сле традицио́нного приве́тствия при́нято три ра́за расцелова́ться. 6 Сравни́в катало́ги, мы пришли́ к вы́воду, что це́ны у э́той компа́нии завы́шены в пять раз по сравне́нию с остальны́ми производи́телями. 7 Грузовики́ «Кама́з» мно́го раз уча́ствовали в го́нках «Пари́ж–Дака́р». 8 Я обы́чно е́зжу на конфере́нции два́жды в год.

Telling the time

250 1 (a) два́дцать мину́т четвёртого (b) три (часа́) два́дцать (мину́т) 2 (a) без двадцати́ пяти́ де́вять (b) во́семь (часо́в) три́дцать пять (мину́т) 3 (a) че́тверть восьмо́го (b) семь (часо́в) пятна́дцать (мину́т) 4 (a) полови́на седьмо́го/по̀лседьмо́го (b) шесть (часо́в) три́дцать (мину́т) 5 (a) без че́тверти час (b) двена́дцать (часо́в) со́рок пять (мину́т) 6 (a) три часа́ дня (b) пятна́дцать часо́в 7 (a) ро́вно час (b) час ноль-ноль 8 (a) без семи́ мину́т по́лночь (b) два́дцать три (часа́) пятьдеся́т три (мину́ты) 9 (a) полови́на пе́рвого/ полпе́рвого но́чи (b) ноль (часо́в) три́дцать (мину́т) 10 (a) без десяти́ де́сять (ве́чера) (b) два́дцать оди́н (час) пятьдеся́т (мину́т)

Indicating at what time something happens

251 1 Конце́рт начина́ется в полови́не восьмо́го/по̀лвосьмо́го. 2 Наш по́езд отправля́ется в два́дцать оди́н ноль-ноль. 3 Мой сын обы́чно встаёт в по́лдень. 4 Из-за опозда́ния профе́ссора ле́кция начала́сь в два́дцать пять мину́т четвёртого. 5 Ско́рый по́езд №17 из Петрозаво́дска прибыва́ет в пятна́дцать (часо́в) два́дцать пять (мину́т). 6 В че́тверть пя́того меня́ разбуди́л како́й-то шум. 7 Мы договори́лись встре́титься без че́тверти во́семь. 8 Мы договори́лись встре́титься в семь со́рок пять. 9 По расписа́нию после́дний авто́бус отправля́ется в двена́дцать ноль во́семь. *Or* По расписа́нию после́дний авто́бус отправля́ется в двена́дцать часо́в во́семь мину́т. 10 Я подошёл к остано́вке в семь мину́т пе́рвого, но после́дний авто́бус уже́ ушёл.

Indicating dates

252 1 Како́е сего́дня число́? Сего́дня два́дцать се́дьмое (число́). 2 Како́е сего́дня число́? Сего́дня оди́ннадцатое апре́ля. 3 Они́ пожени́лись в ию́ле ты́сяча девятьсо́т во́семьдесят девя́того го́да. 4 В Росси́и я был после́дний раз в ию́не две ты́сячи пя́того го́да. 5 Наш факульте́т совсе́м но́вый: его́ откры́ли то́лько в две ты́сячи пе́рвом году́. 6 Мой де́душка у́мер в ты́сяча девятьсо́т пятьдеся́т шесто́м году́. 7 День рожде́ния у меня́ быва́ет то́лько раз в четы́ре го́да, та́к как я роди́лся два́дцать девя́того февраля́ ты́сяча девятьсо́т шестидеся́того го́да. 8 Я вообще́ не по́мню, где я был пе́рвого января́ двухты́сячного го́да. 9 Большеви́стское восста́ние начало́сь два́дцать пя́того октября́ ты́сяча девятьсо́т семна́дцатого го́да. 10 Крепостно́е пра́во бы́ло отменено́ в Росси́и то́лько в девятна́дцатом ве́ке, точне́е в ты́сяча восемьсо́т шестьдеся́т пе́рвом году́.

Indicating approximate quantity using numerals

253 1 У меня́ с собо́й приме́рно пятьсо́т рубле́й. *Or* У меня́ с собо́й о́коло пятисо́т рубле́й. *Or* У меня́ с собо́й рубле́й пятьсо́т. 2 Така́я маши́на сейча́с сто́ит приме́рно пятна́дцать ты́сяч до́лларов. *Or* Така́я маши́на сейча́с сто́ит о́коло пятна́дцати ты́сяч до́лларов. 3 В про́шлом году́ на́ша фи́рма продала́ приме́рно три с полови́ной миллио́на буты́лок пи́ва. *Or* В про́шлом году́ на́ша фи́рма продала́ о́коло трёх с полови́ной миллио́нов буты́лок пи́ва. 4 — Ско́лько буты́лок шампа́нского продаётся у вас ка́ждый год? — Я не зна́ю то́чную ци́фру, но ду́маю, приме́рно три́дцать ты́сяч. *Or* — Я не зна́ю то́чную ци́фру, но ду́маю, ты́сяч три́дцать. *Or* — Я не зна́ю то́чную ци́фру, но ду́маю, о́коло три́дцати ты́сяч. 5 Он обеща́л перезвони́ть где́-то че́рез два часа́. *Or* Он обеща́л перезвони́ть часа́ че́рез два. 6 Я, наве́рно, приду́ домо́й по́здно, где́-то в оди́ннадцать часо́в. *Or* Я, наве́рно, приду́ домо́й по́здно, часо́в в оди́ннадцать. 7 Э́тих де́нег нам хва́тит приме́рно на пять дней. *Or* Э́тих де́нег нам хва́тит дней на́ пять. 8 В а́кции проте́ста при́няли уча́стие приме́рно сто челове́к. *Or* В а́кции проте́ста при́няли уча́стие о́коло ста челове́к. 9 У него́ в рабо́чем кабине́те приме́рно пятьдеся́т ра́зных словаре́й ру́сского языка́. *Or* У него́ в рабо́чем кабине́те о́коло пяти́десяти ра́зных словаре́й ру́сского языка́. 10 Приме́рно два́дцать стран ещё не подписа́ли э́тот протоко́л. *Or* О́коло двадцати́ стран ещё не подписа́ли э́тот протоко́л.

Indicating imprecise quantities using other words

254 (a) 1 Не́которые студе́нты не пришли́ на вчера́шнюю ле́кцию. 2 Э́та рабо́та займёт у меня́ не́сколько часо́в, но пото́м я бу́ду свобо́ден. 3 Я уже́ говори́л ему́ не́сколько раз, что у нас не при́нято так де́лать. 4 Вчера́ вы́пало мно́го сне́га, и поэ́тому мно́гие опозда́ли на рабо́ту. 5 Че́рез не́которое вре́мя из Министе́рства образова́ния пришёл отве́т.

(b) 1 Чай о́чень кре́пкий — сове́тую доба́вить немно́го молока́. 2 На э́том уча́стке гео́логи обнару́жили кру́пные запа́сы желе́зной руды́, а та́кже небольшо́е коли́чество ре́дких мета́ллов. 3 Э́ти но́вые ме́тоды уже́ применя́ются в це́лом ря́де регио́нов. 4 По́сле э́той публика́ции в реда́кцию пришло́ огро́мное коли́чество пи́сем. 5 Мно́гие студе́нты подраба́тывают по вечера́м в кафе́ или рестора́нах, а не́которые ещё и даю́т ча́стные уро́ки.

The use of мно́го, мно́гое and мно́гие

255 1 Мно́гие ду́мают, что в Сиби́ри всегда́ о́чень хо́лодно, но э́то не так: ле́том там быва́ет мно́го жа́рких дней. 2 На междунаро́дной вы́ставке «Телеко́м» в э́том году́ бы́ло мно́го интере́сных нови́нок. 3 У мно́гих мои́х знако́мых есть телефо́ны с навига́цией и прямы́м до́ступом к интерне́ту. 4 В результа́те экономи́ческого кри́зиса мно́гие ма́ленькие фи́рмы обанкро́тились. 5 По-ру́сски она́ говори́т дово́льно

свобо́дно, хоть и де́лает мно́го оши́бок. 6 Да, я был в Москве́ в дни пу́тча в девяно́сто пе́рвом году́. Но что вам рассказа́ть? Прошло́ уже́ сто́лько лет – я мно́гое забы́л. 7 Жизнь в экспеди́ции научи́ла меня́ мно́гому: наприме́р, уме́нию гото́вить пи́щу на костре́. 8 У э́того ма́стера не́ было дете́й, но бы́ло мно́го ученико́в. 9 Для мно́гих в э́той стране́ обы́чный водопрово́д остаётся ро́скошью. 10 Деся́тки ты́сяч ю́ношей и де́вушек око́нчили шко́лу в ию́не. Кто́-то посту́пит в университе́т, кто́-то пойдёт в ко́лледж, но мно́гим из них придётся иска́ть рабо́ту.

The use of не́сколько and не́который

256 1 Не́которые испо́льзуют яи́чную скорлупу́ в ка́честве удобре́ния для расте́ний. 2 Эпиде́мия гри́ппа не утиха́ет: в не́скольких/не́которых шко́лах го́рода прекращены́ заня́тия, в не́скольких/не́которых больни́цах объя́влен каранти́н. 3 Губерна́тор обсуди́л экономи́ческое положе́ние о́бласти с не́сколькими кру́пными бизнесме́нами. 4 По́сле не́которых разду́мий она́ согласи́лась написа́ть реце́нзию на э́ту кни́гу. 5 Коми́ссия задала́ а́втору не́сколько форма́льных вопро́сов, по́сле чего́ прое́кт был утверждён. 6 На столе́ лежа́ли каки́е-то иностра́нные журна́лы и не́сколько словаре́й. 7 Не́которые словари́ даю́т второ́е значе́ние э́того сло́ва. 8 Я прове́рил значе́ния э́того сло́ва в не́скольких словаря́х и больши́х расхожде́ний не обнару́жил. 9 Вне́шне они бы́ли друг с дру́гом очень ве́жливы, но в их отноше́ниях нетру́дно было заме́тить не́которую напряжённость. 10 В не́которые стра́ны Евро́пы росси́йские тури́сты мо́гут въезжа́ть без ви́зы.

20 Focus and emphasis

Russian word order

257 1 Я то́лько что получи́л интере́сное письмо́ от бра́та. 2 В э́том году́ он прохо́дит стажиро́вку в одно́м из моско́вских университе́тов. 3 В письме́ он о́чень остроу́мно расска́зывает о свои́х приключе́ниях в Москве́. 4 Он пи́шет, что ча́сто обща́ется с другими англи́йскими студе́нтами. 5 Он пи́шет мне ка́ждую неде́лю. 6 Иногда́ он звони́т домо́й, что́бы поговори́ть с роди́телями. 7 Они́ жа́луются, что он звони́т сли́шком ре́дко. 8 Они бы хоте́ли (*or* Они́ хоте́ли бы), что́бы он звони́л поча́ще.

Active and passive verbs

258 (a) 1 Свиде́тельство об оконча́нии стажиро́вки (бы́ло) подпи́сано дека́ном факульте́та. 2 Он (был) награждён па́мятной меда́лью. 3 Э́та неизве́стная ру́копись (была́) обнару́жена в архи́ве писа́теля. 4 Они́ бы́ли спасены́ с по́мощью вертолёта. 5 Он (был) уби́т вы́стрелом в спи́ну. 6 Имена́ э́тих люде́й (на́ми) не забы́ты. 7 Вы́боры (бы́ли) и́ми проигра́ны. 8 Обе́щано, что ремо́нт бу́дет сде́лан уже́ на сле́дующей неде́ле.

(b) 1 На́ше мероприя́тие финанси́ровалось фо́ндом «Ру́сский мир». 2 Стипе́ндия выпла́чивается деся́того числа́ ка́ждого ме́сяца. 3 На́ми разраба́тывается принципиа́льно но́вая моде́ль иску́сственного се́рдца. 4 Вся но́вая информа́ция сра́зу вво́дится в ба́зу да́нных. 5 На э́той площа́дке обуча́ются начина́ющие води́тели. 6 В на́шем райо́не уже́ не стро́ятся многоэта́жные дома́. 7 Здесь производится заме́на мото́рного ма́сла. 8 Горя́чая вода́ на на́шей у́лице отключа́ется раз в год на одну́ неде́лю.

259 1 Президе́нта респу́блики избира́ет весь наро́д. 2 Ито́ги ко́нкурса объя́вит председа́тель жюри́ на церемо́нии закры́тия. 3 При выставле́нии сумма́рной оце́нки мы учи́тывали и посеща́емость заня́тий. 4 Биле́т в Петербу́рг и обра́тно опла́чивает сам студе́нт. 5 До 2005 го́да губерна́торов в Росси́йской Федера́ции выбира́ли жи́тели регио́нов, но тепе́рь их назнача́ет Президе́нт. 6 Э́тот нож нашли́ де́ти недалеко́ от ме́ста преступле́ния. 7 Она́ реши́ла пода́ть на разво́д по́сле того́, как её изби́л му́ж. 8 Э́то сообще́ние отпра́вил не я, а мой колле́га. 9 Наш врата́рь получи́л тра́вму, и тре́нер замени́л его́ на деся́той мину́те ма́тча.

Emphasis

260 1 ***Наконе́ц-то*** мы получи́ли подро́бные отве́ты на на́ши вопро́сы. At last we've received detailed answers to our questions. 2 Как ра́з ***об э́том*** я хоте́ла вас спроси́ть. This was precisely what I wanted to ask you about. *Or* It was (precisely) this that I wanted to ask you about. 3 Я чу́вствую боль вот ***здесь***. This is where I feel the pain. *Or* I feel the pain right here. 4 Получа́ется, что во всём винова́ты ***на́ши отцы́***. It turns out that it is our fathers who are to blame for everything. *Or* It transpires that everything is the fault of our fathers. 5 Я согла́сен с тобо́й: э́то сло́во на́до переводи́ть на англи́йский и́менно ***так***. I agree with you: this is how this word should be translated into English. 6 Да ***как*** же ты собира́ешься е́хать домо́й на Но́вый год, когда́ у тебя́ нет де́нег? How on earth are you going to go home for New Year when you haven't any money? 7 Обе́д мне о́чень понра́вился – осо́бенно вку́сным был ***борщ***. I really liked the meal: the tastiest bit was the borshch. 8 Как мне надое́л э́тот дождь! ***Когда́*** же он ко́нчится! I'm really fed up of this rain! When on earth is it going to stop? 9 И́менно ***в э́том ба́ре*** в Ке́мбридже в 1953 году́ молоды́е био́логи Фрэ́нсис Крик и Джеймс Уо́тсон нарисова́ли на листке́ бума́ги структу́ру ДНК. It was in this very (same) Cambridge bar that the young biologists Francis Crick and James Watson sketched out the structure of DNA in 1953. 10 Я могу́ прости́ть ***его́*** – он ничего́ не знал, но ***она́-то*** зна́ла! Him I can forgive: he knew nothing (about it); she was the one who knew! *Or* I can forgive *him*: he knew nothing (about it). But she did know (something)!

21 Establishing contexts and connections

Time

Talking about the time when something happens

261 1 Лу́чше прие́хать к нам о́сенью, когда́ уже́ не бу́дет так жа́рко. 2 Мо́жет, пойдём в кино́ не за́втра, а в сре́ду, когда́ у меня́ бу́дет бо́льше вре́мени? 3 Е́сли опя́ть не бу́дет пробле́м со здоро́вьем, то я до́лжен око́нчить университе́т в бу́дущем году́. 4 То́лько что объяви́ли по ра́дио, что за́втра у́тром бу́дет снег. 5 Когда́ я был студе́нтом, у нас бы́ли заня́тия и по суббо́там/в суббо́ту. 6 Она́ верну́лась из о́тпуска в воскресе́нье но́чью, и уже́ на сле́дующий день с утра́ была́ на рабо́те. 7 Нас предупреди́ли, что ремо́нт начнётся уже́ на сле́дующей неде́ле. 8 Мы прие́хали в Росси́ю то́лько в про́шлом ме́сяце, та́к что пока́ привыка́ем к но́вым усло́виям. 9 За́втра у нас бу́дет экску́рсия по го́роду, но ве́чером, наско́лько я зна́ю, мы свобо́дны. 10 Ле́том я обы́чно живу́ на да́че и то́лько и́зредка приезжа́ю в го́род, что́бы забра́ть по́чту.

Other expressions relating to time

262 1 Че́рез ме́сяц мне испо́лнится два́дцать оди́н год. 2 Она́ пе́рвый раз была́ в Росси́и де́сять лет (тому́) наза́д. 3 До обе́да я обы́чно рабо́таю до́ма. 4 Профе́ссор Па́влов принима́ет студе́нтов по вто́рникам с десяти́ до двена́дцати. 5 Дава́й встре́тимся в буфе́те за полчаса́ до нача́ла спекта́кля. 6 За три ме́сяца мы успе́ли познако́миться с гла́вными достопримеча́тельностями столи́цы. 7 Во вре́мя кани́кул библиоте́ка бу́дет рабо́тать то́лько до пяти́ часо́в. 8 Вы все прие́хали сюда́ на де́сять ме́сяцев? 9 Нет, к сожале́нию, не́которые из нас должны́ бу́дут верну́ться домо́й че́рез три ме́сяца. 10 Как э́то возмо́жно? Ты два го́да живёшь в Москве́, и ни ра́зу не попро́бовал ру́сский квас?

Place

Choosing between the prepositions в and на to indicate location

263 1 За́втра я бу́ду весь день в университе́те. 2 На́ша фи́рма име́ет представи́тельства в Росси́и, в/на Украи́не, в Болга́рии, а та́кже на Ки́пре. 3 Зна́чит, договори́лись: я бу́ду ждать тебя́ на ста́нции «Вы́боргская» о́коло пе́рвого ваго́на. 4 Я слы́шал, что на Мясни́цкой у́лице есть о́чень хоро́ший кни́жный магази́н. 5 Су́дя по её расска́зам, она́ была́ везде́: на Кавка́зе, в Сиби́ри, в Крыму́ и да́же на Да́льнем Восто́ке. 6 Ка́жется, нам на́до выходи́ть на сле́дующей остано́вке. 7 Мы познако́мились в конце́ртном за́ле, на конце́рте стари́нной му́зыки. 8 Моя́ ма́ма рабо́тает инжене́ром на кру́пном автомоби́льном заво́де, а мой оте́ц — лингви́ст, профе́ссор на ка́федре славя́нских языко́в. 9 На ро́дине его́ мно́гие по́мнят, хотя́ он уже́ два́дцать лет там не живёт. 10 Они́ посели́лись в ма́леньком симпати́чном городке́ на ю́ге А́нглии.

Talking about destinations

264 1 Я обы́чно прихожу́ на рабо́ту не ра́ньше девяти́. 2 Ты не мог бы сходи́ть на ры́нок купи́ть све́жей зе́лени? 3 Е́сли у тебя́ так боли́т зуб, почему́ ты не идёшь к зубно́му врачу́? 4 Сего́дня хо́лодно: не сове́тую тебе́ выходи́ть на у́лицу без ша́пки. 5 Отправля́емся в Росси́ю сра́зу же по́сле зи́мних кани́кул. 6 Э́ти ве́щи нельзя́ высыла́ть за грани́цу без специа́льного разреше́ния. 7 Е́сли хо́чешь, пое́дем в аэропо́рт на такси́. 8 Лу́чше не подходи́ть к ней: она́ сего́дня в ужа́сном настрое́нии.

265 1 Студе́нты иду́т в университе́т на ле́кцию. 2 Серге́й и Ли́за е́дут в запове́дник на экску́рсию. 3 Джон и Мари́ иду́т в теа́тр на спекта́кль. 4 Андре́й идёт в о́фис на собесе́дование. 5 Музыка́нт идёт в консервато́рию на репети́цию. 6 В а́вгусте я хочу́ пое́хать на Се́вер в дере́вню.

Locations and destinations

266

1	Я нали́л чай в ча́шку.	Твой чай в ча́шке.
2	Я положи́л бутербро́д на таре́лку.	Твой бутербро́д лежи́т на таре́лке.
3	Са́ша пове́сил фотогра́фию на сте́ну.	Фотогра́фия виси́т на стене́.
4	В саду́ Лари́са полива́ет цветы́.	Лариса то́лько что вы́шла в сад.
5	Она́ положи́ла телефо́н в су́мку.	Она́ нашла́ телефо́н в су́мке.

6	Они́ привезли́ в гости́ницу но́вую ме́бель.	Они́ де́лают ремо́нт в' гости́нице.
7	Очки́ лежа́т под столо́м.	Очки́ упа́ли под стол.
8	Она́ отнесла́ де́ньги в банк.	Он храни́т де́ньги в ба́нке.
9	Я лежа́л на дива́не и чита́л журна́л.	Я лёг на дива́н почита́ть журна́л.
10	Мы нашли́ оши́бку в те́ксте.	Мы внесли́ измене́ния в текст.

267 1 Э́ти студе́нты иду́т в университе́т. Э́ти студе́нты у́чатся в университе́те. 2 Ве́чером мы идём в теа́тр. Ве́чером мы бы́ли в теа́тре. 3 Мы идём в магази́н. Мы купи́ли сыр в магази́не. 4 В суббо́ту мы ходи́ли на конце́рт. Мы слу́шали симфо́нию на конце́рте. 5 Ива́н е́дет на стадио́н. Ива́н игра́ет в футбо́л на стадио́не. 6 Она́ хо́чет пойти́ на по́чту. Она́ хо́чет купи́ть ма́рки на по́чте.

Talking about starting points

268 1 Скоре́е всего́ я верну́сь из А́нглии то́лько по́сле Но́вого го́да. 2 Ма́мы сейча́с нет до́ма: она́ ещё не пришла́ с рабо́ты. 3 Сего́дня я получи́л два письма́ — одно́ от роди́телей, а друго́е из университе́та. 4 С како́го вокза́ла отправля́ется ваш по́езд? 5 Е́сли мои́ ве́щи меша́ют тебе́ рабо́тать, я могу́ их убра́ть со стола́. 6 Отойди́ от окна́, а то свет загора́живаешь. 7 В основно́м у нас рабо́тают лю́ди из Сре́дней А́зии.

Other expressions relating to place

269 1 Мы договори́лись встре́титься у вхо́да в гла́вный ко́рпус. 2 Всё э́то случи́лось, когда́ я была́ за грани́цей. 3 Мно́гие говоря́т, что под у́лицами столи́цы есть секре́тная систе́ма тонне́лей. 4 На́ше общежи́тие располо́жено в пяти́ киломе́трах/за пять киломе́тров от университе́та. 5 Хорошо́, что пря́мо пе́ред общежи́тием есть тролле́йбусная остано́вка. 6 И ря́дом с общежи́тием есть большо́й суперма́ркет. 7 Деся́тый тролле́йбус идёт по Не́вскому проспе́кту, а пото́м че́рез мост на Васи́льевский о́стров. 8. Е́сли не успе́ю на после́дний авто́бус, то переночу́ю у роди́телей: они́ живу́т недалеко́ от автовокза́ла. 9 Но е́сли вдруг возни́кнут пробле́мы, ты всегда́ мо́жешь переночева́ть у нас/на кварти́ре. 10 Аэропо́рт нахо́дится за черто́й го́рода, и доеха́ть туда́ на такси́ сто́ит дово́льно до́рого.

Manner

270 1 Мы реши́ли э́ту пробле́му необы́чным спо́собом. 2 Мо́жно обменя́ть ста́рые води́тельские права́ на но́вые в обы́чном поря́дке. 3 Мы реаги́ровали на его́ обеща́ния с большо́й до́лей скептици́зма. 4 Я тща́тельным о́бразом пригото́вилась к экза́менам. 5 Я узна́ла, что ты жени́лся, око́льным путём.

Talking about cause

271 1 По рассе́янности я вложи́л твоё письмо́ не в тот конве́рт. 2 Почему́ ты не наде́ла пальто́? Ты же вся дрожи́шь от хо́лода! 3 Я не могу́ рабо́тать до́ма из-за постоя́нного шу́ма в сосе́дней кварти́ре. 4 Благодаря́ её осторо́жности нам удало́сь избежа́ть пробле́м. 5 Из-за си́льного снегопа́да авто́бусы сего́дня не хо́дят. 6 По ра́зным причи́нам я переста́л занима́ться спо́ртом по́сле шко́лы, и тепе́рь я в плохо́й физи́ческой фо́рме.

Conditions

Open conditions

272 1 Е́сли за́втра меня́ не бу́дет на рабо́те, (то) можно позвони́ть мне домо́й. 2 Е́сли но́чью бу́дет минусова́я температу́ра, (то) за́втра у́тром на доро́гах бу́дет гололе́дица. 3 Е́сли переда́шь мне што́пор, (то) я откро́ю э́ту буты́лку. 4 Е́сли вы́пьешь води́чки, (то) почу́вствуешь себя́ лу́чше. 5 Е́сли не хоти́те опозда́ть на самолёт, (то) на́до выезжа́ть в аэропо́рт не по́зже девяти́. 6 Е́сли хо́чешь попро́бовать настоя́щие сиби́рские пельме́ни, (то) мо́жно э́то сде́лать сейча́с.

Unreal conditions

273 1 Е́сли бы у меня́ бы́ло вре́мя, я бы учи́л/учи́ла кита́йский. 2 Е́сли бы я был/была́ олига́рхом, я бы купи́л(а) себе́ футбо́льную кома́нду в англи́йской премье́р-ли́ге. 3 Е́сли бы вы посеща́ли все ле́кции, вы бы сда́ли экза́мен. 4 Е́сли бы ты пришёл во́время, ты бы не пропусти́л са́мую интере́сную часть выступле́ния. 5 Е́сли бы ты вчера́ пошла́ с на́ми в рестора́н, у тебя́ была́ бы возмо́жность отве́дать грузи́нскую ку́хню. 6 Е́сли бы у меня́ был здесь до́ступ к интерне́ту, я бы разосла́л(а) друзья́м нового́дние поздравле́ния по электро́нной по́чте.

Reporting the words of others

274 1 Я прочита́л в газе́те, что с Но́вого го́да повы́сится сто́имость прое́зда в городско́м тра́нспорте. 2 Мы уве́рены, что вы ско́ро попра́витесь и вернётесь на рабо́ту. 3 Когда́-то я ду́мал, что в Росси́и всегда́ хо́лодно, а по у́лицам городо́в хо́дят медве́ди. 4 Тепе́рь я понима́ю, что э́то чепуха́, и что большинство́ россия́н живо́го медве́дя ви́дели то́лько в зоопа́рке. 5 Нас предупреди́ли, что е́сли мы опозда́ем на конце́рт, нас мо́гут не впусти́ть в зал. 6 Нам обеща́ли, что в Росси́и для нас бу́дет организо́вана специа́льная культу́рная програ́мма. 7 Ко мне подошла́ де́вушка и спроси́ла, есть ли у меня́ ли́шний биле́т на сего́дняшний спекта́кль. 8 Колле́га спроси́л меня́, не по́мню ли я, когда́ бы́ло после́днее собра́ние.

Making comparisons

275 1 Разгова́ривайте, пожа́луйста, поти́ше: здесь всё-таки библиоте́ка. 2 Я предпочита́ю обе́дать в ма́леньком рестора́не ря́дом с университе́том: еда́ там (по)доро́же, но ка́чество (по)лу́чше. 3 В связи́ с экономи́ческой ситуа́цией организова́ть я́рмарку в э́том году́ бу́дет трудне́е, чем в про́шлом году́. 4 Ва́ша ко́мната бо́льше мое́й, зато́ у меня́ бо́лее интере́сный вид из окна́. 5 Говори́ть на чужо́м языке́ по телефо́ну гора́здо/намно́го трудне́е, чем обща́ться лицо́м к лицу́. 6 Моя́ сестра́ моло́же меня́ на пять лет. 7 С тех пор, как я купи́ла *Modern Russian Grammar*, я ста́ла пра́вильнее писа́ть и говори́ть. 8 Вчера́ мне рассказа́ли два анекдо́та — оди́н отли́чный и оди́н поху́же. 9 Коне́чно, те студе́нты, кото́рые провели́ це́лый год в Росси́и, говоря́т по-ру́сски с гора́здо ме́нее заме́тным акце́нтом. 10 Мы столкну́лись с те́ми же (са́мыми) пробле́мами, что и вы. 11 На сле́дующей неде́ле на́ше заня́тие состои́тся в друго́е вре́мя и в друго́й аудито́рии. 12 Она́ говори́т по-англи́йски, как настоя́щая англича́нка. 13 В отли́чие от жены́ я предпочита́ю встава́ть по́здно и никогда́ не ложу́сь спать ра́ньше полу́ночи.

Indicating context using conjunctions

276 (a) 1 Та́к как я зна́ю, что ты о́чень лю́бишь ры́бу, я пригото́вила для тебя́ уху́ по де́душкиному реце́пту. 2 Как то́лько бу́дешь гото́ва, скажи́ мне, и я закажу́ такси́. 3 С тех пор, как стра́ны Ба́лтии получи́ли незави́симость, жизнь там си́льно измени́лась. 4 Я не получи́л твою́ эсэмэ́ску, потому́ что мой телефо́н был вы́ключен. 5 Перегово́ры продолжа́лись до́льше, чем предполага́лось, поэ́тому пресс-конфере́нция начала́сь на час по́зже. 6 Я всё ещё курю́, хотя́ зна́ю, что э́то вре́дно для здоро́вья.

(b) 1 У нас в кварти́ре нет воды́, та́к что придётся сиде́ть до́ма и ждать санте́хника. 2 Пре́жде чем отправля́ться в да́льнюю пое́здку, на́до прове́рить техни́ческое состоя́ние маши́ны. 3 Я расска́зываю об э́том так подро́бно, что́бы вы зна́ли, кака́я у нас ситуа́ция. 4 Я не могу́ обраща́ться в ко́нсульство за ви́зой до тех пор, пока́ не получу́ официа́льное приглаше́ние. 5 Е́сли ты и да́льше бу́дешь относи́ться к учёбе так, как сейча́с, у тебя́ бу́дут пробле́мы с экза́менами. 6 Пого́да сего́дня па́смурная. Хотя́ дождя́ сейча́с нет, на́до всё же взять зонт.

Indicating context using gerunds

277 1 Разбира́я ста́рые фотогра́фии, мы вспомина́ли де́тство. 2 Чита́я кни́гу, он де́лал вы́писки. 3 Он ремонти́ровал то́стер, разгова́ривая с жено́й. 4 Входя́ в лифт, они́ поздоро́вались с сосе́дкой. 5 Выходя́ из о́фиса, мы включи́ли сигнализа́цию. 6 Гото́вясь к докла́ду, он провёл не́сколько часо́в в библиоте́ке.

7 Немно́го поду́мав, она́ начала́ писа́ть отве́т. 8 Уви́дев её лицо́, я сра́зу всё по́нял. 9 Вы́йдя на сце́ну, он сра́зу взял в ру́ки микрофо́н. 10 Получи́в дипло́м, вы смо́жете найти́ хоро́шую рабо́ту. 11 Заболе́в, профе́ссор до́лжен был отмени́ть ле́кцию. 12 То́лько посове́товавшись с друзья́ми, он реши́л откры́ть свою́ фи́рму.

22 Coming and going

Unprefixed verbs of motion (and their perfective partners)

278 1 Куда́ ты бежи́шь? У тебя́ нет вре́мени на ча́шку ко́фе? 2 Ка́ждое ле́то мы е́здим в Со́чи на па́ру неде́ль. 3 Одна́ко в про́шлом году́ мы е́здили в Ту́рцию. 4 Сего́дня ве́чером я не свобо́дна: иду́ в кино́ с друзья́ми. 5 Мы с жено́й интересу́емся совреме́нным иску́сством и регуля́рно хо́дим на все но́вые вы́ставки. 6 Мо́жет, пойдём вы́пить кру́жку пи́ва по́сле рабо́ты? 7 В про́шлый раз, когда́ я лете́л(а) в Москву́, ря́дом со мной сиде́ла де́вушка, кото́рая всё вре́мя что́-то рисова́ла в блокно́те. 8 Пока́ ты одева́лась, я сходи́л в пека́рню за све́жими бу́лочками и пригото́вил ко́фе. 9 Жаль, что я так и не научи́лся води́ть маши́ну; мы могли́ бы на э́той неде́ле съе́здить в го́ры. 10 Но́чью у меня́ был стра́шный сон: мне присни́лось, бу́дто я веду́ каку́ю-то маши́ну и не зна́ю, как её останови́ть.

Prefixed and unprefixed verbs of motion; other verbs indicating coming and going

279 1 Мне здесь надое́ло, пошли́ домо́й! 2 Мой пра́дед уе́хал из Росси́и в на́чале про́шлого ве́ка. 3 Вчера́ я вы́шла из авто́буса не на той остано́вке и заблуди́лась в незнако́мом

райо́не го́рода. 4 Когда́ ты уви́дишь мою́ сестру́, ты мо́жешь её не узна́ть: ра́ньше она́ носи́ла очки́, но тепе́рь у неё конта́ктные ли́нзы. 5 Пожа́луйста, помоги́те мне внести́ э́ти плака́ты в аудито́рию. 6 Я вчера́ почини́л мотоци́кл. Хо́чешь поката́ться? 7 Извини́, мне пора́: вон идёт мой трамва́й. До за́втра! 8 Я наде́ялся провести́ с ней ве́чер вдвоём, да́же заказа́л сто́лик на двои́х, но она́ почему́-то привела́ с собо́й сестру́. 9 Муж дово́льно пло́хо во́дит маши́ну: сама́ не понима́ю, как мы вообще́ добра́ли́сь до ва́шей кварти́ры. 10 Когда́ прово́дим выходны́е на да́че, то обы́чно отправля́емся из го́рода в пя́тницу ве́чером, а возвраща́емся в понеде́льник у́тром.

Verbs of motion in context

280

Прогу́лка по Петербу́ргу

(a) В суббо́ту в полови́не деся́того утра́ мы вы́шли из гости́ницы «Прибалти́йская», кото́рая нахо́дится на Васи́льевском о́строве, и отпра́вились на прогу́лку по го́роду. Снача́ла мы зашли́ за Джо́ном, кото́рый посели́лся в гости́нице «Га́вань», недалеко́ от «Прибалти́йской», а пото́м вме́сте с ним на авто́бусе дое́хали до университе́та. Мы вошли́ в зда́ние университе́та, зашли́ в университе́тский кни́жный магази́н и купи́ли не́сколько откры́ток. Мы вы́шли из университе́та о́коло оди́ннадцати, перешли́ через доро́гу и пошли́ вдоль Невы́ к Дворцо́вому мосту́.

(b) Мы прошли́ по мосту́ че́рез Неву́ и подошли́ к Эрмита́жу, но не ста́ли в него́ заходи́ть, а вы́шли на Дворцо́вую пло́щадь. На Дворцо́вой пло́щади стои́т высо́кая Александри́нская коло́нна, поста́вленная в 1834 году́ в па́мять о побе́де импера́тора Алекса́ндра Пе́рвого над Наполео́ном. Мы обошли́ не́сколько раз вокру́г коло́нны, сде́лали не́сколько сни́мков, и отпра́вились на Не́вский проспе́кт.

(c) Не́вский проспе́кт — гла́вная у́лица Петербу́рга. Его́ длина́ приме́рно четы́ре с полови́ной киломе́тра. Гуля́ть по Не́вскому о́чень интере́сно — ведь по нему́ когда́-то ходи́ли Пу́шкин, Достое́вский, Шостако́вич. Его́ описа́л в свое́й по́вести Го́голь. Мы дошли́ до са́мого конца́ проспе́кта — до Алексàндро-Не́вской ла́вры. Алексàндро-Не́вская ла́вра — э́то монасты́рь, два собо́ра и кла́дбище. Там похоро́нены Ломоно́сов, Достое́вский, Чайко́вский. Рабо́тники ла́вры объясни́ли нам, как пройти́ к моги́ле Достое́вского. Мы положи́ли цветы́ к его́ моги́ле и перешли́ к моги́ле Чайко́вского, а пото́м ещё немно́го поброди́ли по кла́дбищу. Мы ушли́ отту́да часа́ в четы́ре. По́сле э́того мы поката́лись на ка́тере по река́м и кана́лам, сходи́ли на конце́рт. В гости́ницу мы прие́хали на такси́ уже́ по́здно ве́чером. Э́то был замеча́тельный день!

23 Communication strategies

Formal and informal language: participles

281

1 Они́ регуля́рно звоня́т сы́ну, кото́рый живёт в Ми́нске. 2 За сосе́дним столи́ком мы ча́сто ви́дим де́вушку, кото́рая рабо́тает в университе́тской библиоте́ке. 3 Она́ познако́милась с футболи́стом, кото́рый игра́ет за изве́стный англи́йский клуб. 4 Они́ получи́ли письмо́ от компа́нии, кото́рая продаёт компью́теры. 5 Мы зна́ем компози́тора, кото́рый пи́шет му́зыку для фи́льмов. 6 Он написа́л кни́гу о лю́дях, кото́рые живу́т на одно́м ма́леньком о́строве. 7 Консульта́цию бу́дет проводи́ть преподава́тель, кото́рый чита́ет им ле́кции по исто́рии. 8 Худо́жник, кото́рый сде́лал компози́цию из пусты́х буты́лок, получи́л приз за оригина́льность. 9 На конфере́нции выступа́ла студе́нтка, кото́рая сде́лала нау́чное откры́тие. 10 Мы посла́ли спи́сок вопро́сов специали́стам, кото́рые сде́лали э́тот прибо́р.

'Vvodnye slova' and discourse words

282

(a) 1 — Я увéрен, что я знáю дорóгу.
— Тем не мéнее, не мешáло бы спросúть когó-нибудь на вся́кий слу́чай.
2 Самó собóй разумéется, у вас есть прáво не принимáть моё предложéние, éсли онó вас не устрáивает.
3 Вы, мóжет быть, ужé вúдели э́тот фильм.
4 Сóбственно говоря́, такúе вопрóсы решáет тóлько декáн.
5 К сожалéнию, мы не мóжем приня́ть ваш закáз: во-пéрвых, у нас не хвáтит мест для такóй большóй гру́ппы, а во-вторы́х, úменно в э́тот перúод мы собирáемся закры́ть наш ресторáн на ремóнт.

(b) 1 До настоя́щего врéмени никтó из нáшего университéта не учúлся по обмéну у вас на факультéте — мы, так сказáть, первопрохóдцы.
2 В прúнципе, идéя самá по себé неплохáя. Впрóчем, я не специалúст в э́той óбласти и могу́ ошибáться.
3 Допу́стим, тебé предлóжат рабóту в Петербу́рге, а мы с детьмú остáнемся в Тверú – и как ты собирáешься платúть за две квартúры?
4 Я, мéжду прóчим, давнó хотéла вас спросúть об э́том.
5 — Телефóн не отвечáет, хотя́ я знáю, что онú дóма!
— Навéрное, не хотя́т разговáривать.

Index

Note: The numbers refer to exercises.

Related titles from Routledge

Modern Russian Grammar
A Practical Guide

John Dunn and Shamil Khairov

Modern Russian Grammar: A Practical Guide is an innovative reference guide to Russian, combining traditional and function-based grammar in a single volume.

The Grammar is divided into two parts. Part A covers traditional grammatical categories such as agreement, nouns, verbs and adjectives. Part B is carefully organized around language functions covering all major communication situations such as:

- Establishing identity
- Establishing contact
- Expressing likes, dislikes and preferences

With a strong emphasis on contemporary usage, all grammar points and functions are richly illustrated with examples. Main features of the Grammar include:

- Clear explanations
- Emphasis on areas of particular difficulty for learners of Russian, such as numerals and verbs of motion
- Extensive cross-referencing between the different sections

This is the ideal reference grammar for learners of Russian at all levels, from beginner to advanced. No prior knowledge of grammatical terminology is assumed and a glossary of grammatical terms is provided.

John Dunn is Honorary Research Fellow and **Shamil Khairov** is Lecturer in Russian, both at the School of Modern Languages and Cultures, University of Glasgow.

ISBN: 978-0-415-39750-6 (pbk)
ISBN: 978-0-415-42289-5 (hbk)
ISBN: 978-0-203-96759-1 (ebk)

Available at all good bookshops
For ordering and further information please visit:
www.routledge.com

Related titles from Routledge

Basic Russian

A Grammar and Workbook

John Murray and Sarah Smyth

Designed for students with a basic knowledge of Russian, this book provides an accessible reference grammar and related exercises in a single volume.

Across more than forty grammar topics it introduces the student to Russian people and culture through the medium of the language used today, covering the core material which the student would expect to encounter in their first year of learning Russian.

Complete with a full key to exercises and glossary, *Basic Russian* is a user-friendly reference grammar suitable for both independent study and class use.

John Murray and **Sarah Smyth** are Lecturers in Russian at Trinity College, Dublin.

ISBN: 978-0-415-18318-5 (pbk)
ISBN: 978-0-415-18317-8 (hbk)
ISBN: 978-0-203-19831-5 (ebk)

Available at all good bookshops
For ordering and further information please visit:
www.routledge.com